活页式

现代学徒制试点项目教材

新编21世纪

高等职业教育精品教材

经贸类通用系列

活动策划与执行实务

主 编 李艳婷 陈 妍

副主编 杨 旸 周艳秋 杨 欣

参 编 唐 洁 郝利群 仝彦丽 关庆飞 徐世海

HUODONG CEHUA
YU ZHIXING SHIWU

中国人民大学出版社

· 北京 ·

图书在版编目（CIP）数据

活动策划与执行实务/李艳婷，陈妍主编. -- 北京：中国人民大学出版社，2024.5

新编21世纪高等职业教育精品教材．经贸类通用系列

ISBN 978-7-300-32367-1

Ⅰ.①活… Ⅱ.①李… ②陈… Ⅲ.①活动-组织管理学-高等职业教育-教材 Ⅳ.①C936

中国国家版本馆CIP数据核字（2023）第227197号

新编21世纪高等职业教育精品教材·经贸类通用系列

现代学徒制试点项目教材

活动策划与执行实务

主　编　李艳婷　陈　妍

副主编　杨　旸　周艳秋　杨　欣

参　编　唐　洁　郝利群　仝彦丽　关庆飞　徐世海

Huodong Cehua yu Zhixing Shiwu

出版发行	中国人民大学出版社		
社　　址	北京中关村大街31号	**邮政编码**	100080
电　　话	010－62511242（总编室）		010－62511770（质管部）
	010－82501766（邮购部）		010－62514148（门市部）
	010－62515195（发行公司）		010－62515275（盗版举报）
网　　址	http://www.crup.com.cn		
经　　销	新华书店		
印　　刷	中煤（北京）印务有限公司		
开　　本	787 mm×1092 mm　1/16	**版　　次**	2024年5月第1版
印　　张	17	**印　　次**	2024年5月第1次印刷
字　　数	410 000	**定　　价**	59.00元

前言

活动策划是一门不断更新的学问，特别是在互联网和移动互联网快速发展的环境下，线上活动和线下活动出现了更多融合的趋势。作为一门课程，活动策划的实践性远远胜于大多数学科，多数企业需要的是熟手上岗，而且在校企合作的过程中也没有合适的岗位能一次性容纳大量学生集中定岗实习，这些无疑增大了课程教学和实训的难度，因此唯有不断更新理念、改革教学内容、扩展实践教学方式，才能跟得上行业的要求和学生的需求。基于此，依据《国家职业教育改革实施方案》的最新职教改革理念和精髓，本书编写团队经过多次讨论和论证后，开始着手编写本书。

本书既是一本活页式教材，又是一本校企合作开发的工作手册式教材，在内容编排上做了很大的创新，体现了以下四大特色：

（1）目标清晰，内容全面。本书以任务为驱动，每个任务点都贯以知识、能力和素养三位一体的培养目标，强化职业技能训练。全书分为上篇和下篇，共 8 大项目、26 个任务，并细分成了若干个小任务。上篇是全书总论，旨在让学习者了解活动策划的概貌，理解与活动相关的产业及职业能力要求；下篇融入活动产业的新技术、新规范等内容，全方位解析活动全流程、全业务，辅以 40 多张任务执行表单和 80 多张任务工单，并列举行业专题活动实战指导，从而落实“德技并修”“育训结合”的职教模式，帮助学习者快速成长为活动策划的领航员。

（2）行业指导，凸显实用。本书主要从主办方的角度，按照一个活动项目的立项策划、前期筹备、现场执行和结束收尾的顺序，进行行业知识和业务技能的深入指导，从多角度归纳了活动策划的流程、工作步骤、实用方法、核心要素等，助力学习者轻松进行活动策划。本书未收录主办方的项目申报等工作，但兼顾了活动承办方的工作流程及内容。

（3）图解分析，案例加持。本书将活动策划理论知识和技能通过图解的方式进行剖析，并配有各种类型的案例。每个项目开篇又辅以思维导图，便于学习者掌握本项目的总体内容，学以致用。

（4）校企合作，无缝衔接。编写团队遵循工作手册式教材的建设理念，深入践行“产教融合、校企合作”的职教改革思路，与多家企业合作，由企业总经理、项目经理全程担纲撰写，将企业的真实项目和工作任务融入教材内容，各项目任务工单的设定结合高职学生特点和企业真实工作情景，力争实现教材内容与企业岗位群工作任务“零距离”、学生技能素养与企业岗位需求之间的“零距离”。

本书由多家龙头企业的资深实战专家、中国特色高水平职业院校的教学经验丰富并扎根企业一线的教师精英组成编写团队，反复论证而成。具体编写分工见下表。

姓　名	单　位	编写任务
陈妍 （总经理）	中青博联整合营销顾问有限公司	参与全书框架拟定与统稿，项目三的任务三和任务五，项目五的任务一和任务二、任务三的部分内容，项目八
杨旸 （项目经理）	中青旅博汇有限责任公司	参与全书框架拟定，项目三中任务四的部分内容，项目四的任务三和任务五，项目五的任务八
唐洁	北京市对外贸易学校	项目四的任务二，项目五的任务四和任务七，项目六的任务二
李艳婷	北京农业职业学院	负责全书的整体策划和统稿，项目五的任务三和任务六，任务四的部分内容，任务七的部分内容
杨欣	北京农业职业学院	项目一的任务一和任务二，项目二的任务一和任务二，项目三的任务一
周艳秋	北京农业职业学院	项目四的任务一、任务四、任务六、任务七
郝利群	北京农业职业学院	项目五的任务五，项目六的任务一
仝彦丽	北京农业职业学院	项目七
关庆飞	北京农业职业学院	项目三中任务四的部分内容
徐世海	北京体育大学产业管理集团	项目三的任务二

本书可以作为高等职业院校活动管理类、会展管理类、企业管理类、商贸类专业学生的教材和参考用书，也可以供活动策划的相关从业者使用，还可以作为相关部门的培训用书。

特别感谢北京优联信驰文化发展有限公司（会E人）总经理武君、北京智博通达文化传播公司总经理万智斌、北京助和文化传媒有限公司总经理岳欣欣、宙斯赫（北京）科技有限公司总经理虞尚国等行业专家在本书编写过程中提供的宝贵建议和案例资源。衷心感谢各位同人对人才培养和本书编写的热忱帮助。由于时间、精力和能力所限，书中疏漏之处恳请读者和专家批评指正（编者邮箱 ttly126@126.com）。

编者

目　录

上篇　认识活动与活动策划

下篇　如何策划与执行一场活动

上篇

认识活动与活动策划

活动策划作为一门独立的学科，已经随着经济社会的发展不断提高其地位和影响。本篇总览全书的理论及实践体系，重在介绍活动相关要素、理论及活动策划的概貌，引导学习者喜欢上活动策划这个行业。

项目一

揭开活动的神秘面纱

案例指引

德信地产品牌战略暨云庄系发布会

在德信上市的元年，均衡稳健发展的德信远见未来，不仅品牌战略持续升级，而且全新高端系产品得以全面落地，再一次将产品体系迭代与创新。在这样的背景之下，德信地产举行上市元年的品牌战略暨云庄系发布会，正式推出生活知己品牌体系及德信云庄系高端产品，将“知己”理念融入项目实践，最终为客户和城市构建“知己”生活的品牌理念，并用每一步探索与积累，走出“信步美好”的远大征途。

发布会诠释了德信地产对美好生活的理解，通过此次活动发声，外界可以更进一步接触到德信地产。

问题思考：

(1) 请分析该公司成功举办这次发布会的原因。

(2) 德信地产的品牌战略实现的主要目标是什么？

项目概览

随着活动产业的兴起和发展，人们逐渐意识到成功的活动对于营销和品牌建设的重要作用，也见识了不少成功的例子，因而活动策划也越来越受到各行业人士的重视。本项目就带领大家从认识活动的意义和活动的分类开始，揭开活动的神秘面纱。

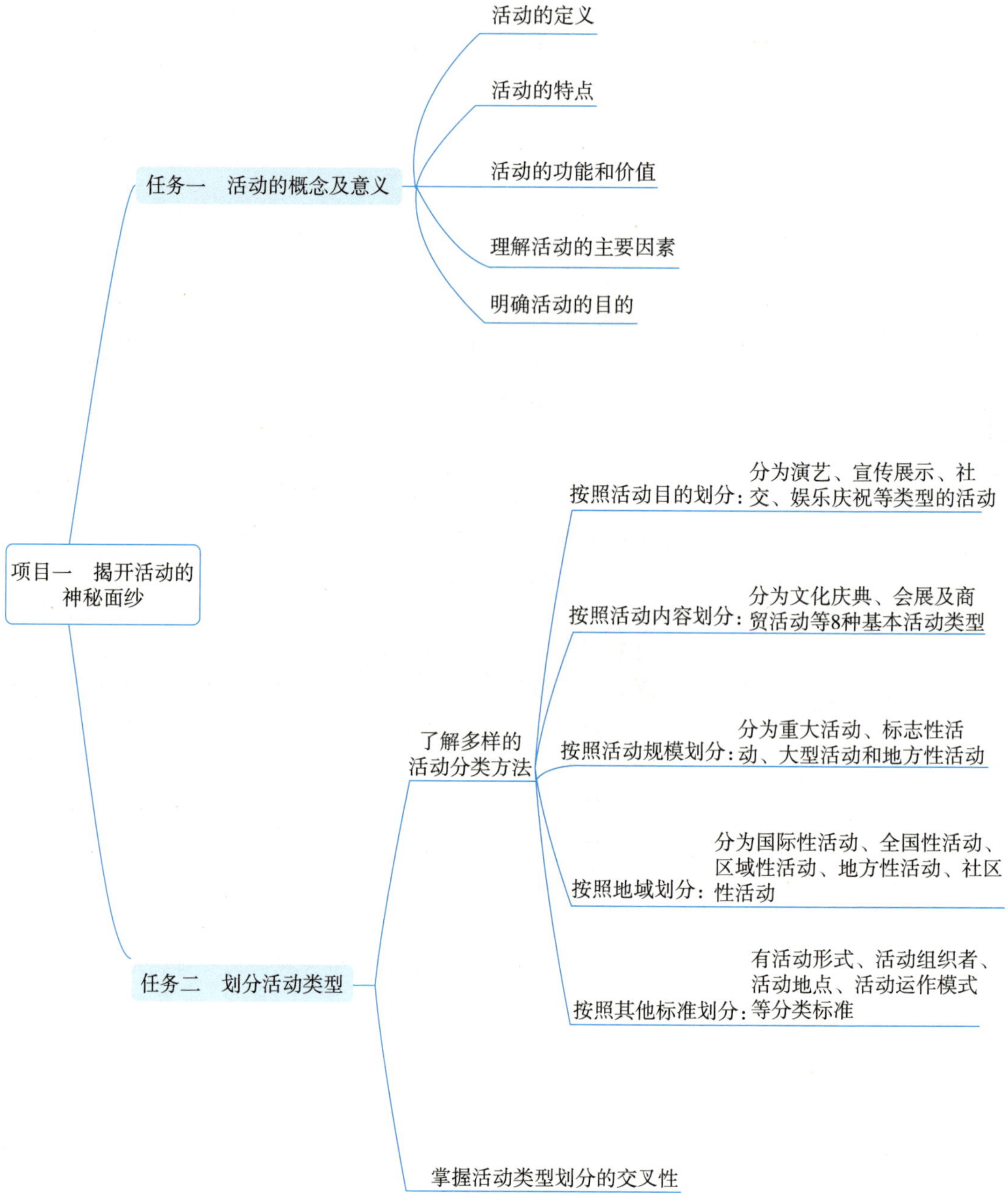

任务一 活动的概念及意义

学习目标	
知识目标	理解活动的定义； 掌握活动的特点； 明确活动的功能和价值。
能力目标	能够辨析活动的相关概念和活动的主要因素； 能够确定活动的目标。
素养目标	养成为社会经济发展建设出力的信念； 要有透过现象剖析事物本质的热情。
任务描述	
近几年，迅猛发展的各种活动种类繁多、主题各异，推动了我国经济社会的发展。相应地，不同角度的活动研究也在国内外备受关注。对活动理解的差异为什么引起人们广为关注？如何厘清它们之间的关系？办一次活动有什么意义？对谁有利？本任务将一一揭开其面纱。	
实施提示	
活动的内涵非常丰富，学习者需要分辨活动行业与会展行业的关系、活动作为一门学科的地位和影响。	

知识补给站

一、活动的定义

活动在日常生活中随处可见，并且组织形式丰富多彩，既有普通的、经常性的活动，例如会议、展览会等，也有特殊的、独特的活动，比如婚礼、庆典等。活动对应的英文是“Event”。对于“活动”一词，人们有许多不同的解释，《现代汉语词典（第 7 版）》指出：活动是指为达到某种目的而采取的行动。因其范围极为广泛，所以很难概括出一个涵盖所有活动类型的定义。

伴随着种类繁多、主题各异的活动的迅猛发展，国内外学者对活动定义和范围的研究也出现了多种看法，常见的有“活动”“节事”“事件”“特殊事件”等术语。

从概念上来看，节事是指为节庆、特殊事件等所精心策划的各种活动的简称，包括举办的某个特定的仪式、演讲、表演活动等。

国外学者曾将“事件”定义为短时间内发生的一系列活动项目的总和及发生时间内环境管理、设施管理和人员的独特组合，如业内出现的“事件旅游”“标志性事件”。事件还有“大型活动”“重大活动”“特殊活动”等不同说法，这其实就是我们现在常说的活动。

特殊事件（Special Event）可以理解为不同于日常生活的事件，可从两个维度理解：①对于特殊事件的主办者或者组织者而言，特殊事件与平时的例行公务不同，是发生在主办者或组织者日常开展的，或者是经常碰到或举办的活动（项目）范围以外的事件，具有一次性或至少不是经常发生的特点；②对于消费者来说，特殊事件与日常的常规活动不同，它是发生在人们日常生活体验或者日常选择范围之外的事件，为消费者提供了休闲、社交和文化的体验机会。我们可以把“特殊事件”理解为“特殊活动”。

通过以上分析，我们可以总结出：活动就是围绕特定主题，在一定的地域空间多人聚集的，定期或不定期传递和交流信息的群众性社会交流活动，也是会议、展览、集体性活动的简称。

二、活动的特点

政府、企业、群众组织、社会团体组织举办的商业活动或公益活动，都表现出鲜明的特点，如图 1-1 所示。

活动的特点
- 1. 鲜明的目的性——体现在社会效益、经济效益和环境效益三个方面
- 2. 周密的计划性——提前做好前期策划、营销推广、现场协调执行、人力资源管理、财务预算等
- 3. 广泛的参与性——体现在活动人气上
- 4. 形式的多样性——多种类的活动，表现形式别具特色
- 5. 时间的限制性——活动有气候条件、参与人、时间等的限制

图 1-1 活动的特点

三、活动的功能和价值

现代社会，活动具有强大的经济功能和信息传递功能，包括联系和交易功能、整合营销功能、技术扩散功能、产业联动功能、信息集散功能，这些功能可以促进经济一体化发展。

举办一次活动能够产生强大的社会效应，能汇聚更大的客源流、商品流和人才流，能创造住宿、餐饮、通信、购物、贸易等相关的收入，尤其是大型活动，有多方参与，有多种资源聚集，更能体现经济价值和文化价值，杠杆效益远远大于活动本身。

任务实施

你为什么要举办这次活动？你希望达到什么目标？这是举办活动前一定要考虑的问题。目标决定了后续如何制订计划和举办活动。然而，影响目标实现的因素较多，很多时候不同种类活动的目标也是多样化的。

一、理解活动的主要因素

要保证一次活动安全顺利地举办，要考虑上百个甚至上千个工作环节。在项目管理中，活动项目经理必须以客户和顾客为中心，充分考虑利益相关者的各种需求，以理解关键成功因素的重要性和实现需求的现有能力，特别是要对人力、资金、物品等资源进行科学合理的安排。我们按照项目管理的时间、资金和质量要求，对活动的主要因素进行了重新梳理，并将其简要地概括为 5W+2H，如表 1-1 所示。

表 1-1 活动的主要因素

因素	描述
为什么（Why）	举办活动的目的，这是一次活动所有行动的基础。
谁（Who）	活动的全部利益相关者，包括主办方、参加者、赞助商、当地社区、合作伙伴等。
在哪里（Where）	活动组织者需要明确参与者的人口统计学和心理学信息，即活动的全部利益相关者。活动举办的地点，包括目的地、地理区位以及场馆场地。
什么时间（When）	活动举办的季节、日期、星期和具体时间。
预期结果（What）	组织者希望通过这次活动达到的预期目的，利益相关者的需求得到多大程度满足。
怎么操作（How）	即具体的活动管理技术和手段，包括市场调研、可行性研究、活动策划、工作分解结构、全面质量管理等。
费用（How much）	活动的总预算，包括项目工作分解结构后的各项任务的支出情况。

任务工单 1

任务名称	寻找活动成功的因素
地　　点	
日　　期	
任务目的	深入理解活动运作的核心内容，有助于后续进行有效的活动策划。
任务内容	根据表 1-1 活动的主要因素，举一个你熟悉的或曾经参与、组织过的活动案例，给周围的同学、朋友讲讲该活动成功的原因，给我们什么启发。
建议学时	1～2 学时
操作提示	（1）可以是校园活动，也可以是商业活动，最好是你亲身经历的； （2）准备多媒体设备和电脑。
任务实操	操作步骤： （1）熟悉表 1-1 的内容； （2）按照知识点提示，寻找一个案例，分析它是怎样组织实施的； （3）每人制作一份 PPT，依次汇报展示； （4）从内容选取、排版等方面评选出优秀的 PPT。

视野窗

活动项目的基本要素

首先我们应区分活动与活动项目，前者是有目的、提前计划的、特定时空内发生的连续的事情，后者则是为了顺利完成活动而进行的临时性工作，这些工作集合成为活动项目管理或者活动管理。

◎ **项目范围**：一是产品范围，即产品或服务包含的特征或功能；二是工作任务范围，即为交付具有规定特征和功能的产品或服务所必须完成的任务。

◎ **项目组织**：对项目运营的组织结构、岗位职责、管理流程与制度、人员配备及组织文化的总称。

◎ **项目质量**：能否满足顾客的需求和利益相关者的要求。

◎ **项目时间**：完成项目工作范围内的所有工作所需要的时间，以及活动开始和完成的具体日期。

◎ **项目成本**：成本估算、成本预算和成本控制，并对成本进行规划。

◎ **项目资源**：组织方所拥有的人、财、物、信息、品牌和社会关系等资源的总称。

◎ **项目环境**：经济、政治、社会文化、技术等宏观环境和供应商、顾客、竞争者等微观环境。

二、明确活动的目的

举办一次活动，活动方应首先明确活动的目的。许多活动的主要目的是营利，但也有众多活动承载了更多的社会和文化功能。总之，活动的目的必须使主办者与参加者都感到物有所值，并能兼顾双方的利益。

从活动的角度去理解，活动目的可分为以下几类（见表 1－2）。

表 1－2 活动目的分类

序号	活动目的	内容说明	活动形式
1	演艺目的	在特定的地点和一定的时间内，由个人或组织所从事的艺术活动，一般都需要精心策划并往往以营利为目的。	大型体育赛事、表演、演唱会以及综艺活动。
2	宣传展示目的	活动展示个人或组织的形象、产品、技术等。	各类成果展示会、商业性展览会、公司的新产品推介会。
3	社交目的	特定的社交活动。	竞选活动、就职典礼、慈善招待晚宴、答谢会。
4	娱乐庆祝	在大多数活动中，娱乐、庆祝都是一种重要元素，很多时候还以娱乐为主要目的。	各种狂欢节、节庆活动。
5	教育议事	教育和培训、激励、议定事项等。	专家演讲、主题报告会以及各类专业性的研讨会、表彰会、年会、培训会。
6	促销目的	为了促进产品销售，活动是一种很好的工具。以促销为目的的活动类型十分丰富。	城市旅游推介会、商场促销特卖会、企业新产品推介会。
7	旅游目的	从主办方角度来说，以旅游为目的的活动并不多见，大多数都是针对参与者而言的。	两家以上旅游公司联合推出旅游活动、奖励旅游。
8	公益目的	为了寻求支持者和筹款，增加志愿者的数量，吸引媒体关注，吸引赞助。	筹款活动等。

对活动目的了解得越清晰越好，因为这关系到活动类型的选择，不同类型的活动有不同的具体目标。例如：

会议的目标：提供公司或产品的最新信息，推出新产品（产品发布会、新闻发布会）；休闲聚会；思想交流；解决现有的问题；培训等。

企业活动的目标：答谢员工；答谢客户；答谢供应商；颁奖；员工与供应商的见面会；推出新产品；为企业所倡议的筹款活动捐款；提高品牌知名度；有纪念意义的庆典，如周年庆等。

会奖旅游的目标：为销售业绩的增长而举办独一无二的活动；为销售部高层人员集中活动搭建平台以商讨公司未来的策略；销售高层与公司高管的联欢；答谢家属、客户等。

因此，活动方要选择其中一种合适的活动类型或活动方式，量身打造。

任务工单 2

<table>
<tr><td>任务名称</td><td>了解活动目的</td></tr>
<tr><td>地　　点</td><td></td></tr>
<tr><td>日　　期</td><td></td></tr>
<tr><td>任务目的</td><td>通过业务情境资料，深入理解和掌握举办活动的目的，更好地指导策划者明确相关目标并为之付诸实践。</td></tr>
<tr><td>任务内容</td><td>情境资料：
同样都是赠送礼物，但这家百货品牌的活动真有意思
马歇尔（Marshalls）是美国领先的低价家庭零售商之一，在 47 个州、哥伦比亚特区和波多黎各拥有 1 000 多家商店。自 40 多年前开设第一家商店以来，“马歇尔”已成为低价购物的代名词。马歇尔的购物者可以找到种类繁多的高品质、时尚的名牌商品，但所有商品的价格却低得令人惊叹。
马歇尔曾在曼哈顿的熨斗区安装了一个“超现实的广告牌”，以帮助“父亲节礼物拖延者”。从上午 11 点到下午 6 点，路人被邀请“分享一个爸爸的笑话”，以赢得放置在近 18 米高的攀岩墙上的礼物。笑话触发墙上的灯光闪烁，当灯光停止在某一区域，参赛者就从这一区域选择他们的礼物。礼物包括皮划艇、椅子、耳机、水瓶、袜子、衬衫和冷却器。一名经过认证的登山者随后将帮助客人取下礼物。美国歌手凯文主持了该活动。
该活动旨在展示各种各样的可以作为父亲节礼品的商品，并通过马歇尔的寻宝体验带来“乐趣”。马歇尔的副总裁兼营销总监说：“我们相信购物应该很有趣，它应该让您感到兴奋，我们的父亲节活动体现了我们每天为马歇尔的购物者提供的一切——不断变化的产品选择、有趣的购物体验和惊人的价格。”

根据情境资料，讨论并回答问题。</td></tr>
<tr><td>建议学时</td><td>0.5～1 学时</td></tr>
<tr><td>操作提示</td><td>注意换位思考、情境代入，想活动主办方之所想。</td></tr>
<tr><td>任务实操</td><td>（1）阅读情境资料“同样都是赠送礼物，但这家百货品牌的活动真有意思”并进行课堂讨论，根据所学业务知识，分析该零售商举办这次活动的主要目的，将讨论结果填入下表中。
<table><tr><td>活动举办者</td><td>活动时间</td><td>活动目的</td><td>预期结果</td><td>活动效果</td></tr><tr><td></td><td></td><td></td><td></td><td></td></tr></table>（2）进一步理解活动实施的过程对目标的实现有什么意义，谈谈你的看法。</td></tr>
</table>

任务工单 3

任务名称	活动目标实现了
地　　点	
日　　期	
任务目的	了解并掌握活动目标实现的途径。
任务内容	**情境资料：** **活动目标实现了！** 某医疗公司意图通过举办一场活动或一系列活动来使员工在工作期间提高效率、增强敬业精神、减少事故的发生并降低医疗成本。为了实现这一目标，该公司举办了员工与工作环境的健康主题活动，表现优秀者可以参加一年一度的 7 天海南岛度假旅行，并且全程免费。这一奖励活动是以健康为主题所举办的众多活动中的主要内容，其宗旨是实现个人健身的目标。活动取得了不错的效果，合格员工的数量每年递增，公司医疗成本已降至该区平均水平的一半，每年可为公司节约医疗费 1 000 万元，单是实现这一项目标所获得的收益就远远超出了每年 200 万元的活动资金投入。同时，公司还培养出了积极能干、乐观向上的高素质员工。 根据情境资料，讨论并回答问题。
建议学时	0.3～0.5 学时
操作提示	注意要在理解活动类型的基础上，具体、细致地进行分析。
任务实操	(1) 通过这场活动，主办方实现了什么目标，达到了什么效果？ (2) 如果让你设计这场奖励活动，你会选择在什么地方举行？为什么？

任务二 划分活动类型

学习目标	
知识目标	了解活动分类的要素； 掌握在不同分类标准下，活动的类型及内涵。
能力目标	具备分析并准确确定活动类型的能力； 掌握活动分类的方法。
素养目标	开拓专业视野； 培养具体问题具体分析的唯物辩证观。
任务描述	
在我们的生活中，活动无处不在。你可能喜欢跟朋友一起去听音乐会，可能偏爱参加体育竞赛，可能会特意去参加某个历史纪念活动，或是科学研讨活动……那么这些活动该如何分类？依据哪些标准呢？让我们一起来看看吧。	
实施提示	
不同的学者对活动有不同的分类依据，学习者在掌握常用分类标准和依据的基础上，具体问题具体分析，不应刻板教条。	

任务实施

活动是一个五彩斑斓的世界。理解活动的分类及特点对于策划活动、推动活动产业发展具有重要意义。目前对活动类型的划分尚无统一的标准。分类依据不同就会形成不同的分类系统和类型。我们按照代表性观点对活动类型进行如下归纳。

一、了解多样的活动分类方法

（一）按照活动目的划分

活动目的决定了活动的发力点，基于目的的活动划分，可以分为演艺、宣传展示、社交、娱乐庆祝、教育议事、促销、旅游、公益等，具体内容请参见项目一任务一表 1-2 基于活动目的的分类。

（二）按照活动内容划分

根据活动内容的不同，国际著名节事研究专家盖茨（1997）把经过事先策划的活动分为以下 8 种基本类型：

（1）文化庆典：包括节日、狂欢节、宗教事件、大型展演、历史纪念活动等；

（2）艺术娱乐活动：包括音乐会、文艺展览、授奖仪式和其他表演等；

（3）会展及商贸活动：如会议、展览会/展销会、广告促销、募捐/筹资、企业奖励旅游等；

（4）体育赛事：包括职业比赛、业余竞赛和商业性体育活动；

（5）教育科学活动：包括研讨班、专题学术会议、学术讨论会等；

（6）休闲活动：包括演唱会、游戏和趣味体育、娱乐事件；

（7）政治/政府活动：包括就职典礼、授职/授勋仪式、贵宾 VIP 观礼、群众集会；

（8）私人活动：如周年纪念、家庭假日等个人庆典；私人舞会、家庭聚会、同学/亲友联欢会等社交事件。

我国学者对国内节事活动按照内容属性进行了分类，分为自然景观型、历史文化型、民俗风情型、物产餐饮型、博览会展型、运动休闲型、娱乐游憩型、综合型 8 大类。

（三）按照活动规模划分

五彩斑斓的活动

不同规模的活动通常表现出不同的特点，常见的活动类型有以下 4 类。

1. 重大活动

重大活动泛指那些规模庞大以至于影响整个社会经济，并引起全球媒体关注的超级活动。这类活动参与者来自世界各地，对主办城市各方面的要求也非常高。例如，奥运会、世博会、世界杯赛等。

2. 标志性活动

标志性活动是指那些与举办地的地脉和文脉基本相同，往往依靠独特性、地位和适时的重要性来吸引观众和媒体的注意力，以至于它们成了这些地方的代名词，获得了广泛认同的活动。这类活动能够在短期或长期内提高举办地的知名度、吸引力和收益。例如，德国慕尼黑啤酒节、巴西里约热内卢的狂欢节、美国肯塔基州赛马会、苏格兰爱丁堡艺术节以及中国的青岛国际啤酒节、南宁国际民歌艺术节等。

3. 大型活动

大型活动是指那些能够吸引大量观众和媒体宣传，并为举办地带来巨大经济利益的活动。许多国际性的体育锦标赛、大型国际会议和文化类的节事活动都属于这种类型。例如，澳大利亚的墨尔本市把澳大利亚网球公开赛和 F1 大奖赛作为每年的重要活动。

4. 地方性活动

“地方性”是一个相对概念。地方性活动包括国家级的和城市级的，这些活动往往局限于某一个国家或者某一城市的范围内，参加者大都是国内居民，媒体也基本上是国内媒体，因而一般不会产生国际影响。例如，我国许多城市举办的旅游节以及全国性或区域性的体育联赛、平民选秀等都可以归入此类。

（四）按照地域划分

以节庆为例，从地域上分成以下 5 种类型：

（1）国际性活动，其参与观众来自世界各地，如世界杯赛；

（2）全国性活动，以全国民众为主要参与对象，同时也会吸引不少国际人士，如爱丁堡国际艺术节、慕尼黑啤酒节等；

（3）区域性活动，以一个国家某个区域的居民为主要参与对象，同时也吸引一些来自区域外的观众，如美国新墨西哥州的热气球节、中国香港的包子节等；

（4）地方性活动，以地方县市居民为主要吸引对象，但同时也吸引少数其他外县市居民，如墨尔本时装节、明尼苏达州文艺复兴节；

(5) 社区性活动，以乡镇或社区居民为主要参与对象，如某镇的梅花节、社区美食节等。

除了上述几种活动类型外，还有其他分类标准。如按照活动的形式分，有聚会、展示、典礼、比赛、演出、拍卖、虚拟、实体与虚拟相结合的混合活动等；按照活动组织者的不同划分，有公司活动、媒体活动、政府活动、政党活动、社团活动、个体活动等；按照活动地点划分，有室内活动、室外活动、线上活动等；按照活动运作模式划分，有政府导向性活动、市场导向性活动和社区导向性活动等。

二、掌握活动类型划分的交叉性

尽管业界和学术界提出了不同的活动类型，但所有活动都代表了一种为了一个特定的目的、在特定的时间和地点将人们聚集在一起的场景，因此在描述特定活动的时候，它们可以进行自由组合并使用。比如，趣味运动会，可能是大型运动型娱乐活动；商场某门店的开业仪式，则可能是小型室内庆典型营销活动。

有些活动可能还带有综合性，同时具有一个分类里的两种属性。比如，很多企业的年会，同时具有会议型活动（年度总结会议）和庆典型活动（庆功晚宴）的特点；某品牌的产品促销活动，可能同时具有线上活动（线上商城促销）和室内活动（线下商场促销）的特点。

任务工单 1

<table>
<tr><td>任务名称</td><td>确定活动类型</td></tr>
<tr><td>地　　点</td><td></td></tr>
<tr><td>日　　期</td><td></td></tr>
<tr><td>任务目的</td><td>了解并掌握活动的分类方法和分类依据，体会不同活动类型的特点。</td></tr>
<tr><td>任务内容</td><td>情境资料 1：
江苏靖江有“中国汤包之乡”“中国四季美食名城”之称。作为中国地理标志证明商标，“靖江蟹黄汤包”是遇天时、享地利、得人和的靖江美食代表。
“靖江蟹黄汤包”号称中国神奇的包子，历史悠久，至少已有两百多年的历史了，是全国六大名包之一。靖江汤包因皮薄、馅汁多而使其有着独特的个性，一是在于制作绝，二则因为吃法奇。靖江汤包的汤是包在皮里面的，制作工序有三十几道之多。寻常百姓家和一般点心师不能制作，只有专业汤包师才能完成。
品尝汤包既是美食的享受，又有一份独特的情趣。过去，汤包只是款待贵宾的名点。如今，普通百姓有了大快朵颐的机会，每到汤包上市之时，或举家同行，或朋友相邀，宾馆、饭店里，蟹香袅袅，笑语阵阵，人们在品尝这人间美味的同时，也享尽了人伦之乐。
靖江市人民政府有意以汤包品鉴为媒介，邀请全国各地美食名家、餐饮名店齐聚靖江，共同品味特色美食，交流美食文化，以在推广当地文化、推动本地包子企业发展、促进区域经济发展和拓展城市影响力方面有所建树。
情境资料 2：
正大食品企业（秦皇岛）有限公司以全产业链作支撑，从产业链源头做起，经过种植与采购、贸易与物流、食品原料和饲料原料的加工、养殖屠宰、食品加工、分销及物流、品牌推广、食品销售等每一个环节，形成了安全、营养、健康的食品供应链。
正大食品积极践行“世界厨房”的集团价值观，突破自我，勇于创新。致力于现代化生产线和中华传统美食的完美结合，提供“一站式”全系列美食方案，主推产品包括蒸饺、烧卖、馅饼、包子、小食等多种美食。
在中华美食中，“包子”承载着“包容天下，兼收并蓄”的文化内涵。该公司意欲以具有历史渊源的包子为切入点，寻找公司产品与当地民众文化的契合点，将“包子节”打造成秦皇岛当地家喻户晓的民俗节日。通过活动让广大消费者直观地感受到正大食品如何将传统工艺与现代科技有机结合，制作全程安全控制，确保生产的所有产品都安全、营养、美味，从而在秦皇岛市掀起民众对正大食品的追逐热潮。

根据情境资料，分析并讨论以下有意向举办的活动分别适合采用什么活动类型，并说明理由。</td></tr>
<tr><td>建议学时</td><td>0.5～1 学时</td></tr>
<tr><td>操作提示</td><td>注意要在理解活动类型知识的基础上，具体、细致地进行分析。</td></tr>
<tr><td>任务实操</td><td>（1）资料 1 和资料 2 的情境中，适合举办什么类型的活动？请从以下 4 个维度进行思考，将讨论结果填入表中。
<table><tr><td>情境资料</td><td>活动目的</td><td>活动内容</td><td>活动规模</td><td>活动形式</td></tr><tr><td>资料 1</td><td></td><td></td><td></td><td></td></tr><tr><td>资料 2</td><td></td><td></td><td></td><td></td></tr></table>
（2）同样是跟“包子”有关的活动，江苏靖江人民政府和秦皇岛正大食品公司在选择合适的活动类型时，为什么会产生差异呢？请谈谈你的理解。</td></tr>
</table>

任务工单 2

任务名称	对活动进行分类
地　　点	
日　　期	
任务目的	了解并掌握活动的分类方法和分类依据，体会不同活动类型的特点。
任务内容	请查阅资料并根据活动的内容特征对下列节事活动进行分类，并将相关序号填入框内。 A 中国哈尔滨国际冰雪节　B 杭州运河文化节　C 傣族泼水节 D 大连国际服装节　E 昆明世界园艺博览会　F 北京奥运会 G 上海环球嘉年华　H 上海旅游节　I 张家界国际森林节 J 天水伏羲文化节　K 菏泽国际牡丹节　L 杭州西湖博览会 M 中国银川国际摩托旅游节　N 广东欢乐节　O 中国昆明国际旅游节 P 中国吉林雾凇冰雪节　Q 中国国内旅游交易会

节事类别	自然景观	历史文化	民俗风情	物产餐饮	博览会展	运动休闲	娱乐游憩	综合
对应序号								

建议学时	0.3～0.5 学时
操作提示	注意要在理解活动类型的基础上，具体、细致地进行分析。
任务实操	（1）根据所学知识依次分析这些节庆活动的所属类别，依次得出结果； （2）全班同学对有疑义的项目展开讨论并最终确认合适的分类结果； （3）师生共同总结和思考。

引申资源

虎虎生“花”迎新春！广州 2022 年迎春花会除夕开幕

金牛俯首辞旧岁，福虎腾跃迎春来。为了迎接除夕佳节的到来，广州文化公园精心准备了精美的园林景观和丰富的文化大餐，与广大市民一起欢度新春。

第三届上海小吃节喊你“寻味魔都”

2022 年迎春花会于 1 月 31 日（除夕）开幕，展期 8 天。本届迎春花会坚持以人为本、文化惠民的服务宗旨，免费向市民游客开放。

本届迎春花会将象征“力量、生机、勇敢、机智”的“福虎”这一文化元素巧妙融入园林布置中，营造出具有岭南特色的园林景观。现场展出 14 座园林景组，桃花、桔果及各类应节花卉逾 2.5 万盆，各类构件、饰物1 000件以上，同时开展园林花卉游园、摄影书画展览、戏曲歌舞表演等活动，与广大市民与游客一起欢度佳节。

资料来源：新浪网，2022－01－26.

【评析】 从活动目的和内容上看，这属于与生产劳动紧密联系的庆祝活动类型，借助传统节日——春节时机，使迎春花会搭载传统文化元素而别具一格。

考核评价

评价说明：在完成项目中每个任务后，由任课教师主导采用多维评价指标，构建立体多元的评价模式，包括自我评价、组内评价、组间互评及教师评价 4 种方式，按照比例权重计算出学生个人本任务的考核评价分。

<table>
<tr><th colspan="6">任务完成考核评价表</th></tr>
<tr><td>任务名称</td><td colspan="2"></td><td>学生姓名</td><td colspan="2"></td></tr>
<tr><td>评价方式</td><td colspan="2">评价内容</td><td>分值权重</td><td>单项成绩</td><td>总成绩</td></tr>
<tr><td>自我评价</td><td colspan="2">任务工单××的完成情况；
对知识技能的掌握程度；
我胜任了小组内的工作。</td><td>10</td><td></td><td rowspan="7"></td></tr>
<tr><td rowspan="3">组内评价</td><td>组员评组长</td><td>本任务完成的质量；
组织分工；
工作态度；
团队合作。</td><td>20</td><td></td></tr>
<tr><td>组长评组员</td><td>个人本任务完成的质量；
个人参与小组活动的态度；
个人的合作精神和沟通能力；
小组成员参与度、贡献度。</td><td>20</td><td></td></tr>
<tr><td>个人评小组</td><td>本小组本任务完成量；
小组作品的质量。</td><td>10</td><td></td></tr>
<tr><td>组间互评</td><td colspan="2">本任务其他小组完成的质量；
小组间沟通合作。</td><td>10</td><td></td></tr>
<tr><td>教师评价</td><td colspan="2">任务完成的质量；
工作态度；
参与贡献度；
合作沟通能力。</td><td>30</td><td></td></tr>
<tr><td colspan="6">总评＝自我评价 10%＋组内评价 50%（组长组员互评 40%＋个人评小组 10%）＋组间互评 10%＋教师评价 30%。</td></tr>
</table>

项目二

了解活动产业与活动策划

案例指引

中国（重庆）火锅产业高速发展

第十四届中国（重庆）火锅美食文化节以聚焦火锅、紧扣产业、突出消费为方向，展出面积 100 000 平方米，汇聚了 1 500＋火锅产业链企业，30 000＋种展品，囊括了上游农牧业食材原料，包括中游底料、调料、预制菜、酒水饮料、设施设备，下游火锅品牌，以及衍生新零售、配套服务、文旅体验、周边跨界。同期还举办了 16 项专业展销、交流活动，吸引了全球 10 万＋专业观众参与。

本届重庆火锅节设立火锅（餐饮）加盟连锁、火锅食材、调味品、酒水饮品、机械设备、产业配套、预制菜、城市与乡村振兴八大专业展区，涵盖火锅产业上下游全产业链，让产业交流与合作沟通更加方便快捷。顺应重庆“国际消费中心城市”的打造和“一带一路”及西部陆海新通道建设，本届重庆火锅节特设“城市与乡村振兴专区”，促进消费帮扶，助力乡村振兴。

本届火锅节还举办了“2022 中国火锅产业创新大会”“重庆火锅传承仪式”“第五届爆品食材优选会”“火锅文创宴席展”“国际火锅采购大会”等 16 场论坛及专业活动，聚焦火锅热点，汇聚业界专家、产业链顶流、资本专家齐聚现场，推动火锅产业转型升级。

历经多届的精心打造，重庆火锅节已成为全球火锅产业链企业品牌宣传、产销对接、全球火锅人资讯交流、资源互换的年度盛会，推动全球火锅产业高速发展。

问题思考：

（1）请分析重庆火锅产业高速发展的原因。

（2）重庆火锅节在策划上有什么突出特点？

项目概览

初步认识活动策划并了解活动作为产业的特性和复杂性，是每位活动策划人员首先应该关注的点。如果策划人员能够从活动项目管理、活动行政管理的视角把握活动策划和运营，那么他将展现出丰富的活动全局观，并成就为优秀的活动策划人。

- 项目二　了解活动产业与活动策划
  - 任务一　活动产业及活动管理的运作模式
    - 了解活动项目的利益相关者
    - 掌握活动产业的构成
      - 基本含义
      - 活动产业的构成
    - 掌握活动管理的运作模式
      - 政府主导、联合承办、联动开发的模式
      - 政府引导、社会参与、市场运作的模式
      - 市场引导、企业主体、商业运作的模式
      - 社区（非营利组织）导向型运作的模式
  - 任务二　成为优秀的活动策划人
    - 活动策划
    - 活动策划的优势
      - 大众传播性
      - 深层阐释功能
      - 公关职能
      - 经济性优势
      - 延时性
    - 活动策划的基本原则
    - 活动策划的基本原理
      - 心理原理
      - 情感原理
      - 创新原理
      - 人文原理
      - 造势原理
    - 熟悉活动策划执行流程
      - 立项
      - 策划
      - 筹备
      - 执行
      - 收尾
    - 把握活动策划的关键环节（10个关键点）
    - 活动策划者应具备的素质和能力
      - 丰富的行业知识
      - 良好的职场素质
        - 创新性思维
        - 沟通协调能力
        - 良好的职场心态
    - 了解职场岗位要求

任务一 活动产业及活动管理的运作模式

<table>
<tr><th colspan="2">学习目标</th></tr>
<tr><td>知识目标</td><td>了解活动项目的利益相关者对活动的影响；
了解活动产业与业态范畴；
认识活动产业涵盖的行业；
理解活动管理的运作模式。</td></tr>
<tr><td>能力目标</td><td>灵活掌握活动产业的构成；
能够运用活动管理的运作模式分析活动的性质和特点。</td></tr>
<tr><td>素养目标</td><td>用马克思主义的哲学观，辩证分析问题、看待问题；
了解行业发展，养成投身事业、产业报国的自觉意识；
培养职业认同感和自豪感。</td></tr>
<tr><th colspan="2">任务描述</th></tr>
<tr><td colspan="2">办一场活动，需要哪些机构或人的力量？受活动影响的相关者又有哪些？本任务中，我们将一一了解活动产业相关的内容，深入认识一个活动是怎样管理运行的。</td></tr>
<tr><th colspan="2">实施提示</th></tr>
<tr><td colspan="2">活动产业和管理运作模式是我们学习活动策划的基础认知。活动产业包罗万象，初学者要注意区分和理解产业不同角色的利益诉求，提高后续活动策划执行的黏度。</td></tr>
</table>

任务实施

一、了解活动项目的利益相关者

活动项目的利益相关者就是能够影响项目，并与项目有特定关联的组织或个人。随着活动产业的日益发展，它所带来的经济效益和社会效益吸引了众多的利益群体，他们为了实现各自的目的而愿意参与其中，并通过提供资金、人力、环境、政策、渠道等方面的支持进一步提升活动的质量。活动项目的利益相关者主要包括 6 种类型（见图 2－1）。

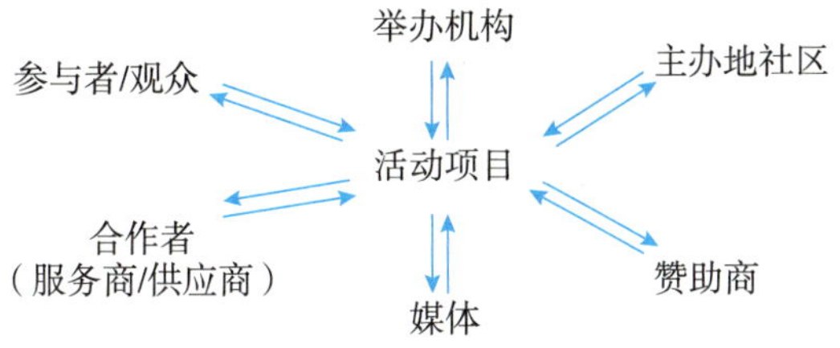

图 2－1 活动项目的利益相关者

（1）举办机构：负责策划、组织、运作管理和营销等事宜的单位，可以是企业、行业协会、政府部门或者新闻媒体等；

（2）主办地社区：当地政府和社区，它们为活动提供场地、设施和人员；

（3）参与者/观众：活动中观众的参与感受和体验受到很大的重视；

（4）赞助商：赞助大型活动被认为是提高品牌知名度、推动销售额增长的有效方式；

（5）合作者：活动的供应商、服务商、代理商，还有政府相关部门等；

（6）媒体：在媒体传播中起着举足轻重的作用，是活动与顾客、观众沟通的有效桥梁。

例如，一个节事活动的利益相关者可能包括企业董事会成员、政府官员、活动参与者（手工艺品艺人）、公用事业公司等。活动策划人必须了解活动的背景，识别内外部利益相关者。内部利益相关者可能是企业董事会的成员之一、组织内专业人士、嘉宾或其他紧密相关的人员。外部利益相关者可能包括媒体、政府部门或其他机构。利益相关者并非一定要在活动中投资金钱，因为使活动产生的情感的、政治的或个人的利益等都可以作为对活动的一种投资。

二、掌握活动产业的构成

（一）基本含义

活动产业，是指围绕着特殊活动展开的，由利益相互联系的、具有不同分工的、由各个与特殊活动相关行业所组成的业态的总称。

（二）活动产业的构成

活动产业的利益相关者由以下角色构成：组织者（主办方）、专业组织者（承办方）、目的地管理公司、场地提供商、场地寻址商、活动技术提供商、活动设计制作商、活动设施设备租赁商、活动用品提供商、活动服务公司、酒店、餐饮机构、交通部门、接待公司等，这些角色构建成为活动产业链。

（1）从活动的范围来说，活动产业包括的行业有：会议业、展览业、节庆业、婚庆业、旅游业、公关业、赛事业、演出业、户外行业、娱乐业、培训业等。不同的行业有不同的行业协会。

（2）从活动产业链来说，活动产业涉及的行业还有：场地业、展装业、舞美业、活动软件与技术行业、活动服务行业等，不同的行业也有不同的行业协会。

三张图帮你迅速了解活动产业的“三态”

中国的活动产业协会与国际上的略有不同，中国把会议业和展览业并在一起，称为会展业，因此有大量的会展行业协会，而很多会展行业协会实际上代表的是展览业行业。

当然，很多活动行业在隶属于活动产业之时，也同时属于其他产业。比如会议和展览会可以属于任何与题材（或主题）有关的行业；节庆业、婚庆业、演出业等亦属于文化产业；赛事行业和户外活动行业也属于体育产业；培训行业亦属于教育产业，等等。

任务工单 1

<table>
<tr><td>任务名称</td><td>了解活动项目的利益相关者</td></tr>
<tr><td>地　　点</td><td></td></tr>
<tr><td>日　　期</td><td></td></tr>
<tr><td>任务目的</td><td>通过分析任务内容，了解活动项目的利益相关者，进而深入理解活动产业。</td></tr>
<tr><td>任务内容</td><td>学校要举办一次校园英语风采演讲比赛，你参与过类似的活动吗？
请讨论，这次活动的利益相关者及各自的利益约束，将讨论结果填入下表。</td></tr>
<tr><td>建议学时</td><td>0.2 学时</td></tr>
<tr><td>操作提示</td><td>准备多媒体教具。</td></tr>
<tr><td>任务实操</td><td>
<table>
<tr><th colspan="2">问题 1</th><th colspan="2">问题 2</th><th></th></tr>
<tr><td colspan="2">请指出相应的利益相关者</td><td colspan="2">各自的利益约束是什么</td><td rowspan="3"></td></tr>
<tr><td>直接利益相关者</td><td>间接利益相关者</td><td>直接利益相关者</td><td>间接利益相关者</td></tr>
<tr><td></td><td></td><td></td><td></td></tr>
</table>
</td></tr>
</table>

任务工单 2

任务名称	了解活动项目的利益相关者
地　　点	
日　　期	
任务目的	通过分析任务内容，掌握活动项目的利益相关者，进而深入理解活动产业。
任务内容	利用网络查找阿里巴巴企业年会，回答以下问题： （1）阿里巴巴企业年会属于哪一种类型的活动？请根据不同的分类标准逐一进行分析； （2）阿里巴巴企业年会的利益相关者分别是哪些主体？请根据活动常见的利益相关者角色逐一进行分析； （3）阿里巴巴企业年会实现了哪些功能？
建议学时	0.5～1 学时
操作提示	注意换位思考、情境代入，想活动主办方之所想。准备多媒体教具。
任务实操	（1）复习任务实施中“活动项目的利益相关者”的知识内容； （2）上网查找阿里巴巴企业年会的相关资料，分析年会中有哪些参加者，以及是否为利益相关者； （3）全班学生讨论分析，教师总结。

三、掌握活动管理的运作模式

作为一个项目的活动，其管理和运行都需要有清晰的思路。在具体的活动管理上，我国主要的运作模式包括以下 4 种。

（一）政府主导、联合承办、联动开发的模式

由于我国一些大型活动都带有社会公益性质，政府在其中必须担负起牵头和主办角色。这种模式具有政府包办的一些特点，但也在不断地加入市场化运作的一些成分。这类活动不能完全从经济角度考量，而要从增强社区凝聚力、文化自豪感、旅游吸引力等外部期望来评估活动为地区带来的利益。

许多政府部门相信，在公共服务的框架内，通过参与和支持活动发展及营销来提升地区形象、旅游收入等公共利益是一种必要手段。如北京冬奥会、上海世博会。再如中国国际高新技术成果交易会（深圳），由各部委（局）和深圳市政府共同举办，并坚持与企业、市场联动开发等原则，面向国内外科研院所、企业、高等院校、投资和中介机构提供交易服务。

（二）政府引导、社会参与、市场运作的模式

针对我国各地并不成熟的市场环境以及政府有限的资金能力，城市旅游越来越倾向于这类管理模式，其主要特点是：政府仍旧是重要的主办单位，政府引导作用主要体现在确定活动的主题及名称，以政府的名义召集和对外宣传；社会参与就是充分调动社会各方面的力量来办好活动，包括营造环境氛围、参与各项具体活动等；市场运作体现在活动的冠名权、赞助商、广告宣传等方面，可以采用市场竞争的方式，激励更多的企事业单位参加。如青岛国际啤酒节、哈尔滨冰雪节等著名的大型城市活动就是这种活动模式。

（三）市场引导、企业主体、商业运作的模式

这种模式是活动走向市场化的终极模式，能够获得良好的经济效益和市场效果。其特点是：活动的举办及时间地点、广告宣传方式等方面的选择完全按照市场需求，节约了成本，避免因行政力量介入造成人力资源和经济的浪费；活动的主体是企业，追求收益最大化，包括企事业的收益、政府形象收益和其他社会效益；活动全部采取商业化的运作模式和管理方式，保证运营高效率。目前市场规律在活动举办中发挥着越来越强的作用。

（四）社区（非营利组织）导向型运作的模式

这是国外活动常见的一种运作模式，我国也有类似的活动。这类活动强调活动和社区发展的良好对接，寻求社区利益相关者最大限度地参与，决策标准包含经济、社会、文化及环境影响等，通过举办活动获取社会利益以及使社区凝聚力不断增强。这类活动的运作主体通常是非营利组织，如会议中心、动物园、博物馆、公园、历史文化景点、体育场馆等。它们通过公共部门支持或者商业收入来获得资金，从而为参观者提供高质量的活动体验。如彝族的火把节、傣族的泼水节、意大利的狂欢节等。

任务工单 3

任务名称	掌握活动管理的运作模式
地　　点	
日　　期	
任务目的	通过分析任务内容，掌握活动管理方式以及活动组织者之间的关系。
任务内容	利用网络查找国内近 10 年有影响力的大型商业性活动，分别查找 3 类运作模式的活动各 3 个，总结并分析活动的整体发展趋势。
建议学时	0.5～1 学时
操作提示	注意换位思考、情境代入，想活动主办方之所想。准备多媒体教具。
任务实操	（1）复习“活动管理的运作模式”的知识点； （2）上网查找国内近 10 年有影响力的活动的基本资料，根据资料重点分析这些活动分别是哪种类型的运作模式，有什么特点，将文字资料形成文档； （3）评选出全班有代表性、做得优秀的文档，集中利用多媒体进行展示。

引申资源

年度特辑丨20××电竞产业活动的思与变

1. 在电竞峰会上，超级数字场景应运而生

伴随着数字技术在日常生活中的成熟应用，围绕实体经济展开的线下数字场景的需求量越来越大，包括文旅、餐饮、酒店、线下体验馆，甚至是家居行业，都开始与电竞融合构建新的业态。提供更丰富的电竞体验和沉浸式体验成为传统产业和年轻用户建立沟通方式的绝佳方式之一。

让电竞的 IP 内容以及数字技术在社会各个层面实现更多价值，这对电竞产业本身和对联动的传统产业来说将实现共赢。那么在打通电竞＋线下场景的模式后，将进一步刺激电竞的商业创新，让电竞产业实现品牌赞助、媒体版权之外更多元的商业营收方式。

国内活动产业（含会展行业）协会大全

2. 和平精英赛事现场，电竞正在成为一个综合体

电竞在 20××年的联动形式上更为活跃，包括影视、城市传统文化在内的领域，电竞都有所涵盖，电竞将成为一个集不同体验于一身的综合体，完成最终的大众化。

3. 线下赛事的地域化布局入口：城市文化推动地区电竞自觉发展

一方面，对赛事来说，随着合作的不断加深，赛事将拉近电竞与城市用户之间的情感关系，成为用户群体的一个记忆点。

另一方面，看向传统体育的“区域代表队”赛制还将被卷入地方电竞协会的资源，一同来推动赛事在某个区域的发展。对电竞本身来说，都是地域化版图的进一步扩张。

今后电竞产业的表现值得我们期待！

任务二 成为优秀的活动策划人

学习目标	
知识目标	理解活动策划的内涵及优势； 掌握活动策划的基本原则； 理解活动策划的基本原理； 掌握活动策划的流程及关键环节。
能力目标	能够对活动策划的关键点进行分析与合理设定。
素养目标	提高在活动策划中的社会责任意识。
任务描述	
活动策划经常出现在各种场合与媒体中，已被广泛应用，那么到底什么是活动策划？怎样进行活动策划？本任务将带领大家走进活动策划。	
实施提示	
活动策划是一整套系统化工作，需要具有高度的逻辑性与整体性思维，还需兼顾活动的创新性与可行性。	
业务内容	
成为优秀的活动策划人需熟悉并掌握以下 4 项工作内容： ① 熟悉活动策划的流程　② 把握活动策划的关键环节　③ 了解策划人员应具备的职业能力　④ 明确职场岗位要求	

知识补给站

策划对成功举办活动非常必要，人们常常将活动策划与活动创意画等号，甚至认为活动策划就是想一个活动主题或者活动口号。事实上，活动策划不是一项单一的工作，而是一个有计划并以创造性的方法解决具体问题的过程。

一、活动策划

活动策划是一项涵盖丰富内容的工作，广义的活动策划不单指活动的创意，而是活动主办方根据活动的目标对整个活动的主题、环节、创意等内容进行精心设计的行为过程，旨在保证活动的顺利进行、提高活动的效益、满足活动各利益相关者的需求。

一场活动的预算、资源、时间、目标等通常都是有明确限制的，活动策划就是要保障活动在预算、资源、时间、目标等限制范围内顺利进行，并最大限度地实现传播效果。

无论策划方案有多好都不能脱离实际，从这个意义上说，策划过程本身比策划方案更重要，我们在策划过程中发现问题、风险和机会，并通过策划控制过程，实现预期结果。

二、活动策划的优势

一个好的活动策划一定会注重组织者举办活动所要达到的目的、受众的参与互动程度以及时效性，只有这样，活动策划才有可能表现出很强的优势。活动策划的优势如图 2-2 所示。

活动策划的优势

- 1.大众传播性 —— 活动本身具有新闻价值，能够第一时间传播出去
- 2.深层阐释功能 —— 能够把客户需求表达清楚，传播信息准备详尽
- 3.公关职能 —— 能够最直接地树立起品牌形象
- 4.经济性优势 —— 成本低、市场反馈及时
- 5.延时性 —— 好的活动策划可以进行二次传播

图 2-2　活动策划的优势

三、活动策划的基本原则

（一）目的性、可行性和创新性原则

活动策划要回答为谁策划、拥有哪些资源、如何突出特色和差异化又能保证活动方案切实可行等基本问题，这些问题贯穿活动策划的始终。创意上的含金量、形式上的突破都将直接影响策划质量的优劣，定位与可行性则完全决定了执行的成效。

（二）效益性和规范性原则

活动策划要考虑活动的经济效益、社会效益和生态效益，策划的形式和内容要遵纪守法、符合国情，同时要与国际管理制度和水平接轨。

四、活动策划的基本原理

策划本身就是人脑所特别具备的功能，并非技术发展可以取代。因此，分析策划的原理主要是从心理学角度来分析的。一切策划活动都需要先从人的基本心理需要和心理诉求出发，它是一切创意和策划工作的基础。这主要基于马斯洛的需要层次理论。如图 2-3 所示。

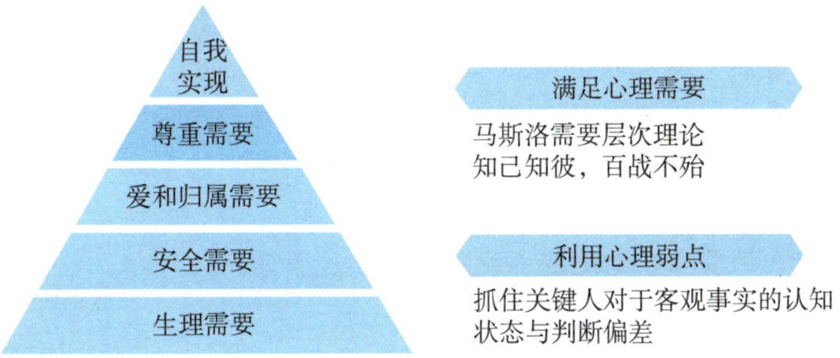

图 2-3　马斯洛需要层次理论

（一）心理原理

1. 畏惧现象

“畏惧心理”是在实际工作和生活中，担心出错而不敢做事情的一种心理现象。一般可以形象地描述为如下的心理行为：

- 我能做好吗?
- 我怕……
- 我还是算了吧。

这些心理动作在我们工作时很容易出现，因为创意本身就是从无到有、无中生有的过程，需要结合个人的知识背景、各方信息、客户需求等各种元素进行重组、整合、创造，策划过程会带给策划者巨大的压力，自然会使策划者产生畏惧心理。

2. 刻板现象

“刻板现象”也叫“定型化效应”，体现在策划工作中最突出的就是，策划人员固化于

自己以往对客户、竞争对手或者资源方的既有印象和经验，而没有个性化、有针对性地对当下情况进行分析和思考，从而导致策划方向的偏差。典型的心理行为示例如下：

- 我以为……
- 我觉得……
- 我非常清楚，就是……
- 听我的，没错！

3. 初次现象

“初次现象”和“刻板现象”有些类似，都是固守自己的看法，但更聚焦在“初次”的概念上，偏重于浅显思考，缺乏对客户、资源等各种信息的深挖和分析，判断过于草率。

4. 井蛙效应

每个人都有自己熟悉的领域和边界，对于界限之外的知识难免会有认知缺失和偏差，从而会影响对于策划思路的判断。典型的心理行为示例如下：

- 我了解得挺全面了。
- 其实就那么回事，没啥难的……

以上这4种策划心理原理，我们在做策划工作时一定要尽力避免和克服，最大限度地拓展思路、吸纳信息、灵活转换，只有这样，才有可能输出更好的方案和得到想要的结果。

（二）情感原理

情感是人所特有的一种心理过程和心理状态，它对人的行为有选择性和指向性的作用，策划人员很容易在策划的过程中从个人主观喜好出发，比如对客户的熟悉程度、对资源的接受程度、对合作人的默契程度，等等，从而会影响理想策划效果的呈现。

（三）创新原理

创新是人类持久的需求，也是经济发展和社会进步的有力助推。策划是要永远保持内在的创新迭代机制的。

1. 具备创造性思维

创造性思维需要两项要素：一是要有丰富全面的知识结构；二是要有多角度、立体地搭建思维模型的多维立体结构。

2. 善用创新思路

在策划工作中，基于创新原理，可以有以下几个分解方向，如图2-4所示。

01 借梯：他山之石，可以攻玉。学会借助他人的力量，收集多方的经典案例和有效元素，结合实际完成策划。

02 出新：在原有的基础上进行增加、减少、改变等操作，让方案呈现新的概念和风格。一个方案调整了色彩、更换了展现形式，也是一定程度的创新。

03 逆向：策划人员容易陷入思维误区，所以要多培养逆向思维，学会在策划过程中适当转向，换位思维，换个角度思考可能就是一片新的天地。

图2-4 策划工作的分解方向

（四）人文原理

策划中的人文原理，是指将人与自然的和谐共存、共生、共赢的关系体现在策划方案中，使策划方案具有更强的生命力和适应力。一般在与自然相关的博览会、园艺会的策划中会更加注重这一点。

（五）造势原理

任何一个策划方案都会带有一定程度的传播功能和效应期待。所谓造势，就是借助活动形式将主办方的某种商业目的、社会效益目标等进行传播推广，提升组织和产品的知名度，进而获得某方面的利益。比如，某地区计划举办农产品展览会，策划中就一定要考虑如何将农产品展示给更多的消费群体，可能建议使用线下和线上相结合的方式。为了使观众数量最大化，可以利用云展台。这个策划的内容就是符合了造势的原理。

任务实施

一、熟悉活动策划执行流程

随着活动的功能和价值的提升，精心策划与设计活动就越来越重要。活动策划执行流程通常包括立项、策划、筹备、执行和收尾 5 个阶段，如图 2－5 所示。

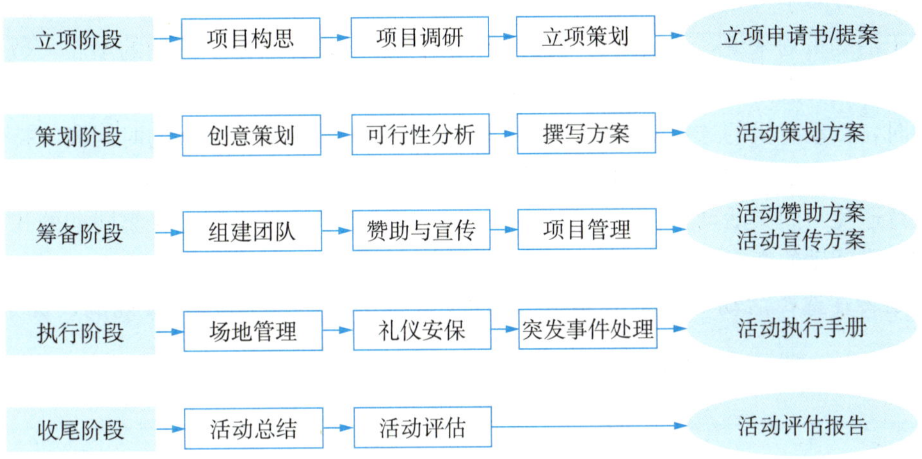

图 2－5　活动策划执行流程示意图

二、把握活动策划的关键环节

在整个活动策划 5 个阶段的工作中，有 10 个关键点需要确认好，它们是活动得以顺利举办的基础。

（一）活动主办方的目标分析

首先要考察活动的主办方是谁，主办方品牌的定位是什么，主办方的主要诉求是什么，背景是什么，主办方希望通过这个活动达到什么目标。

（二）活动参与者的需求调查

活动参与者是活动项目最重要的客户，活动策划要围绕客户需求展开。因此，策划要以客户为核心进行需求调查与分析，对潜在活动参与人群的类型、地理分布、社交习惯、社会地位、家庭活动、参加活动的过往经验等方面进行调研。活动主办方目标的实现高度依赖活动的传播效果，而后者又取决于活动参与者的感受。

（三）活动可操作性研究

仅有强烈的主观需求还不够，还要做调查和可操作性研究。一个活动项目的设计要考虑目的、主题、地点、观众、可用的资源、举办的时间和组织团队的技巧等方方面面。此外，大型活动还要格外注意对公众偏好的分析。以承办奥运会为例，要考虑主办城市的社区居民是否支持等，从而做出全面预判。

（四）活动主题的确定

主题应与参与者的需要保持一致并贯穿于活动始终。互动主题应紧扣目的，能调动参与者的触觉、嗅觉、味觉、视觉和听觉。许多活动项目在相关的物品上都采取同一色调，如入场券、节目单、制服、装饰、广告海报和相关产品等，这样做是为了识别和突出主题。

主题选择是无穷尽的，需要拓宽思路。一般来说，主题可以是地理和文化、体育运动、娱乐活动、艺术食品、物体（如住宅、用品）等。

（五）活动举办的时机和时间管理

对于活动策划来说，若活动时间选择不当则会影响举办效果。活动的出席人数、参加者的逗留时间以及活动受关注程度都与活动举办时间的选择紧密关联。

同时，活动时机的选择应考虑天气、季节、每周中的日期、每天的时间段、持续时间等具体因素。一般来说，冬季的活动参与者数目较少，而春天的活动又人满为患。此外，还要注意避免与同类活动项目的时间发生冲突，这就要求活动策划者收集同期的相似活动信息并找准活动的卖点，实现活动的差异化定位。

策划者在选择活动时间时需要考虑的因素很多，有些是不能忽视的，如表 2-1 所示。

表 2-1　选择时间需要考虑的因素

因　素	方　面
关于出席者	避开出席者工作日时间，最好选择星期五的晚上至星期天的下午的时间段
关于主讲人	若主讲人是公司高管，则需要考虑主讲人的时间安排表
关于天气	天气不好会影响出席者、工作人员的心情，且对出行有所影响，很有可能会让出席者产生不出席活动的念头
关于高峰期	若在工作日进行活动，则需要避免在下班高峰时段结束，例如，16:30—17:00
居民生活习惯	活动开展时间不要太早或太晚，且历时不宜过长，一般控制在一至两个小时比较合适
注意风俗习惯	若主要出席者是外国人或者是有宗教信仰的人，就需要注意他们的忌讳以及考虑是否与宗教信仰发生冲突
适当选择节日	活动最好能借助节日来烘托气氛，可是像春节这样的节日，大家都希望和家人在一起过年，若是在这样的节日举办活动是难以邀请到出席者的

资料来源：高珉．活动策划与执行大全．2 版．北京：清华大学出版社，2020.

（六）活动的定位

活动的策划都是在良好定位的基础上进行的。活动定位因人、因物、因时、因地而不同，定位策划可以先从定位主题做起，这是基于从供给者角度考虑的；也可以从市场定位确定，这是从需求者角度考虑。活动定位清晰并持续举办多届，是活动品牌形成的基础。

任务工单 1

任务名称	选择合适的活动时间
地　　点	
日　　期	
任务目的	根据活动时间的影响因素，学会选择活动时间。
任务内容	**情境资料：** 某公司要举办一个讲座，主要是宣扬品牌及产品推广。现邀请了几家公司的员工参与讲座。员工的资料如下： 年龄：26～40 岁； 职业：金融、IT、保险； 职位：中高层领导； 特征：追求高品质生活。 请你根据资料选择讲座开展的时间：五一、十一、平时周一至周日/上午、下午/几点/活动时长。
建议学时	0.3 学时
操作提示	五一、十一应选在节日的头和尾，若周一至周日应选择周六下午 3—5 点较为合适。
任务实操	操作步骤： (1) 复习活动时间选择相关知识内容； (2) 根据材料分析参会者的身份特征等条件因素； (3) 依次确定讲座的举办时间和时长； (4) 学生思考，教师依次选 2～3 人单独回答； (5) 全班讨论，教师点评并总结。

（七）活动场地的选择

如果没有预算限制，水中、陆地、天空都可以作为活动空间，比如马尔代夫水下餐厅、世界之巅、飞机上等。传统活动场所包括私人府邸、酒店、会展中心、博物馆等；新型活动场所包括私人游艇上、酿酒厂、露营地、球场、种植园等。

（八）活动风格和氛围的营造

除了对资金、物资、场地、人力等硬成本的考量之外，举办活动还要考虑活动的情感要素，塑造活动独特的风格。

活动风格可以塑造成经典型、乡土型、文化型、休闲型、沙滩型、运动型等诸多类型，并在请柬、活动场地、客人着装、花饰、布景、音乐、餐饮等方面进行创意设计。活动氛围受活动风格影响，可以是庄严肃穆、轻松愉快、温馨感人等，常常需要一些特殊的帮助和道具来塑造，如装饰、音乐、游戏和饮品等，要重视调动活动参与者的多重感官和感受。

（九）活动方案的形成、论证和执行

活动策划思路成型后要转变成一个具体可执行的方案，要考虑为活动创造一个特别出彩的亮点，还要考虑活动的形式和传播渠道，以及采用什么样的新技术手段以便更加新颖并打动受众。

在方案形成并经过论证之后，应对实施方面的操作和设计予以重视，避免由于操作、设计不足而使好的创意不能付诸实施。方案也包括如何做出准确的财务预算，如果 100 万元的活动预算最终却投入了 160 万元，就不能说这个活动很成功。

活动策划亦是活动营销策划?

（十）活动的财务计划和资金额度

财务计划包括测算成本、制订预算，确定资金来源、现金流和会计安排。财务考虑要有整体观，初始的财务预测很容易失去控制。现实中，创新意识占上风的时候经常导致的结果是以牺牲活动项目的利润为代价，兼顾“创新”与“财务可行”这两个看似矛盾的东西非常考验管理者的能力。活动预算要以“最少的钱做最出彩的事情”。

任务工单 2

<table>
<tr><td>任务名称</td><td>把握策划活动关键环节</td></tr>
<tr><td>地　　点</td><td></td></tr>
<tr><td>日　　期</td><td></td></tr>
<tr><td>任务目的</td><td>理解活动策划的几个重要的内容和环节。</td></tr>
<tr><td>任务内容</td><td>情境资料：
阅读是人类相识相知、分享经验、合作创新的重要纽带，是人类获取知识的主要方式。1995 年，联合国教科文组织第 28 届大会把每年的 4 月 23 日定为“世界读书日”；2000 年，全国知识工程领导小组把每年的 12 月定为“全民读书月”。在“世界读书日”和“全民读书月”前后，全国各地纷纷开展了诸如读书节（月）形式的阅读推广活动，取得了较不错的活动效果和社会影响力。但随着各种阅读推广活动的不断深入，很多问题也暴露出来，如缺乏系统的规划、没有明确的目标、内容形式较单一等，而且阅读推广活动同质化现象也越来越普遍。
目前，某高校计划以图书馆为主体举办形式多样的阅读推广活动，为改变当下大学生读书数量少、阅读时间短、功利性阅读、碎片化阅读等现状做出努力，也为提升大学生阅读兴趣和阅读效益进行积极探索和实践。同时，积极面向校园周边社区进行活动推广，带动周边居民加入阅读行列，培养阅读习惯，激发阅读兴趣，提升阅读水平，增强利用图书馆意识，以促进全民综合素质的提高，并提升院校社会服务能力和影响力，树立阅读推广活动品牌，为后续每年延续性开展此活动奠定基础。

请根据上述资料，在分析与团队讨论的基础上，初步列出该活动在关键环节上的策划意向，并阐述理由。</td></tr>
<tr><td>建议学时</td><td>0.5～1 学时</td></tr>
<tr><td>操作提示</td><td>（1）在活动策划知识的基础上结合活动背景具体分析；
（2）可通过互联网查阅文献和资料，丰富策划思路。</td></tr>
<tr><td>任务实操</td><td>（1）请结合活动背景，从以下 9 个方面进行分析及思考，将讨论结果填入表中。
<table>
<tr><th>序号</th><th>思考内容</th><th>分析结果</th></tr>
<tr><td>1</td><td>活动主办方的目标是什么？</td><td></td></tr>
<tr><td>2</td><td>活动参与者的需求是什么？</td><td></td></tr>
<tr><td>3</td><td>活动的可操作性如何？</td><td></td></tr>
<tr><td>4</td><td>活动主题是什么？</td><td></td></tr>
<tr><td>5</td><td>活动风格和氛围是怎样的？</td><td></td></tr>
<tr><td>6</td><td>活动的执行要点有哪些？</td><td></td></tr>
<tr><td>7</td><td>活动的财务预算是多少？</td><td></td></tr>
<tr><td>8</td><td>活动举办的时间是什么时候？</td><td></td></tr>
<tr><td>9</td><td>活动举办的地点在哪里？</td><td></td></tr>
</table>
（2）活动策划究竟是一项怎样的工作？请谈谈你的理解。</td></tr>
</table>

三、活动策划者应具备的素质和能力

任何行业对于从业者都会有一定要求，活动行业也是如此，活动策划者应具备良好的综合素质：即行业知识和职场素质两部分。

（一）丰富的行业知识

优秀的活动策划者一般都自带全面的职场工作能力，丰富的行业知识体现在有创意、熟悉渠道资源、审美感官好、熟悉活动技巧、能落地执行项目等方面，这些行业知识的掌握得益于策划人员掌握活动管理 3 个领域的基本知识，即活动策划与营销管理（核心工作）、活动项目管理（基础工作）、活动行政管理（支持工作）。

（二）良好的职场素质

良好的职场素质除了具有基本的职场礼仪外，还表现在以下 3 个方面。

1. 创新性思维

活动策划者需要具有创新性思维，这样才能让自己策划出来的活动更具亮点。创新性思维的作用，如图 2－6 所示。

图 2－6　创新性思维的作用

2. 沟通协调能力

活动策划者可以说是整个活动的“指挥员”，他们必须具有较强的沟通协调能力（见图 2－7），才能与其他人员相互交流，才能保证活动正常运行。

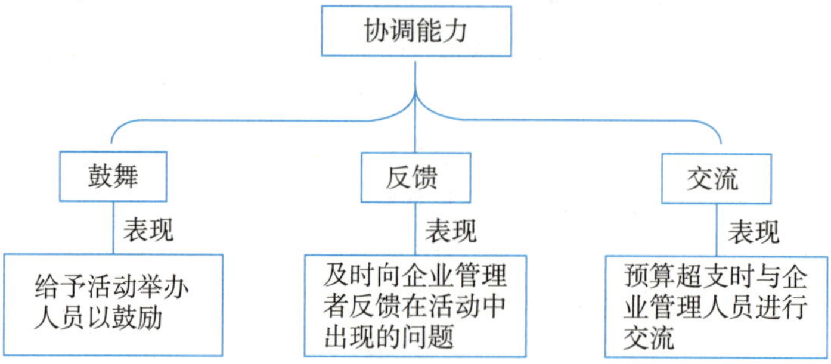

图 2－7　沟通协调能力的体现

3. 良好的职场心态

活动策划者应该具备良好的职场心态，特别是在处理突发事件时更能体现出策划者的心理承受能力。活动策划者在这方面至少需要具备 4 点素质，即遇事积极乐观、较强的心理承受能力、绝对的自信、冷静处理突发情况。

（三）了解职场岗位要求

活动策划者进入项目时一般都会有明确的岗位和工作说明书，表 2－2 列举了几个常见的岗位及任职能力要求，学习者可以对照其内容提升相应的岗位能力。

表 2-2 活动策划行业任职岗位和能力要求

• 活动执行	• 项目专员
岗位职责： （1）制订活动执行计划，确保执行的资源合理分配； （2）负责监控活动的实施，保证活动按质按量完成； （3）负责活动组与用户的沟通与协调，以及活动组与公司内部资源的分配与优化； （4）协助上级组织协调管理活动进度，监督管控整场活动； （5）了解活动中物料的准备、管理及相关外联工作； （6）了解活动的相关管理制度及制作流程，熟悉AV、灯光、搭建等； （7）对执行和最终执行的结果进行全面公正的评估，分析原始数据，撰写总结。	岗位职责： （1）参与项目活动现场执行； （2）活动结束后协助上级与客户结清尾款并报账； （3）可以辅助上级完成第三方的搜集、筛选、管理工作； （4）工作认真细致，具有亲和力，有强烈的责任心、敬业和服务精神。
• 客户助理	**• 市场助理**
岗位职责： （1）协助客户经理完成活动的前期准备工作，如报价、各类资料收集等； （2）协助客户经理完成活动的中期执行工作； （3）协助客户经理做好项目结束后的总结及结算工作； （4）协助客户经理完成项目的推广工作； （5）较独立、熟练地协助客户经理完成辅助性的工作。	岗位职责包括但不限于： （1）协助网站的更新维护； （2）协助发送媒体新闻稿； （3）网络广告发布监测以及杂志广告的归档、整理； （4）协助制作展会简单的宣传资料，如 banner（GIF）、微信图等； （5）协助收集行业和媒体相关信息； （6）协助媒体数据库维护； （7）协助其他相关市场活动。

引申资源

“完美狗狗”节目宣传活动策划还能为宠物录制 T 台视频秀

美国版的热门宠物造型设计真人秀系列节目“完美狗狗”将在迪士尼旗下的 ABC 网络上首次亮相，为了宣传该节目，加利福尼亚的世纪城购物中心外举行了一场粉丝互动活动。

活动现场的互动体验包括一个 T 台，粉丝可以为自己或宠物录制一段 T 台视频秀，巨大的吹风机和夸张的消防栓是照相背景。现场一个封闭的围栏里，当天晚些时候节目中的狗狗将会出现在那里。现场四周的座位区为人们提供了休息区域。

在活动现场，还散落着宣传“完美狗狗”节目的标牌，另一个看起来像宠物食物碗的道具也是为客人们准备的拍照道具。一张桌子上摆放着印有节目名字的小头巾，欢迎客人带回家给自己的宠物。

“完美狗狗”活动宣传视频

2022 长春市民读书节启幕，开展 142 项阅读活动

考核评价

评价说明：在完成项目中的每个任务后，由任课教师主导采用多维评价指标，构建立体多元的评价模式，包括自我评价、组内评价、组间互评及教师评价 4 种方式，按照比例权重计算出学生个人本任务的考核评价分。

<table>
<tr><th colspan="6">任务完成考核评价表</th></tr>
<tr><td>任务名称</td><td colspan="2"></td><td>学生姓名</td><td colspan="2"></td></tr>
<tr><td>评价方式</td><td colspan="2">评价内容</td><td>分值权重</td><td>单项成绩</td><td>总成绩</td></tr>
<tr><td>自我评价</td><td colspan="2">任务工单××的完成情况；
对知识技能的掌握程度；
我胜任了小组内的工作。</td><td>10</td><td></td><td rowspan="6"></td></tr>
<tr><td rowspan="3">组内评价</td><td>组员评组长</td><td>本任务完成的质量；
组织分工；
工作态度；
团队合作。</td><td>20</td><td></td></tr>
<tr><td>组长评组员</td><td>个人本任务完成的质量；
个人参与小组活动的态度；
个人的合作精神和沟通能力；
小组成员参与度、贡献度。</td><td>20</td><td></td></tr>
<tr><td>个人评小组</td><td>本小组本任务完成量；
小组作品的质量。</td><td>10</td><td></td></tr>
<tr><td>组间互评</td><td colspan="2">本任务其他小组完成的质量；
小组间沟通合作。</td><td>10</td><td></td></tr>
<tr><td>教师评价</td><td colspan="2">任务完成的质量；
工作态度；
参与贡献度；
合作沟通能力。</td><td>30</td><td></td></tr>
<tr><td colspan="6">总评＝自我评价 10%＋组内评价 50%（组长组员互评 40%＋个人评小组 10%）＋组间互评 10%＋教师评价 30%。</td></tr>
</table>

下篇

如何策划与执行一场活动

活动策划虽然是一项需要进行经验积累的工作，但是通过技术学习可以将经验物化和分解成可操作的技巧。下篇将与大家分享从活动前期策划、筹备到现场执行和后期收尾整套的活动策划和实施技巧，认识一场活动中那些大大小小的工作过程和工作环节。

项目三

活动策划前期绕不开的五项工作

案例指引

一次有意义的调研：提升观众数据深层转化能力利于展览内容优化

在互联网 3.0 时代的到来与冲击下，博物馆在向自己的 3.0 时代跨越。参与性、交互性、跨媒介、沉浸式、情感联结等关键词已经在展览中得以实践。当下，观众调查已是每个展馆的必备项目。

据统计，2020 年 8 月至 2021 年 8 月，全国共有展览项目 2.9 万个。其中，上海全年展览多达 4 730 个，居全国首位，平均每天 13 场展览。“看展社交模式”正在逐步形成。

博物馆 3.0 时代是以观众为中心的时代，应关注并深层次分析观众的需求，只有有效地获得观众反馈，抓住其中的信息价值并实现转化，才能让策划团队与观众需求并行，甚至预测观众需求，进而提供品质更高的展览。

如果在展览中合理运用艺术装置的跨媒介手段，将观众的反馈进行有效的记录、保存或者可视化，可以为策展团队带来有效信息。博物馆可以建立观众大数据平台，将以往的观众调查数据（如观众的年龄、性别、国籍、地区、文化偏好，展览受欢迎程度以及参观峰值等）作为一手资料来实现共享，不同策划团队根据自身需求整理相应数据，再进行针对性转化。观众也可在平台查看自己的“展览记忆”，为这些生命有限的“展览”建造一个“记忆花园”。未来也许有更多更好的方式来保留观众对于一场场展览的感受与反馈，甚至将其变成展览的一部分。尽可能聆听每一个参与“个体”的反馈，策划人与观众、观众与策划人、观众与展览、观众与自己的直接对话都值得被保留。

资料来源：中国贸易报，2022-01-11.

问题思考：

（1）上述展览活动是如何获取调研数据的？

（2）这种调研方法有意义吗？它是围绕什么内容展开调研工作的？

项目概览

在进行活动策划时，千万不能毫无计划。本项目就是从“预”到“立”的准备过程，通过开展调研、立项与可行性分析、创意策划、标识与设计、预算与成本控制 5 项任务来体会活动策划前期是如何思考和如何准备这个活动项目的。

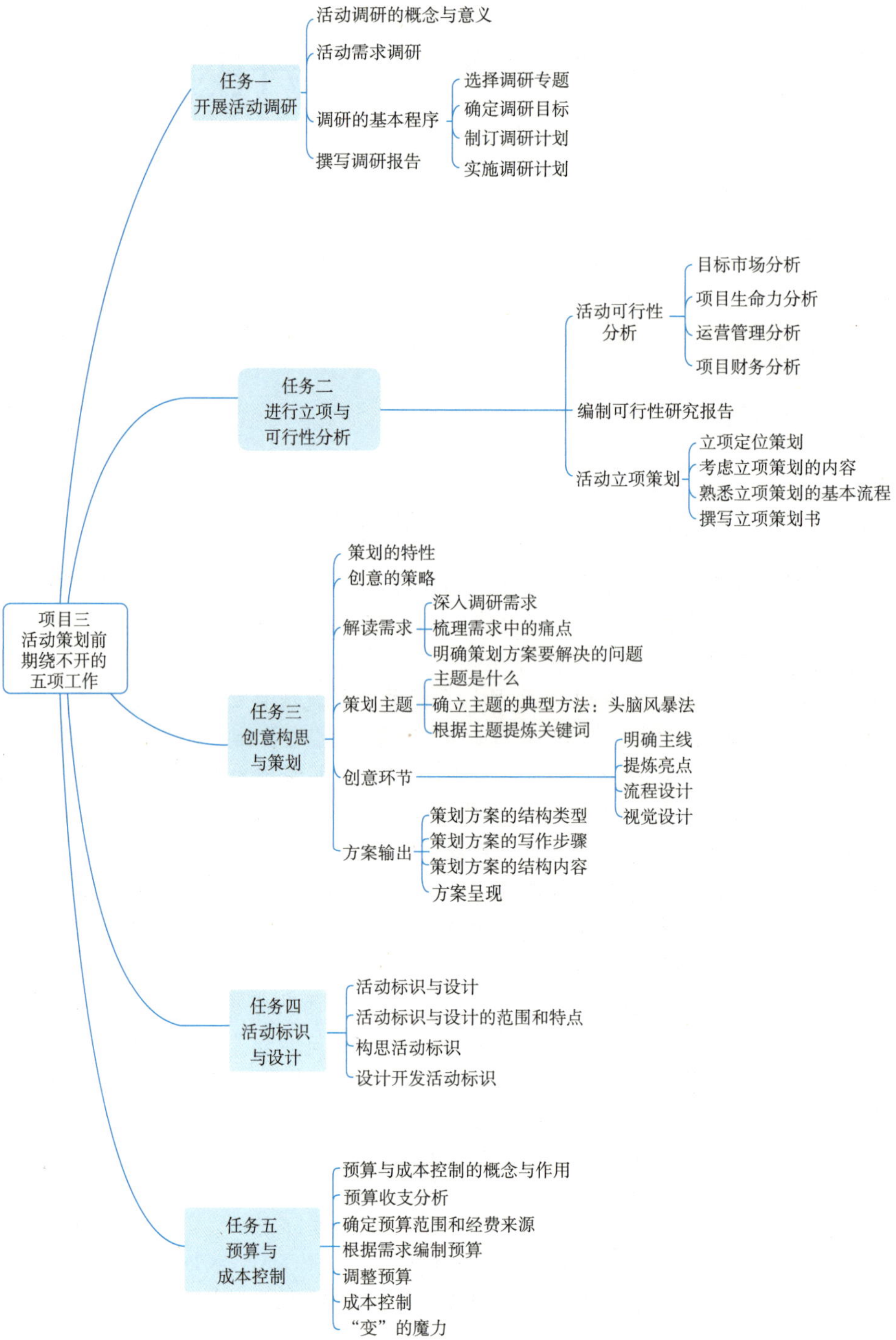

任务一 开展活动调研

学习目标	
知识目标	了解活动的需求； 明确调研的目标； 掌握活动调研的基本程序和流程； 熟悉制作调研问卷的基本方法； 熟悉调研报告的结构、内容。
能力目标	能够针对不同的调研目的设计出有效的调研问卷； 能够制订分工明确、切实可行的调研计划； 分析问卷并能够利用常用软件制作各种统计图表； 学会撰写活动调研报告，并提出新的相应行动措施。
素养目标	养成求真务实、积极进取的作风； 了解并遵守活动行业法律法规； 进一步深刻认识行业市场的发展规律，提升遵纪守法的个人综合素养。

任务描述

活动项目策划要做出正确的决策就必须通过调研准确及时地掌握市场情况，使决策建立在坚实可靠的基础之上。那么，活动调研的流程是怎样的？活动需求有哪些？如何设计调研问卷？如何撰写调研报告？本任务将带领你穿过迷雾，解决难题。

实施提示

从程序上说，活动的立项策划工作从市场调研开始，调研分析是服务于项目立项和可行性研究工作的。调研是一项艰巨而不能省却的步骤，需要获得真实的材料并客观反映情况。本任务以需求调研为范畴中心，将之看作一个大概念来解读活动项目的调研。

业务流程

活动调研是一项有计划、有组织的策划活动，必须遵照一定的工作程序，具体包括5个阶段：

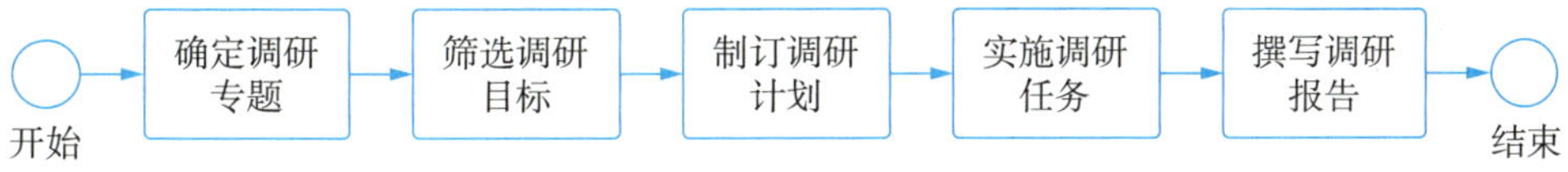

知识补给站

一、活动调研的概念与意义

活动调研，是指活动主办单位或专业活动公司运用科学的方法，有目的、有计划、有步骤、系统地设计及搜集、整理和分析相关资料，掌握活动市场的发展现状和未来发展趋势，为活动管理者的经营决策提供必要依据的过程。

市场调研是一个动态的过程，在实施过程中及时反馈信息，能够为活动主办方做出科学决策提供新的依据和可信数据，从而减少风险，发现机会。经验丰富的活动策划者认为，把更多的时间投入调研和评估中，最终将为活动的后续开展节省更多时间和费用。

视野窗

在“上项目”的过程中，活动调研一般存在两种情况：

一是从市场需求出发，通过调研来回答“这个项目能不能上”和“是否有足够的条件开展活动”的问题；

二是从主办方需求出发，如果主办方是政府，为了实现“上项目”的需求，原因可能是为了展示地方经济特色；有的是为了配合某项政策、文化的宣传；有的是为了外交战略的形象宣传；有的是为了反映某项行政工作的成果。即使该活动缺乏市场需求或市场需求有限，但由于政治需要而上项目，因此也必须通过市场调研来回答“这个项目如何上”的问题，其市场分析和可行性分析也是相对客观的。

二、活动需求调研

众多专业活动公司已经认识到，通过调研来准确实现潜在客户的需求、要求和期待的价值。本书以需求调研为范畴中心，从主办方的角度，以一个大概念范畴来解读活动项目的调研。

（一）需求分析（见表 3-1）

表 3-1　活动需求分析三步法

分几步	是什么	具体内容	需求分析的范围
第一步	识别需求	活动功能需求（做什么）； 活动性能需求（要达到什么标准）； 活动环境需求（有什么硬件措施和软件措施）等。	从宏观和微观角度，包括： 国际和地区的需求分析； 社会需求分析； 市场需求分析； 企业（主办单位）自身的需求分析； 项目实施阶段的需求分析。
第二步	归纳综合	筛选活动参与者的有效需求，最后综合整理成系统的解决方案。	
第三步	评审	审核并评价参与者的需求，通过后即可进行下一阶段的工作，否则重新进行需求分析，直到确定最终的需求。	

（二）活动调研的内容

活动调研主要围绕活动市场环境、市场需求、同类活动和竞争对手、营销活动 4 个方面开展工作。

1. 市场环境调研

市场环境是指给活动主办机构带来机会和威胁的主要外部力量，宏观环境因素主要由政治法律环境、经济环境、社会文化环境、科学技术环境和自然环境五大环境要素构成，这些要素对于主办机构来说是无法控制的。

2. 市场需求调研

这部分是调研的核心内容，其最终目的是分析在一定时期内、一定价格水平上，目标受众中愿意并能够参与活动的人数及消费潜力。活动市场需求是决定活动市场购买力和市场规模大小的主要因素。针对活动参与者所进行的需求调查是需求调研中最基本的部分。如表 3-2 所示。

表 3-2 市场需求调研的内容

调研市场需求	参与者（消费者）调研
• 市场的特点 • 市场的潜力 • 市场份额 • 市场壁垒 • 经济趋势	• 人口特征 • 消费数量与消费构成 （即调查现实与潜在的活动参与者的数量，包括参与者的国籍、年龄、性别、职业、入境方式以及地区分布、民族特征等，参与者消费水平和参与时间的长短） • 参与者对活动的质量、价格、服务等方面的要求和意见 • 参与者参与活动的动机等

3. 同类活动和竞争对手调研

（1）同类活动调研。

①同类活动的数量和区域分布状况；
②同类活动的基本信息，如活动定位、主办机构、参与人员数量、分布及结构等；
③同类活动的结构，主要表现活动主题、活动范围、参与人员的结构；
④同主题品牌活动的成功经验；
⑤同类活动之间的竞争态势。

（2）竞争对手调研。

①调查特定区域内同类活动主办机构的数量与实力；
②竞争者的市场占有率；
③竞争者的市场策略和手段；
④竞争者的市场营销组合及广告策略；
⑤竞争者的销售组织形式及规模与力量。

4. 营销活动调研

（1）产品销售调研：销售模式、销售形态、销售渠道；

（2）产品服务调研：历届举办活动的基本情况、参与者对活动的评价、该活动的市场占有率；

（3）价格调查：综合分析需求、成本和竞争等多种因素，调查活动应该制定一个什么样的价格才能保证能够与竞争者竞争；活动产品价格的供给弹性和需求弹性；运用价格变动促进销售的情况。

任务实施

一、调研的基本程序

活动调研是一种有计划、有组织的策划活动，必须遵照一定的工作程序。

（一）选择调研专题

项目调研的问题很多，在组织每次项目调研时应找出关键性的问题，确定调研的专题。选题应明确具体、适当，不可太宽泛或太窄。

（二）确定调研目标

在确定调研目标时，应当努力使问题定量化，提出具体明确的数量目标。

（三）制订调研计划

1. 计划内容

制订调研计划，主要从资料来源、调研方法、费用预算等方面着手。要注意，调研计划是基本的调研框架设计，而调研方案则具有详细的内容，步骤清晰，便于具体实施（见图 3－1）。

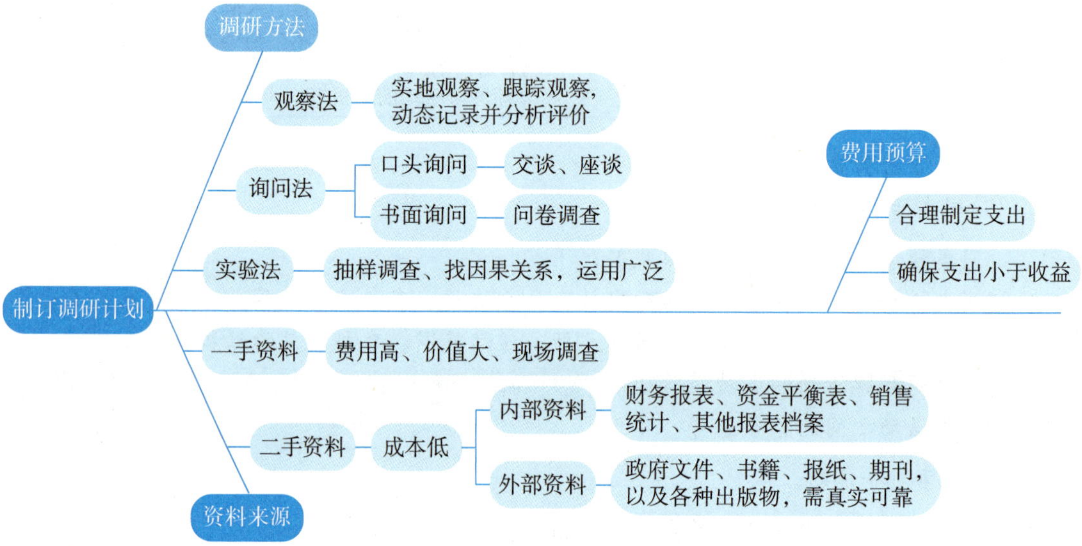

图 3－1　调研计划常见工作内容

2. 选择调研方法

在实际调研中，选取调研方法要根据实际需要，可以一种或多种方法组合应用。如：

（1）询问法。有效电话调查就是一种口头问询法，可以在短时间内接触被调查者，获得真实资料，但对调研人员的要求很高，要有专业知识、调研经验、应变及沟通能力等。

（2）问卷调查法。实地调查中，以问卷采用最广。当前，众多在线调研 App 及 H5 网页直达用户终端，操作便捷高效，自由控制回收样本数量，并提供专业的统计分析报告。

电话调查法技巧

◇ 尽可能找到具体负责某一问题的人，精心设计问题，尤其是开场白，努力降低电话访问的被拒绝率。

◇ 打电话之前应做好充分的准备，包括熟悉调研问题、学习相关知识、了解受话人的职务及性格等。

◇ 把握好打电话的时间，一般上午 9:30—11:30，下午 2:30—4:30，以及晚上 7:30—9:30。

◇ 控制访问内容，力求简短、实用，做好电话访问记录。

制作调查问卷应注意些什么？

◇ 设计的题目应与调查目的相符合；

◇ 问卷简短，长度满足获得重要资料即可；

◇ 题目的设计要由一般至特殊，具有逻辑性；

◇ 指导语或填写说明要清楚，没有歧义；

◇ 编排格式要清楚，指示符号要明确。

（四）实施调研计划

这一阶段主要进行数据资料的收集、加工处理和分析。注意资料信息要有价值，防止失真；分析科学、客观，适当运用网络技术和相关软件处理数据。

任务工单 1

任务名称	制作调查问卷，开展现场或网络调查
地　　点	
日　　期	
任务目的	通过本任务，学会针对性地设计调查问卷、分析调查数据，了解活动调研的工作内容和程序，提高分析能力和解决问题的能力。
任务内容	以下任务二选一完成。 任务 1：收集当地对活动发展现状有影响的相关素材，如选取节事活动、校园活动为对象，以小组为单位，根据活动的不同参与主体，分别对该活动的不同需求进行调研，设计调研问卷，并展开实地调查或网络调查，分析调研数据，提出结论建议； 任务 2：选择当地知名度较高的展览会，设计展会参展商/观众满意度调研问卷。
建议学时	2～4 学时
操作提示	（1）进行现场调查，需事先和活动组织方联系、协调，收集信息； （2）利用电脑、打印机、纸张、小礼品、美工器材等； （3）问卷设计可以纸质印刷，可以借助问卷星等设计软件； （4）任务 2 不是活动立项的需求调研，可看作活动执行阶段的调研。
任务实操	**任务 1 操作步骤：** （1）分组，以 5～7 人为单位，选出调查组长，组长负责本组调查、汇报、写作的全部组织工作，牵头确立调查内容，制订调研计划，联系好调查对象和确定调查时间，完成调查过程； （2）展开现场调查前，各组汇报调查方案，在场听众提问，教师总结和点评，方案切实可行则可进入下一步现场调查工作； （3）教师现场指导学生开展问卷调查，提高学生实践过程的质量； （4）问卷回收后，教师组织学生利用电脑软件制作统计图表。 **任务 2 操作步骤：** 选择当地知名度较高的展览会，假如你是承办方，请成立调研小组，了解影响参展商、卖家、观众满意度的因素，设计展会参展商/观众满意度调研问卷，然后编写现场调查流程和岗位用语，进行问卷调查，可以现场或网络两种方式进行。对所收集的问卷进行汇总分析，借助相关分析软件或小程序绘制图表，PPT 汇报。

二、撰写调研报告

以书面的形式对整个调研工作进行总结，形成报告。

调研报告通常用文字、图表形式编写成简明扼要的文件，有两种写作形式，见图 3－2。

一种是技术性报告

·着重写报告市场调研的过程，包括调研目的、调研方法、数据资料处理技术、主要调研资料摘录、调研结论等。

一种是结论性报告

·着重写报告调研的成果，提出调研人员的结论与建议，供上级决策参考。

图 3－2　调研报告形式

编制调研报告应以使用者的需求为导向，体现使用者的价值诉求。一份完整的活动调研报告应体现完整性、准确性和可行性，主要内容和结构见表 3－3。

表 3－3　活动调研报告的内容和结构

结构要素	主要内容	备 注
封面	调研题目、调研用户、调研组织者、调研日期	单独成页
目录	报告的各章节名称及页码	单独成页
调研基本情况（引言）	方法 1：由项目背景、调研目的、问题、时间、地点、对象、方法和调研人员构成	语言简练、概括精炼、观点鲜明，与主体之间有一句或一段承上启下的文字
	方法 2：概括调研的基本观点或结论，以对全文的内容、意义有一个初步的了解	
报告正文（主体）	市场情况的详细介绍	报告重心部分。设立小标题或以时间为序加以说明。数据、图表清晰
	调研主题和纲要说明	
	调查过程与方法的详细说明，整体分析过程	
	调研的基本结论、调研的不足、分析预测	
	建设性意见和建议	
附录	各种参考资料、访谈记录等	根据实际情况确定是否设立

任务工单 2

任务名称	编制调研报告
地　　点	
日　　期	
任务目的	通过本任务，掌握市场调查的方法，能够撰写调研报告，并相应提出新的观点和建议。
任务内容	以下任务二选一完成。 任务 1：利用网络查找 2～3 个影响力较大的活动，活动类型不限，选择其中一个，为此活动进行下一届的市场需求调研，形成调研报告； 任务 2：利用网络搜集新型题材的产业行业市场情况，如动漫、新能源、文创、直播，分析其特点和消费等情况，制作调研报告。
建议学时	2～4 学时
操作提示	（1）活动可以是举办多届的，分析其发展历程，预测今后趋势，形成报告；也可以是新型题材的活动；或者是针对某个行业的市场调查； （2）熟悉调研报告业务知识； （3）会做图表，并插入 PPT，操作熟练。
任务实操	（1）小组合作形式，3～5 人一组，选出组长，运用网络查找、头脑风暴、对比分析等方法进行讨论，确定各组的选题； （2）组长统筹，合理分工，组员合作完成； （3）调研报告结构内容可参照表 3－3，形成 Word 版文字报告，并同时完成汇报 PPT，每组选 2 名代表在全班进行汇报。

引申资源

凉茶市场调研计划书（提纲）

一、调研目的
二、行业市场
三、竞争对手
四、企业自身
五、调研内容：消费者需求情况
六、调研方式与对象
七、调研日程安排与人员分配
（一）任务分配与角色安排
（二）调研日程以及进度控制
八、调研经费预算
九、调研问卷的设计与访谈问题的撰写
调查问卷

标题：消费者心中的“王老吉”调查问卷

一、选择题（注：此部分可采取线上或线下方式进行调查）
二、访谈问题（注：此部分内容最好采取线下方式进行调查）

凉茶市场调研计划书

行业产品市场调研方案

××市旅游资源盘活调研提纲

任务二 进行立项与可行性分析

学习目标	
知识目标	了解活动立项策划的流程； 理解活动项目可行性分析在项目立项过程中的重要作用； 识别活动举办的优势、劣势、机会、威胁（SWOT）； 了解活动资源配置内容。
能力目标	学会具体分析项目内外环境的要素条件； 掌握活动 SWOT 分析技能； 能根据活动策划要求撰写符合要求的可行性分析报告。
素养目标	养成认真、细致、求实的工作态度和作风； 具有遵守行业法律法规的思维习惯； 养成防患于未然的意识和自觉性。

任务描述

在活动策划工作中，要重视分析和论证主办方举办活动的内外部环境因素，根据主办方的需要与可能来论证项目的必要性和可操作性。那么，在实际操作中，如何分析论证？如何立项？重点着眼于哪些要素考虑？本任务将一一为你解惑。

实施提示

可行性是立项策划的基础，需要科学分析和论证该活动项目在经济条件层面“项目能否上”和技术执行层面“项目如何上”的可行性。

业务流程

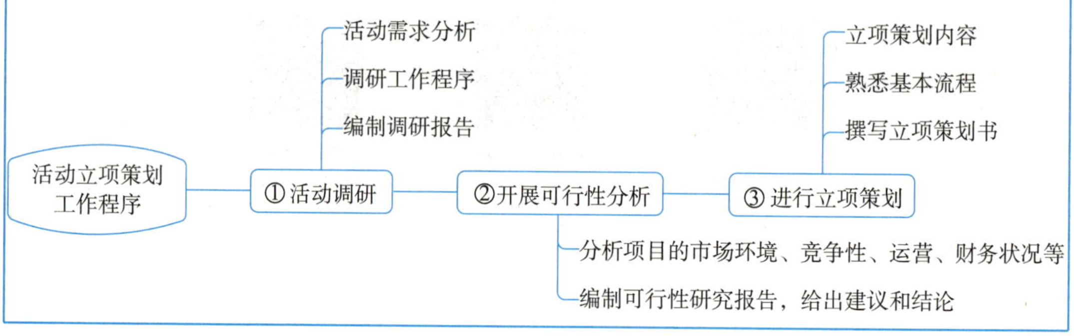

任务实施

一、活动可行性分析

可行性分析一定要做吗?

一个活动是否有必要举办，首先要进行前期的市场调研和分析，然后要进一步考虑活动的社会需求和社会环境因素，主办单位是否有足够的能力、相关的资源及助力、相关部门的批准，是否有适当的时间、地点及环境，是否有一定的竞争能力和必备的专业执行力等。

比如，一个筹款活动可以采取多种形式，具体采用哪种形式需要考虑以下问题：第一，过去举办过哪些成功的筹款活动，其形式是什么；第二，目前有哪些资源是可以利用的，在这些资源的基础上可以开展什么样的活动；第三，采用哪种形式筹款收获最多。

活动可行性研究是为主办方决策服务的，主要从以下方面开展工作。

（一）目标市场分析

目标市场分析的基础是理解某项活动所在行业的产业结构，策划人员根据现有同类活动的定位，确定即将举办活动的相关要素。市场环境分析具体包括以下 3 方面。

1. 宏观市场环境

宏观市场环境包括产业环境、人口环境、经济环境、技术环境、政治法律环境和社会文化环境。结合产业的实际特征，对活动所处的宏观市场环境的各个方面做出准确的分析，寻找市场机会，发现问题，为活动立项的最终决策服务。

2. 行业市场环境

行业市场环境是指直接影响活动效果的各种因素，分析并找出最直接、威胁最大的竞争对手，明确主办者在行业中的市场地位，及时调整经营策略。具体如表 3－4 所示。

表 3－4　行业市场环境分析内容

举办机构内部环境	参与者和观众	行业内竞争对手	活动主办者
具有的资金、人力、物力以及所掌握的信息资源和能联系的社会资源等各种条件	主办机构应建立起专业化的服务体系、目标参与者数据库和观众平台，与其保持良好的沟通，建立定期的信息反馈渠道	竞争对手的发展历史、公司状况、规模、资金、技术力量等	如果是大型活动，主办者多为政府部门、行业协会等。活动方或承办方要与其建立良好的合作关系

3. 市场 SWOT 评价

对活动项目的整体分析和综合评估是建立在已经掌握了市场环境内外部优劣势的基础上的，根据所掌握的信息对未来的环境变化趋势做出预测。最常用的方法是“SWOT”分析法。

基于 SWOT 的分析，为活动项目经理提供了一种战略分析框架，战略分析要关注内部的优势、劣势以及外部的机会、威胁，并组合出 SO、WO、ST、WT 4 种战略，见表 3－5。通过这种市场相关要素的评价，策划人员所做的决策才更合理，并有利于长期培养一个活动品牌。

表 3－5　活动项目 SWOT 分析

SO 战略：发挥内部优势，利用外部机会	WO 战略：改进内部劣势，利用外部机会
ST 战略：发挥内部优势，回避外部威胁	WT 战略：改进内部劣势，回避外部威胁

（二）项目生命力分析

（1）项目发展空间：分析举办该活动所依托的产业空间、市场空间、地域空间、政策空间等是否具备。

（2）项目竞争力：竞争力主要反映在活动主办方或主办企业的市场占有率、销售增长率和获利能力上。

任务工单 1

任务名称	开展活动环境的市场评价
地　　点	
日　　期	
任务目的	熟悉和掌握活动项目的 SWOT 评价法。
任务内容	以下任务二选一完成。 任务 1：请分析举办北京马拉松比赛的环境因素； 任务 2：自主选择某一创意活动，撰写 SWOT 分析提纲。
建议学时	2～4 学时
操作提示	准备电脑、多媒体设备，进行小组讨论，群策群力。
任务实操	**任务 1 操作步骤：** (1) 熟悉 SWOT 评价法的相关业务知识； (2) 全班分成若干小组，各组选出一名组长，进行组内任务分工； (3) 利用网络查找马拉松赛事的相关信息和资料，筛选包括北京马拉松比赛在内的赛事活动的国际国内环境和行业环境； (4) 比较北京马拉松比赛所举办环境的 SO、WO、ST、WT 因素和条件，以及相对明显的特点，从而确定北京马拉松比赛的环境因素； (5) 在课堂上进行分组汇报，选出最优组。 **任务 2 操作步骤：** (1) 熟悉 SWOT 评价法的相关业务知识； (2) 全班分成若干小组，各组选出一名组长； (3) 利用网络查找富有创意感的题材和相关资料，用“头脑风暴”方式组织讨论； (4) 确定好主题，各组组长进行课堂汇报并说明选择此主题的理由； (5) 进行组内任务分工，要求分工明确，组员搭配合理； (6) 撰写 SWOT 分析提纲并制作 PPT，在规定的时间内完成并汇总和演讲，注意 PPT 的内容精炼，版式简洁、大方。

（三）运营管理分析

从计划举办的活动项目本身出发，分析立项计划准备实施的各种执行方案是否完备，是否能保证该计划目标的实现。分析的重点是各种执行方案是否合理、完备和可行。如对计划举办活动的基本框架进行评估，对赞助招商和宣传推广计划等执行方案在实施时的互相影响进行分析，对进度计划中各项工作进程安排的合理性、准确性、配套性、统一性进行评估等。

活动策划实施的可行性分析工作内容

（四）项目财务分析

第一步是确认此次活动是想要盈利还是保证收支平衡。无论是何种类型的活动，在草拟预算管理时都应注意必须显示预计收支，并准备用活动结束后的资产负债表来显示实际的收支情况。具体包括 3 个方面：成本收支预算、盈亏平衡分析、现金流控制。具体可参看“上篇项目三任务五 预算与成本控制”。

二、编制可行性研究报告

某动漫活动项目可行性研究报告

在对活动项目进行了各种分析后，即可编制可行性研究报告。可行性研究报告的主体由以下五大部分内容构成，见图 3－3。

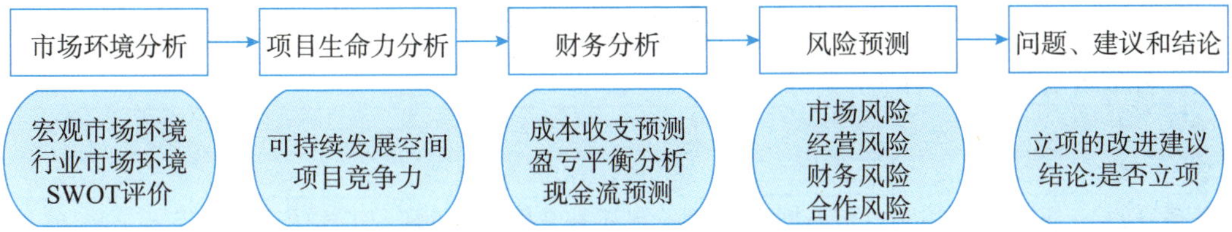

图 3－3 活动可行性研究报告的内容构成

可行性研究报告是主办方决策是否要举办活动的重要依据，这五部分可以根据活动项目的大小和性质决定各要素分析的详略，做到材料真实，分析客观科学，判断准确无误。

创办展会项目的可行性研究报告

以下两例分析的要素略有不同，都是围绕图 3－3 的五大要素的内容展开的，都是可行性分析报告的框架。

例 1：

××活动策划可行性分析报告

一、活动简介
二、活动开展的意义
三、可行性分析
（一）外部环境
（1）举办的时间以及空间；
（2）场地环境；
（3）周边环境；
（4）安全问题；
（5）如何面对其他组织在同一时间内开展的活动（竞争力、优势）；
（6）影响的评估（积极影响、消极影响）；
（7）自然状况（比如天气）；
（8）预测活动参与者的响应程度；
（9）经费的安排（是否能在有限的经费内开展活动，尽量合理缩减经费）。
（二）内部环境
（1）活动前期准备的时间安排；
（2）经费；
（3）组织资源方是否能够满足活动的开展；
（4）承办方举办活动的优势；
（5）所需道具、设备、技术的提供。
（三）可行性分析结论
（1）可行：×××；
（2）不可行：×××。
四、应急方案（根据具体活动提出具体方案）
（1）参加者响应问题；
（2）场地提供问题；
（3）提供及损坏；
（4）天气状况；
（5）设备故障；
（6）观众秩序。

例 2：

××活动策划可行性分析工作

一、总论
二、项目背景和发展状况
三、市场分析和举办规模
四、举办条件与活动场址选择
五、环境保护和安全保障
六、项目组织管理模式与运营安排
七、项目营销方案分析
八、活动项目投资估算与资金筹措
九、项目风险与对策分析
十、财务效益、经济效益和社会效益评价
十一、活动项目可行性研究结论与建议

任务工单 2

任务名称	分析活动可行性并撰写报告
地　　点	
日　　期	
任务目的	通过分析举办校园活动的可行性，熟悉和掌握可行性研究工作的重要环节。
任务内容	**情境资料** 为了提高学生活动策划的实践能力，学院拟组织会展专业学生于202×年12月1日举办“202×冬季毕业生文化节”（校内）。本次毕业季系列活动，为即将走入工作岗位的毕业生送行，为毕业生留住在校时的温暖和美好回忆。文化节对象为全体毕业生及师生，文化节将举行留言寄语系列活动、毕业展系列活动以及为学院师生提供学习、生活用品等销售服务。 请结合学校和毕业生的自身情况，撰写举办文化节的可行性分析报告。
建议学时	3～4学时
操作提示	报告撰写难度较大，文字表达要得体，忌空话、套话；力求直观简明，尽量采用图表形式；编排PPT时要求报告内容精练浓缩，突出最重要的内容，适当配置有关图片。
任务实操	（1）组建团队； （2）团队成员头脑风暴，分析学校的实际情况； （3）团队负责人给每个成员分配任务，成员合作完成可行性分析报告； （4）小组集中讨论，评估方案； （5）确定方案，上台展示小组PPT成果。

三、活动立项策划

当确定举办活动时，就进入立项和报批阶段。有些商业项目可以不经过报批直接进入立项策划阶段。

立项策划就是根据掌握的各种信息和分析结论，对即将举办的活动的有关事项进行初步规划，设计出活动的基本框架，提出举办活动的初步规划。它侧重于从定性的角度规划即将举办的活动，而非详细地定量分析活动内容。

视野窗

立项知多少？

★立项，我国一般特指大中型建设项目获得政府投资计划主管机关的行政许可后，获得立项批准文件，或是经投资方决策批准后，随之展开项目建设前期工作。

★展览、会议、节事等行业借助“立项”的概念，通常将主办方决策之后“上项目”的一系列前期工作称为“立项”。如新项目的主题创意及其可行性研究经主办方决策批准或同意后，其立项工作就正式开始了。此外，有些工作已经在撰写立项策划方案之前就确定好了，如提前一年洽商展馆租赁，提前预订活动场地、商请合作伙伴、申请冠名等，以便于保证顺利实施工作方案。

资料来源：张凡. 会展策划. 湖北：武汉大学出版社，2014.

（一）立项定位策划

活动立项策划的工作主要是在综合考虑市场环境、本地优势资源和竞争的基础上，提出的有创意的项目，定位就是在分析目标市场和消费市场后做出的策划。

（二）考虑立项策划的内容

（1）明确这个活动项目是否做；

（2）进行调查和可行性研究；

（3）提炼主题，进行个人创意和群体创意；

（4）进行科学的方案论证。

举办某大型活动策划流程（标准及节点）

（三）熟悉立项策划的基本流程

一般来说，活动立项策划工作整体上经历以下几个阶段，见表 3－6。

表 3－6　活动立项策划工作基本流程

序号	阶段	工作内容
一	初创阶段	感知信息、引发活动、确立目标
二	论证阶段	进行市场调查和可行性分析
三	立项阶段	对通过可行性研究的活动项目提出组织工作方案，展开立项工作
四	创意阶段	提炼主题、进行创意策划
五	实施阶段	参与活动项目的操作实施
六	评估阶段	进行活动项目经营管理的成效评估

（四）撰写立项策划书

一般活动立项策划书的基本内容包括：

（1）活动背景、市场需求分析（包括对活动题材所在产业和市场的情况分析，对国家有关法律、政策的分析，对相关活动情况的分析，对活动举办地市场的分析等）；

（2）活动的基本框架（包括活动的名称和举办地点，举办机构的组成，举办时间，举办频率，活动规模和活动定位等）；

（3）活动价格及初步预算方案；

（4）活动工作人员分工计划；

（5）活动招展招商计划；

（6）活动宣传推广计划；

（7）活动筹备进度计划；

（8）活动服务商安排计划；

（9）活动开幕和现场管理计划。

小贴士：立项策划书是一套整体规划、策略和方法，还不是具体活动开展实施的工作方案。立项确定之后，策划和创意都在不断地深入和具体化，活动开展前都可以进行不断调整和完善，直至真正成为实际可用的工作方案。

任务三 创意构思与策划

学习目标	
知识目标	了解策划的特性与创意的策略； 梳理活动策划的流程及任务关键点； 熟悉策划方案的呈现内容及过程。
能力目标	有效分析、梳理客户需求清单； 通过各种方式明确客户的关键需求点； 针对需求清单完成一套完整的策划方案； 能够将策划方案展示给客户。
素养目标	提高学生逻辑思维水平，加强换位思考的能力； 培养团队合作精神和全局意识； 提升活动领域的行业标准意识。

任务描述

创意策划是所有活动的原点和基础，需要大量的背景知识、开放性的思维模式和团队集体智慧共同完成。创意策划的过程是一项活动达成效果的基础和内容核心。如何通过客户的简单描述深入了解潜在需求并挖掘出来？如何将需求描述提炼为方案主题？使用哪些元素和理念把主题和想法以视觉元素表达出来，从而使其具有冲击力和吸引力？一份完整的策划方案应该怎样撰写和呈现出来？本任务将一一揭晓。

实施提示

本任务侧重于通过实际案例的演练来掌握创意策划的流程和关键节点。

本任务从创意策划技能本身阐述，不特指某一类型。阐述的视角侧重于第三方服务或承办方，所言客户对象可能是主办方，也可能是其他活动服务对象。但是活动策划方案的基本框架内容是通用的。

同时，注意本任务的创意策划与上一任务的立项策划之间的联系，在实际项目运作的过程中，有时这两个环节的方案可能会合二为一，比如以专业服务公司身份撰写策划方案，立项策划方案的形成过程也是创意策划的过程。后者比之前者更详细、更落地。

业务流程

任何一项活动，无论规模大小、时间长短，都需要有创意策划的过程，形成书面的可实施方案。方案策划的过程以流程图形式呈现为：

活动创意策划的流程 — 解读需求 → 确定主题 → 创意环节 → 输出方案 → 方案呈现

知识补给站

一、策划的特性

（一）信息全面性

要想做好一个活动的创意和策划，满足客户需求，从而最终可以落实执行产生效益，就要收集和了解大量的背景信息，具体包括的内容见表3-7。

表 3-7 收集活动信息的内容

客户信息	竞品信息
• 客户企业文化/销售及盈利模式等 • 客户行业背景 • 活动项目历史 • 活动项目需求 • 客户喜好 • 未来潜在需求	• 客户竞品： 包括市场占有率、活动内容特点、对比分析、可优化内容等。 • 同业竞品： 包括企业团队分析、盈利模式分析、特点特长分析等。
备注：客户信息中，活动项目需求有很多方面，比如以客户为重（突出客户的全程感受度）、以会议为重（广告新颖抓眼球）、以旅游为重（目的地吸引人）、以体验为重（吃好喝好最重要）、以宣传为重（媒体与平台的推广运用）等。	

（二）方案吸引力

活动最精彩的地方是现场感、体验感。唯有巧妙的创意和设计，才能最大程度调动嘉宾的感受，心灵震颤的瞬间，就产生了活动与品牌/产品的关联。

（三）元素关联性

以一个主题线索、一个文化符号、一个核心灵魂去串联整个活动，让每个细节都契合主题，传达出活动背后的品牌文化和内涵，从而使活动的传播范围扩大、传播效果增加。

二、创意的策略

要想成功举办活动，达到理想的效果，策划人员就应融入一定的创意到策划中，使活动有亮点，吸引人们去参与。策划可以围绕一些策略来进行。

(1) 从受众的认同心理出发。如认同受众的价值观念、利益诉求、文化背景等。

(2) 加入链接。链接可以是各种主题的内容，变成活动创意的灵感和方向。如链接热点、链接可以联系的显著事件等。

(3) 调动大众参与的积极性。

(4) 紧密联系活动的主题和品牌中心进行定位。正常来说，任何活动都需要有创意策划的环节，创意策划的重点、亮点和所呈现的要素不同。比如：论坛、年会类活动侧重于流程规划；发布会、巡演侧重于爆点创意；节庆、赛事、竞技类活动侧重于规模衍生效应的规划；奖励旅游活动更偏重于体验感受的策划；展览展示类活动更偏重于数据分析和场馆运营的规划。因此只有确定活动类型和诉求才能“对症下药”去策划。

任务实施

接到活动项目后，项目组在做好一定的准备后，要召开项目策划工作会，共同商议如何展开活动策划。策划会工作程序大致如图 3-4 所示。

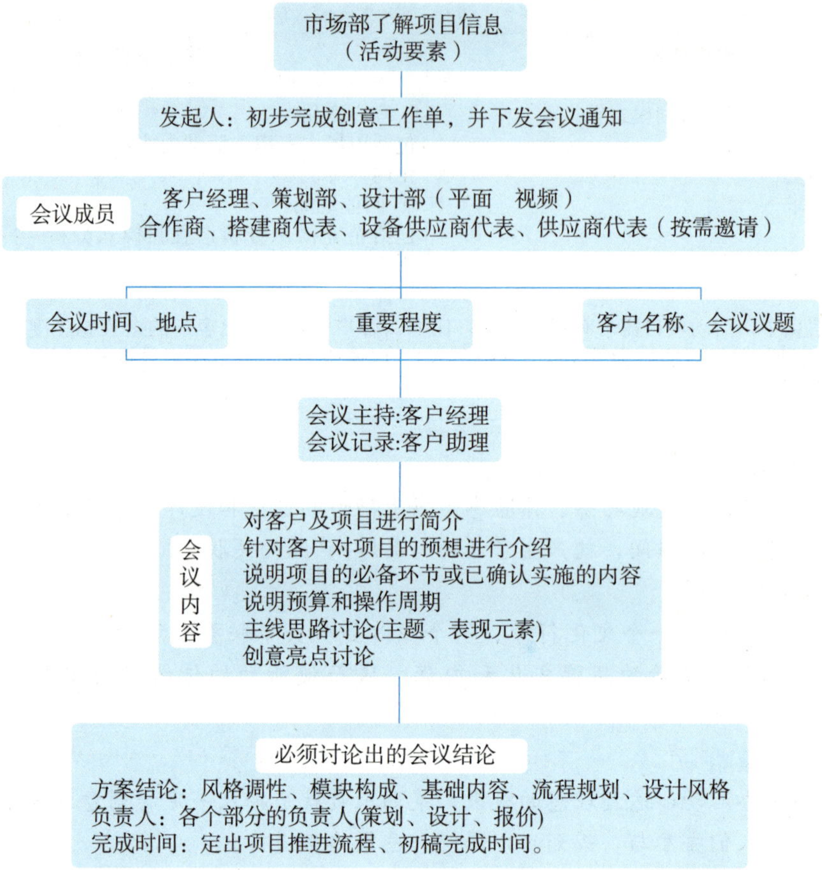

图 3-4 策划会工作程序

一、解读需求

活动策划是一项有针对性进行的工作，即会有需求来源，或来自客户、或来自上级，无论哪种，都需要在策划开展前对需求进行充分的拆解和领会。

解读需求，一般可以从以下几个基础问题入手：

（1）举办活动的目的是什么？答谢？激励？表彰？汇报？造势？……

（2）活动时间、地点、参与人员情况？

（3）客户希望的活动形式？

（4）活动预算。

解读需求是做好策划方案的关键环节和重要基础，一般分为以下步骤：调查研究、梳理痛点、明确解决的问题。

（一）深入调研需求

此处所指的调查研究和本书本篇项目三任务一中的调研专题内容有所不同，本调查研究更聚焦于活动需求的了解过程，可以使用调研的方法。需求调研的过程如下。

1. 确定调研的目的和内容

解读需求而做的调研，是为了更加深入、透彻地了解客户需求。一般包括以下内容：

（1）面对的客群特点：需求中所要面对的客户群体，在消费能力/年龄层次/性格偏好/生活习惯等各个方面的特点，是需要了解的第一个内容；

（2）活动的背景信息：针对客户的需求，了解过往同类活动的目的和案例细节；

（3）各类影响和限制因素：进行活动的风险评估，侧重于外部因素的判断；

（4）主要干系人：活动的关键决策人（或团队）；

（5）竞品情况：了解竞争对手；

（6）同类活动信息。

2. 确定调研的目标群体

这里特指针对需求中的信息进行调研，所以调研对象一般都是需求发出方和相关方的关键人或代表，比如客户的领导、决策人、影响人；比如关键的资源方，特别是之前做过类似活动的目的地资源；比如以往做过类似活动的团队成员或竞争对手等。

3. 制订及实施计划

一般策划的工作周期都不会太长，如果有提交方案的时间要求，那么可以用来进行需求调研的时间就会更短。因此，一定要有具体明确的计划，包括调研的内容、对象、时间、结果记录情况等，可以使用的方式是面谈、电话、微信、邮件、第三方沟通等，这些方式可以灵活结合使用。

（二）梳理需求中的痛点

客户的“痛点”，是指客户的刚性需求，实际上是客户最期待、最需要的内容，但往往这类需求不会被体现在我们拿到的需求描述（如招标书）中，是我们应该通过各种方式了解和挖掘出来的。客户的内心就好像冰山一样（见图 3－5），能轻易观察到的是冰面，而真实动机深藏在冰面下，需要深入洞察才能撼动整座冰山，可见调查研究的必要性。

图 3－5 冰山示意

（三）明确策划方案要解决的问题

通过调研，了解客户的表面及潜在需求，就能比较有针对性地掌握客户的诉求和希望能够通过举办活动达到的效果和目标，往往这些内容里面就隐藏着客户的痛点。针对痛点，寻找可以解决的方法和建议，并且将建议体现在具体的创意中，这样的策划方案就更能满足客户的需求。

任务工单 1

任务名称	针对客户需求进行调查研究
地　　点	
日　　期	
任务目的	学会如何在客户需求描述中找出调研点；利用各种方式找到有效信息。
任务内容	以下情境资料的“活动地点”项有 4 个目的地，请任选一个，列出需要了解调研的问题和可以使用的渠道、方法，最终找到问题答案。 **情境资料：** 一、活动名称 ××企业 202×年奖励旅游活动 二、活动地点 乌镇/洛阳/丽江/三峡游轮 三、活动时间 202×的 3 月（乌镇）、4 月（洛阳）、5 月（丽江）、6 月（三峡游轮） 四、活动人数 1 000 人（每个地点） 五、活动需求 （1）行程时间 4 天 3 晚。 （2）行程要求 1）全程 3 晚标间住宿，从抵达到离开共 5 次用餐（含 1 次晚宴）； 2）半天会议，需要剧院摆台； 3）晚宴，根据目的地的不同安排特色形式； 4）嘉年华体验活动，根据目的地的不同推荐安排。 其余时间安排体验特色活动或者游览。 六、活动策划方案的内容要求（包含但不仅限于） （1）行程设计，包括住宿、用餐、会议、体验、游览、晚宴的整体规划； （2）酒店、用餐、会议、体验、游览的详细方案和信息； （3）整体晚宴流程方案设计（包括晚宴节目、开场节目、流程节目、驻场乐队、烟花或其他装置），晚宴外场设计； （4）全程人力规划（重点是晚宴）； （5）嘉年华整体规划设计； （6）雨天备案； （7）风险预案。
建议学时	2～3 学时
操作提示	（1）可以查阅奖励旅游相关要素信息，有助于分析客户诉求； （2）对于目的地的情况要有充分的了解，有助于后面的任务达成。
任务实操	（1）分组：分组进行，每组 5～10 人，后续工单均以小组为单位完成，可以是先分组再选择目的地，也可以是选择目的地后再分组； （2）确定目的地案例； （3）针对需求描述，整理需要调研的问题（需求表述不清晰的地方、策划需要了解的信息等）； （4）列出调研可行的渠道和方法，如寻找关系人、电话、微信、邮件、面谈、第三方沟通等； （5）组内分工，进行不同方向的调研； （6）组内汇总，整理所有调研所得信息，与需求对应； （7）汇总有效信息，形成策划方案的基本信息。

任务工单 2

任务名称	梳理客户痛点，明确策划要解决的问题
地　　点	
日　　期	
任务目的	通过本任务，学会如何在表面需求描述中找到客户痛点，并针对痛点列出方案中所要阐述的内容关键点，帮助客户解决问题。
任务内容	针对本任务工单 1 中的情境资料，分析客户痛点，列出方案中所要解决的问题。
建议学时	2 学时
操作提示	梳理过程，可以通过小组讨论完成；结合需求描述，整理问题。
任务实操	（1）对应需求中的描述，结合调研后所得信息，进行小组讨论，挖掘客户痛点； （2）将客户痛点（即需要解决的问题）梳理出来； （3）结合上述信息，整理出策划方案所要阐明或要解决的问题，也是后续确定主题和主线的基础。

二、策划主题

（一）主题是什么

主题是一份方案的灵魂，在准备好所有的信息类资料、明确了客户痛点以及方案要解决的问题后，非常关键的一步就是要确定方案主题。

1. 活动主题特征

活动主题是整场活动的概括，所以主题一定要具有如下特征：

（1）足够简洁、易记易懂、有趣、利于接受、便于传播。

（2）有相关性。与客户需求相关、与目的地特征相关（针对旅游方案）、与传播要点相关，通过一句话来让客户知道活动的内容。通过一句话吸引客户参与活动才是最好的主题，意味着我们洞察到了目标用户真正的需求。

（3）注重标题。活动方案的标题是用来传播的，副标题是可以做补充说明的。让用户看到副标题就能非常清晰地了解到这是什么样的活动，能产生什么样的价值。

2. 活动主题相关要素

在确定主题前、中、后的时间内，还必须注意与活动主题相关的下列要素，它们直接关系到主题能否突出并能否充分发挥作用，如图 3－6 所示。

活动主题相关要素

主题物品	一般应有与活动主题相吻合的具体实物，如“啤酒”“服装”“龙虾”等
主题吉祥物	吉祥物或象征性的图案是表达某种文化内容的，为公众审美情趣和思想境界专门设计的专题作品和活动饰物，一般审定后不轻易改动，具有相对的稳定性。如2022北京冬奥会吉祥物“冰墩墩”和冬残奥会吉祥物“雪容融”
主题典故和趣闻	根据活动主题挖掘出相关的典故和趣闻，有利于烘托、提升活动的文化品位，增强吸引力
主题仪式	仪式的设计，一要相对稳定、寓意深刻，能够影响公众文化性心态；二要气氛活跃、娱乐性强，而又符合活动主题要求，以影响公众的休闲性心态
主题氛围	活动的文化性表现在基于文化理念而营造出来的场面特色，所以策划活动时应高度重视音乐、音响和色调的选择和策划

图 3－6　活动主题相关要素

（二）确立主题的典型方法：头脑风暴法

确定主题，头脑风暴法尤其有效，也是最常用的方法。在我们进行创意策划的过程中，需要通过数次采用头脑风暴的方式来开发思路、突破局限、寻找共识。用头脑风暴法讨论结束之后，可以针对具体策划方案的要求明确主题，这也将是后续创意策划工作的基础。

如何通过头脑风暴创意活动主题?

（三）根据主题提炼关键词

策划的主题确定后，我们可以根据需求拆解的内容、对应主题的表述，提炼出若干关键词，用在后面的主线编织、亮点阐述、特色效果等部分的核心元素中。

任务工单 3

任务名称	用头脑风暴法提炼主题
地　　点	
日　　期	
任务目的	通过本任务，学会如何针对具体议题组织相关人员进行“头脑风暴”，从而得出更有创意性的主题。
任务内容	针对本任务工单 1 中的情境资料，组织“头脑风暴”讨论，整理出方案主题。
建议学时	4 学时
操作提示	可以提前根据个人的倾向分组，设备工具准备电脑、便笺纸、白板、彩笔、胶条等。
任务实操	（1）小组选题：分组进行，每组选择一个目的地，然后选出组长； （2）目的地关键词：每个人写下自己认为能够体现所选目的地特色的关键词，每张便签只写一个词，以小组为单元进行汇总，整理出本组的关键词； （3）客户（活动）关键词：每个人写下自己认为能够体现客户、公司或者活动本身的关键词，每张便笺只写一个词，以小组为单元进行汇总，整理出本组的关键词； （4）提炼主题：每组根据讨论出来的关键词，提炼主题（每组 3 个）； （5）阐述主题含义：每组派代表阐述本组主题的含义； （6）组间评论：每组组长站在白板前面，其他成员到另外两组处，给予点评，组长做记录。 各组选出最受欢迎的主题，最后各组组长进行总结。

三、创意环节

主题和关键词确定后，策划就进入了深度创意的环节。重点工作是要针对主题梳理主线，即方案的故事性线索，包括方案的内容、亮点、流程、视觉设计、展现形式等。这个阶段仍然需要采用头脑风暴等方式进行创意策划。

（一）明确主线

依据上述解读需求、提炼主题等几个阶段的内容信息，接着串联方案主线，完成方案的“故事大纲”。任何一个吸引人的方案都要有故事特性，即方案的“沉浸式体验感”。

首先，思考方案想要表达的要点，针对痛点和需求描述要点，然后根据要点形成主体脉络、组织灵感，构成简明扼要的故事，即逻辑主线。必须注意，主线是主题的扩展和延续，贯穿于整个方案的始终，贯穿于主 K 设计（即活动的主体对外展示形象）、舞台规划、整体流程等环节之中。

（二）提炼亮点

一个方案，少则几十页、多则几百页，在汇报策划方案时，一定要有突出的亮点体现在客户全力倾听的最初 10 分钟内。因此，亮点就是方案中可以让客户关注的内容，就是可以解决客户痛点的钥匙，是客户有兴趣但不清晰的内容。甚至有可能客户只听了亮点部分就基本上决定了标的的归属。

（三）流程设计

流程就是策划方案的逻辑线，策划方案都有主题，围绕主题会提出一系列的创意、想法和规划，也就必然会涉及流程的设计。

（四）视觉设计

视觉设计是一份策划方案能够得到很好呈现的关键，主要包括主 K 设计、延展物设计（包括活动物资、展示物品、指示系列、产品宣传、品牌等）、舞台及场地规划包装设计等。如果一份策划方案都是纯文字介绍，则对于企业类活动的吸引力会偏低，客户希望看到令其眼前一亮的内容。

任务工单 4

任务名称	根据主题，梳理主线，提炼亮点，提出主 K 的设计需求
地　　点	
日　　期	
任务目的	“学会如何使方案的阐述带有故事性”，如何更有逻辑、更有感情地把亮点特色之处展现给客户，如何给设计人员传递需求和指令。
任务内容	各组针对本任务工单 1 中选择的目的地，编制故事主线，提炼亮点（至少 3 处），编制设计需求单。
建议学时	2 学时
操作提示	（1）亮点提炼最好有明确的关键词，尽量言简意赅； （2）设计理念要和主线匹配。
任务实操	（1）根据已经确定的主题搭建逻辑框架，确定方案要体现的故事主线； （2）在整个主线中，明确最重要的几个关键点，并以此作为亮点； （3）针对亮点关键词进行简单阐述； （4）对应主题提出设计理念和需求，完成设计需求单。

四、方案输出

确定了活动主题、策划方案的故事主线、方案亮点、设计思路和主要元素之后，就可以开始组合输出方案了。一份好的策划方案必须要有内在的逻辑性和外在的感染力。

（一）策划方案的结构类型

策划方案中常用的逻辑结构，可以参考如下 4 种：

（1）W-W-H 结构：结论（What）—分析（Why）—事实（How to do）的结构（见图 3－7）；

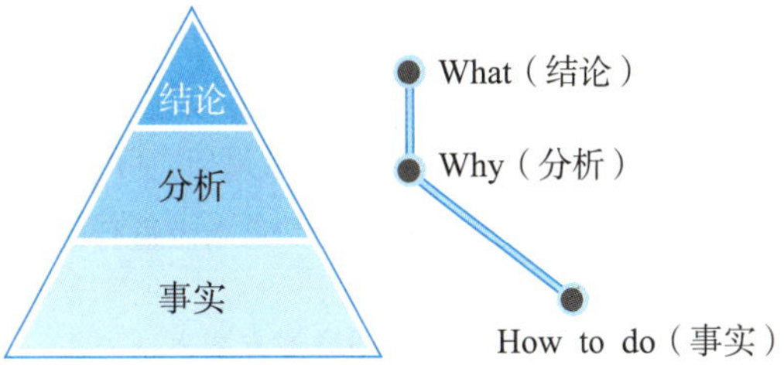

图 3－7　W-W-H 结构

（2）PREP结构：立场（Point）—理由（Reason）—实例（Example）—立场（Point）；

（3）时间轴结构（Timeline）：过去—现在—将来；

（4）SCQA模型结构：情景（Situation）—冲突（Complication）—疑问（Question）—回答（Answer）。

（二）策划方案的写作步骤

一般来说，策划方案有5个写作步骤，如图3-8所示。

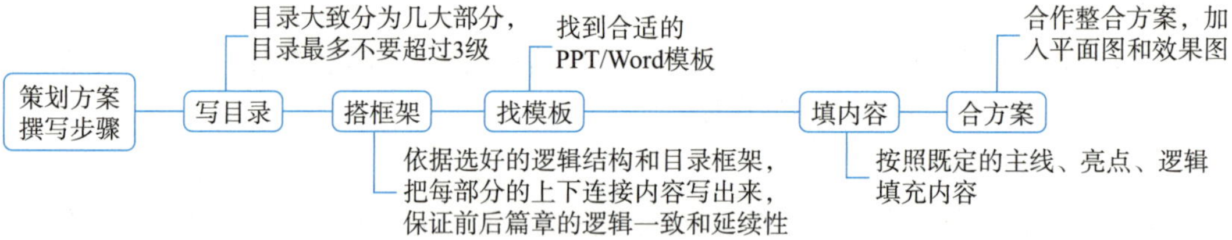

图3-8 策划方案的写作步骤

在第5步“合方案”中，注意策划方案的制作过程，一般会分工完成几个部分：框架和主线、相关数据表格、详细背景信息、图片、设计方案等，由不同的团队成员跟进。最后一步是整合方案的过程，要重新理顺逻辑，查找前后篇章中的矛盾之处，消除多人参与的痕迹，形成一个完整、顺畅、和谐的方案。通常需要进行自查的点如表3-8所示。

表3-8 策划方案品控清单 Proposal Checklist（IPAD法则）

项目名称：×××；活动时间：×××；活动地点：×××；活动对象：×××				
序号	核对事项	备注	自检	总控
1	Instructional：框架结构完整直观	关键矛盾，需要重视	√	×
1.1	是否有参考相关方案完善框架结构	—	√	×
1.2	当前目录结构是否逻辑紧凑	必备页：活动亮点页、总览信息页、预期效果页	√	×
1.3	每章节过度页的子目录是否与内页标题一一对应	—	√	×
2	Point：核心亮点传达到位	—	√	×
2.1	活动主题命名规范	—	√	×
2.2	方案类型命名规范	活动创意提案/活动执行方案	√	×
2.3	活动亮点是否从创意、宣传、效果多方面去提炼	可结合活动目的来梳理	√	×
2.4	活动亮点页的创意是否能够打动自己	—	√	×
2.5	是否做到一页只有一个核心信息	—	√	×
2.6	只看标题能否看懂整个策划方案的核心信息	—	√	×
3	Achievable：方案效果切实可行	—	√	×
3.1	课题梳理页是否根据客户需求表进行提炼	—	√	×
3.2	是否用上8大模型图增加方案表现力	活动目的雷达图/效果转化漏斗/总览信息屋/筹备甘特图/Q&A表/体验营销4S圆盘	√	×

续表

序号	核对事项	备注	自检	总控
3.3	场地规划图是否有流动线	—	√	×
3.4	活动创意提案是否附上公司介绍与代表案例页	—	√	×
3.5	方案完成后是否检查客户需求表并体现了核心需求	—	√	×
3.6	如果你是客户，你对这个方案是否满意	—	√	×
3.7	方案能否落地	—	√	×
3.8	吸引活动对象的利益点是什么	—	√	×
4	Design：版面设计专业得体	—	√	×
4.1	封面和封底是否放上了客户与本公司的 Logo	避免让方案看起来套哪个品牌都可以	√	×
4.2	封面和封底是否放上了日期	—	√	×
4.3	内页页眉和页脚是否放上了客户与本公司的 Logo	—	√	×
4.4	长文段是否单列行显示，且单句不宜过长	—	√	×
4.5	文段另起一行时是否保证词语在同一行	—	√	×
4.6	文段的标点符号用法是否统一	中文文段不能出现英文标点符号	√	×
4.7	英文单词大小写是否规范	App；WiFi；iPhone	√	×
4.8	方案的字体是否统一规范	—	√	×
4.9	文件名命名是否完整规范	需要含版本号	√	×
4.10	内页标题文案有无遵循统一句式	—	√	×
4.11	版面能否做到一目了然	—	√	×

（三）策划方案的结构内容

一般而言，策划方案主要由以下 7 项内容组成。

（1）摘要：策划目的以及对策划内容的简要说明；

（2）目录：单独一页；

（3）前言：说明策划背景及任务；

（4）策划内容的详细分析：市场需求分析、竞争对手分析及对策等；

（5）实施步骤及具体分工：包括时间、人员、形式或仪式、执行流程、物料、宣传、预算、风险及操作要求等，现场效果图（3D 会场布置、舞台设计、活动 VI、平面布局等）；

（6）目标预测：策划的期望效果与预测效果；

（7）重点提示：策划中的关键环节，以及策划实施中应注意的事项。

（四）方案呈现

方案呈现，也叫提案、述标，就是活动创意方要向客户做有关活动企划、创意构想、调查结果等的报告，以赢得客户的赞赏和支持。这个步骤因客户、项目的不同而异：一种是只需要提交方案，客户自行审阅，然后如有需要会要求补充资料（书面形式）；另一种就是现场给客户讲述方案，呈现方案，即“现场述标”。

策划方案现场述标怎么做?

任务工单 5

任务名称	撰写策划方案
地　　点	
日　　期	
任务目的	通过本任务，学会如何撰写一份完整的策划方案。
任务内容	针对本任务工单 1 的情境资料，在规定时间内完成策划方案的撰写。
建议学时	4 学时
操作提示	（1）可以考虑编制计划，明确每个时间点要完成的工作； （2）一定要留出整合调整方案的时间。
任务实操	（1）根据策划方案的主线进行小组分工； （2）小组成员共同完成目录和框架的搭建，然后根据分工各自完成； （3）各组在完成各自任务的过程中要注意随时沟通，以便及时进行调整； （4）方案整合后，小组成员共同检查，梳理思路和细节，最终定稿。

任务工单 6

任务名称	投标述标（方案呈现）情境再现
地　　点	
日　　期	
任务目的	通过本任务，学会如何将制作好的策划方案呈现在客户或领导面前。
任务内容	针对本任务工单 5 中完成的策划方案进行方案呈现（述标）。
建议学时	2 学时
操作提示	提前准备设备或道具，如激光笔、U 盘、相关物品等。
任务实操	（1）各小组根据小组成员的特点和优势，确定述标人员和其他人员的现场分工； （2）做好述标前的各项准备工作，进行述标预演； （3）情境模拟，现场述标，PPT 呈现，评委提问、打分； （4）梳理提交达标现场记录。

引申资源

创意策划效果评估表

每个体验活动设计师应该知道的 7 件事

NISSAN 阳光上市发布会方案

抓“省内游”消费市场“湖南人游长沙”主题活动受欢迎

2022 西瓜 PLAY 好奇心嘉年华

掌握这 7 张活动思维导图，掌握活动策划 99%知识点

任务四 活动标识与设计

学习目标	
知识目标	了解活动标识的概念； 理解活动标识的组成； 学习活动标识的设计流程。
能力目标	具备标识设计的初步思维； 能够针对不同活动初步设计活动标识。
素养目标	提高审美综合能力，树立正确的价值观； 努力养成文化认同与文化自信。
任务描述	
活动中的视觉形象设计直接关系到活动的宣传形象，也是活动整体的品质和活动主办方的实力体现，所以认识标识的重要性，如何合理地设计出符合需求的活动标识是本任务需要学习的。	
实施提示	
标识不仅仅是一个商标，更是一场活动中心思想最直接的展示，所以相对绘制技巧，应更加注重理解标识的意义及与活动主体的关联性和代表性。	
业务流程	
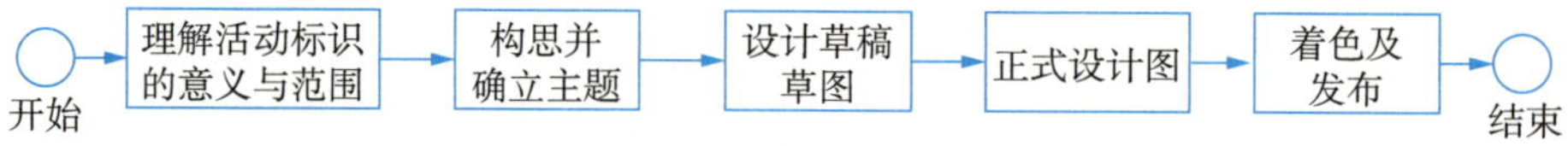	

知识补给站

一、活动标识与设计

标识亦可称作为标志，是用来识别的符号，本质上是一种图像元素。如原始部落的图腾、古代军队的旗帜、现代企业的商标等。活动标识是举办活动的整体形象标志，定位了整个活动的风格基调，有其独特的文化属性及指示性价值，应受到活动主办方的高度重视。

标识设计可以是实用物或图形艺术，它与其他图形艺术表现手段既有相同之处又有自己的艺术规律。例如在公关活动设计中，策划初期和中期的方案最好能提供：主背景画面、签到画面、舞美设计、平面布置图等设计；后期增加提供：全景布置图、邀请函、拱门、企业宣传背景、灯柱旗、堆头设计、包柱背景、铁马背景、抽奖券、工作证、臂贴、礼品袋、纪念品（ 恤等）、启动台等。特装的设计按需而做。

二、活动标识与设计的范围和特点

活动的标识以一场活动的活动徽章、吉祥物、标识为主，同时也涵盖了与之相关的海报、配套字体、宣传视频、配套的设计应用。

标识设计的难度比其他任何图形艺术设计都要大得多。衡量一场活动的标识设计是否成功，基本标准就是看其是否体现了该场活动最主要的含义与基调。从这个意义上说，一切标识设计都应该从活动内容出发，围绕主题和立意进行构思。

（一）会徽

会徽是将文字、图案、色彩构图等多元素结合的典型标识，在重大活动（如体育盛事、重要会议等）举办时均会发布会徽设计。一般而言，会徽在设计上可以体现活动的主旨、举办地、举办时间、举办国（地区、单位）等。例如奥运会会徽是每一届奥运会的图腾，它向全世界展示了主办国家及城市对于奥林匹克精神的理解，如图 3-9 和图 3-10 所示。

（二）吉祥物

吉祥物是一种拟人化的视觉形象。许多企业或活动往往会以某种特有的、可提升品牌辨识度的视觉形象作为自身的吉祥物，或者是面向特定活动设计的吉祥物。图 3-11 为 2022 年冬奥会吉祥物——冰墩墩和雪容融，冰墩墩代表敦厚、健康，是坚强与纯洁的象征；雪容融则代表包容、和谐，是光明和温暖的象征。

图 3-9　2022 年北京冬奥会会徽

图 3-10　2024 年法国奥运会会徽

图 3-11　冰墩墩和雪容融

（三）VI

VI（Visual Identity），即视觉识别系统，体现为会徽及 Logo 的规范应用。VI 设计一般包括基础部分和应用部分两大内容。

（1）基本要素：如企业名称、企业标志、企业造型、标准字、标准色、印刷字体、象征图案、宣传口号等。

（2）应用系统（即 Logo 延展设计）：产品造型、办公用品、企业环境、交通工具、服装服饰、广告媒体、招牌、路牌、包装系统、公务礼品、陈列展示以及印刷出版物等。应用系统部分涉及类别广，要考虑到实际应用的问题。

VI 设计常被用于品牌建设中，可以将抽象的品牌文化、经营理念、服务宗旨等具象到活动中“看得见、摸得着”的视觉形象表达，赋予品牌直观性和感染力。活动主办方可以请己方设计团队进行制作，也可以找专业服务商做品牌全案，其中包括 VI 制作。如图 3-12 所示。

（四）UI

伴随着互联网时代的盛行，人们大量的活动从以往的人与人的互动转为了人与机的交互，硬件和软件技术的提升使得大量互联网产品诞生。目前 UI（User Interface）设计泛指互联网产品操作界面的设计。如图 3-13 所示。

（五）KV

KV 是 Key Vision 或 Key Visual（主视觉、宣传画、关键影像）的简写，它是通过媒体对受众进行品牌传播和传递产品核心价值的一种核心视觉设计作品，对一定时期内的一个品牌、一款产品的概念定义，通过视觉画面塑造和传达一个整体概念，本质是把品牌核心价值视觉化。如场馆布置、开幕式背景等。主视觉和海报的区别在于：可以将海报理解为从主视觉中延展出来的分支画面。

图 3－12　园区指引标识的实景图

图 3－13　屈臣氏种草社微信小程序 UI 设计

任务实施

一、构思活动标识

（一）调研分析

标识不仅仅是一个图形或者文字的组合，它是依据主办方的构成结构、行业类别、经营理念，并充分考虑标识的接触对象以及活动的主题、应用场景而设计的，是主办方指定的标准视觉符号。在设计之前，首先要全面深入了解主办方，包括经营战略、市场分析以及主办方的核心人员的基本意愿，同时对于举办活动的流程、周期、活动背景、活动内容等都需要做详细了解，这些都是标识开发的重要依据。

（二）确立主题

要保证活动标识的成功设计，最主要的环节是考虑活动的主题思想，围绕着举办的活动进行相应的主体标识的设计，紧紧扣题，并使活动标题具体、易识别，其个性风格能够体现它的文化性、艺术性、娱乐性、商业性。

活动标识主题的选择通常要遵循同一原则。标识代表着活动主办方的经营理念、文化特色、价值取向等，反映着活动的产业特点，是一场活动的具体象征。

二、设计开发活动标识

（一）选择设计工具

PS（Adobe Photoshop）是通用平面美术设计软件，其用户界面易懂、功能完善、性能稳定，几乎是所有的广告、出版、软件公司首选的平面工具。

AI（Adobe Illustrator）、CorelDraw、Adobe Indesign 等平面设计软件均可完成标识设计的工作。

（二）分析设计元素

设计分析是设计前必不可少的准备工作，设计前对各元素分析得越详细、越正确，设计出的产品得到受众和市场认可的可能性就越高，可参考两个分析步骤，见表 3－9。

表 3－9 活动标识设计前的两步分析

第一步：着手设计之前，进行全面的设计分析	第二步：在全面分析的基础上，提出作品的设计创意
结合活动的主题思想，对需要传达的信息本身的内容、客户需求、受众特点等进行全方位的了解，搜集和整理相关资料，对作品整体做好前期规划。这个过程需要先确定在作品中要传递的信息的内容、重要性程度和表现方式；还需要确认客户特点、行业地位和设计需求、受众特点和喜好；最后还要确定竞争对手的基本情况、定位、设计特点和设计策略分析。	确定作品的定位、设计风格、特点和用色规划，并使活动标识具体、易识别，做到有的放矢。其个性风格能够体现它的文化性、艺术性、娱乐性、商业性。例如 2022 北京冬奥会标识以中国书法“冬”字为主体（见图 3－9），将抽象的滑道、冰雪运动形态与书法结合，人书一体，天人合一，生动自然。标识展现了冬季运动的活力与激情，更传递出中国文化的独特魅力。

（三）实施设计

根据设计创意、定位和风格着手进行设计，主要包括两个阶段工作内容，见表3－10。

表 3－10 设计过程两阶段

第一阶段　绘制版面骨骼	第二阶段　排版调整
根据信息的重要程度和表现方式，绘制平面作品的版面骨骼，这是展开设计的基础工作。版面骨骼是使用点、线、面等基本元素概括画面元素的排布。设计时可以借鉴优秀的标识设计作品的骨骼，研究其精髓和过人之处为己所用。	根据版面骨骼填充不同的图文内容，进行大致的排版，最后对排好的作品在元素位置、色彩、层次等方面进行调整，力求做到尽善尽美。在设计过程中可以应用一般的设计原理来进行。在排版时可以使用均衡、对称等方式来摆放画面中的元素，在色彩设计时可以利用色彩对比或者色彩调和的原理来进行。设计出的作品要保证与之前的设计基本一致，对客户需求表达到位。

任务工单 1

任务名称	分析活动标识的设计元素
地　　点	
日　　期	
任务目的	通过情境资料，深入理解和掌握活动标识的作用和意义，更好地指导活动策划者明确如何确定活动标识设计的基调元素。
任务内容	**情境资料：** **2019 年北京世园会标识设计说明** 北京世园会会徽取名“长城之花”，由 6 片不同颜色的花瓣围绕长城翩翩起舞，呈现“长城脚下世园会”的特色，也象征着世界各国共赴园艺盛会，在世界舞台上交流分享。 此次会徽“长城之花”设计团队为北京东道形象设计制作有限责任公司。主创设计师解建军介绍，为了体现北京世园会的特色，设计团队最终确定由 6 片不同颜色的花瓣围绕长城翩翩起舞。其中，青色的花瓣仿佛是青山；橙色的花瓣化作丰硕的果实；红色的花瓣俨然是花海；蓝色的字体形成涓涓的河流水。整体来看，花的中心部分远看似起伏的古老长城，伴随着波浪状的音符翩翩起舞；近观又像高楼林立的现代都市盛景。三色六瓣的和平花承载着中国哲学观念，“六合”常用于指上下和四方，泛指天地或宇宙，象征着和平与和谐，整体给人感觉端庄大气。渐变的叠印表现手法具有科技与时尚气息，有较强的视觉冲击力。花蕊与长城的融合既有外在的时尚气质，又具备内在的东方文化脉络，将中国元素与世界表达结合在一起。 阅读上述材料，分析该届世园会标识主要包含的要素有哪些。
建议学时	1 学时
操作提示	有一定审美鉴赏能力。
任务实操	根据所学业务知识进行课堂讨论，通过北京世园会标识的细节、图形构成、象征意义以及本届世园会的主题等综合因素，考虑该标识的组成要素。

（四）修正提升标识

要想在众多的设计作品中脱颖而出，就需要对作品进行进一步修改和升华，完成由一般到特殊的变化。这个过程可以采用一些技巧和方法来完成，常用的方法有留白、变异、突破、反向思维等，力求打破常规，使作品具有创新性。

（五）总结提炼

作品修改完成后并不意味着设计过程的终结，还需要对本次的设计过程和作品进行评价和总结。

（1）4 个评价：目标评价、色彩评价、版式评价和总体评价。旨在全面评价该作品是否达到预期的设计目标，对信息的表达和对客户需求的把握是否到位。

（2）2 个总结：设计的优点和缺点。对好的经验应积累起来以供后续设计使用，对缺点要深刻反思，找出造成缺点的原因，对症下药，避免下次出现同类问题。

总之，标识设计是一个创造性的工作，但也并非无章可循，在设计过程中一定要分析全面，深入思考，灵活应用。

任务工单 2

任务名称	海报设计
地　　点	
日　　期	
任务目的	掌握店铺海报设计技巧并能独立制作店铺海报。
任务内容	请你为自己或朋友新开的店制作“新店开业”的海报，店名自拟。
建议学时	4 学时
操作提示	（1）能熟练掌握 PS 软件的使用方法；（2）了解海报设计的流程和技巧；（3）对海报主题有自己的理解和看法。
任务实操	（1）分小组进行，确定海报尺寸； （2）小组成员商讨活动内容及促销价格并拟定文案； （3）挑选图片及素材；制作店铺海报并截图； （4）分组上台展示，重点陈述所设计海报的大体风格、色彩以及整体布局； （5）试投放； （6）检查效果，试总结海报的不足，如有必要可做适当修改。

2021 扬州世园会会徽、吉祥物征集活动获奖名单新鲜出炉

Apple 展厅 VI 设计及设计理念

黄山毛峰展台设计方案

任务工单 3

任务名称	设计活动的标识，并使用 VI 设计工具完成主办方品牌 Logo 的 VI 设计
地　　点	
日　　期	
任务目的	深入理解和掌握如何初步设计制作活动标识，熟练使用 VI 设计工具，加强实践训练。
任务内容	**情境资料：** **关于设计“魅力宠物”第九届宠物文化节活动标识的通知** 经过 30 多年的发展，宠物已然由“看家护院”的角色转变为“家庭成员”，随着经济水平的提高，家庭所养宠物的种类逐渐多样化。针对不同种类的宠物，我们的饲养方式也应更加科学和专业。我国的宠物经济和宠物文化发展史有了日新月异的进步。为了进一步宣传宠物文化，使企业受益，提高人们爱护宠物、保护动物的意识，吸引更多人关注动物，保护生命，推广人宠和谐相处的理念，我司（中宠××责任有限公司）特举办“魅力宠物”第九届宠物文化节活动。现将相关事宜通知如下： 活动主题：魅力宠物 和谐相处 活动时间：20××年 11 月 18 日中午 活动地点：国家展览中心 A 馆 活动内容： （1）养宠知识竞赛专区：通过竞赛向广大参与者普及科学养宠、文明养宠、人宠共患病方面的相关知识； （2）宠物用品专区：结合国内外各大知名厂家，推广优秀的宠物用品及衍生品； （3）宠物 SHOW 展示专区：现场宠物表演，邀请著名猫舍犬舍品牌携带宠物做简单的才艺展示。 活动要求： 请针对本次活动，结合形象宣传及整体活动流程安排，运用 VI 设计工具，进行活动主题标识 Logo 设计工作，同时为该活动制作一套 VI 设计稿。 请各部门成员积极参与。 中宠××责任有限公司 20××年 10 月 5 日
建议学时	6～8 学时
操作提示	（1）注意换位思考、情境代入，想活动主办方之所想； （2）充分熟悉并选取 VI 设计工具进行 Logo 设计，对细节进行反复推敲。
任务实操	（1）阅读上述任务内容，进行课堂讨论，根据所学业务知识，对该 Logo 的主要要素进行罗列并整理。 （2）分组，2～3 人一组，进一步设计初步的活动标识 Logo。 （3）利用 VI 设计工具，制作该活动 Logo 的 VI 设计稿。 （4）组员分工合作，共同进行该活动的 VI 设计，注意： · 基本要素系统图（活动标识彩色稿、黑稿、反白稿，标识方格坐标制图，活动全称中文字体、活动全称英文字体）； · 应用系统图：VI 办公事务用品（手提袋，桌签，入门券）、活动环境（如刀旗，易拉宝）识别设计等方面的应用图片。 （5）设计稿截图制作成 PPT，全班汇报。 （6）师生共同点评、总结。

任务五 预算与成本控制

学习目标	
知识目标	了解预算的相关概念； 明确预算与成本控制在活动进程中的重要作用； 了解预算来源，熟悉预算编制的过程和关键环节； 了解预算调整的影响因素和决策机制。
能力目标	能够根据客户需求列出预算清单； 掌握预算编制的流程与模板，独立编制预算表； 掌握成本控制的相关方法和技巧。
素养目标	具有操作规范有序、控制成本的工作意识； 养成严谨的工作态度； 加强行业技能的培养，锻炼用逻辑思维的方法思考问题。

任务描述

活动项目从立项开始就受到两方面因素的严格约束：时间和资源，特别是资金，因为一旦出现资金不足的情况，项目面临的困境不仅仅是停滞，而是所有前期的资源和资金投入都无法回收，主办方将承担严重的后果，甚至引发严重的财务风险。本任务将带领你做好这方面规划。

实施提示

预算是每一项活动的重要环节，也是活动最终实现效果和目标达成的核心影响因素。活动进程中的成本控制，就如同“警戒线”一样划定了活动的范围和边界。没有任何一个活动可以拥有无限的预算。

业务流程

任何一项活动，基本都是三大要素的整合：人、财、物（即资源），而做好这三大要素的规划和管理，至关重要的一项工作就是预算与成本管理和控制。简述流程如下：

预算与成本控制
1 明确预算范围
2 根据方案内容编制预算计划
3 根据方案变化调整预算
4 过程中成本控制与议价
5 “变”的魔力

知识补给站

一、预算与成本控制的概念与作用

（一）概念

“预算”是针对结算而言的，是在活动发生前根据初步的需求、计划和目标所制订的个性化的财务计划。活动的预算是从初步创意和策划阶段开始的，一直持续到活动现场执行，在此期间都可以对预算进行反复的调整、更新。因此，活动的预算不是一蹴而就的，而是随着目标和需求的变化而随时进行调整的。

“成本控制”是过程性的，是指活动从策划阶段，到筹备阶段，再到最后的执行和收尾阶段全过程中所进行的项目收支的管控，从而使活动达到活动目标、效果和收益的平衡。

（二）作用

预算与成本控制是任何一项活动所必备的环节和步骤，在活动全过程中具有重要作用（见图 3－14）。

活动预算与成本控制的作用		
	为达成活动目标提供边界和保障	预算是达成效果的最大边界，而成本控制则是在效果和费用之间求得最佳平衡点的有效抓手
	为实施活动计划提供依据和标准	预算中会列明活动所需的各项成本、费用的明细，便于项目管理者在最短的时间内做出计划和决策，寻求性价比的最优化
	为过程管理留下痕迹，为后续类似活动提供借鉴价值	一份全面合理的预算收支表，可以记录下活动过程中每一项财务细节

图 3－14　预算与成本控制的作用

（三）预算的要素

（1）收入：指在一定时期内通过销售产品和服务所获取的收益总额。

（2）支出/费用：为了获取收入所提供的产品和服务而必须要支出的成本。

（3）净收入（利润或者亏损）：支付了所有费用以后的结余。

（四）活动的利润分配

利润是指组织在一定时期内因从事生产经营活动而取得的经济成果，是收入与支出相抵后的所得。活动主办方在利润分配当中，应当坚持“合理分配，兼顾各方”“谁投资，谁受益”的原则。计算公式是：

收入－支出＝净收入(利润或者亏损)

二、预算收支分析

（一）成本收支预算

活动预算基本是活动的成本收支，主要包含：

1. 支出

（1）固定成本：也被称为不可控成本，是开展经营的日常支出，如场地租赁费、设施费、宣传推广费、人员活动费、税费等。

（2）变动成本：也叫可控成本，能在短时间内随活动参与人数的浮动而变化，如餐饮费、住宿费、资料费、保险费等。

固定成本(FC)＋变动成本(VC)＝总成本(TC)

2. 收入

活动收入包括活动本身的预算收入，如注册费、门票收入、供应商入场费等，以及其他辅助性收入，如广告收入、赞助收入、商品和服务销售收入等。

（二）盈亏平衡分析

盈亏平衡分析可以对活动的风险情况以及活动项目对各个因素不确定性的承受能力进行科学的判断，为活动主办方提供决策依据。计算公式为：

按实物单位计算：

盈亏平衡点＝固定成本/(单位产品销售收入－单位产品变动成本)

按金额计算：

盈亏平衡点＝固定成本/(1－变动成本/销售收入)

以一次会议为例，如果举办该会议的固定成本是86 000元，每位与会人员的会务费是850元，每多接待一个人的变动成本为500元。本次会议盈亏平衡点的与会人数为86 000/(850－500)＝246(人)。

（三）现金流控制

编制活动的现金流预测表是一种业内普遍认可的财务预算方法，它有利于活动组织者整体把握活动管理过程中的财务状况，并提前注意可能出现的财务问题，特别是现金流转问题。某次会议的现金流预测表见表3-11。

表3-11　某次会议的现金流预测表　　单位：元

收支情况	时间						
	1月			2月			…
	估计	实际	差额	估计	实际	差额	
收入：							
注册费							
赞助费							
合作伙伴							
其他							
总收入：							
支出：							
场地租赁							
住宿							
演讲嘉宾/合作伙伴							
会议宣传							
外部服务							
彩排和筹备成本							
社交活动							
其他支出（包括税收、危机处理等）							
总支出：							

任务实施

一、确定预算范围和经费来源

在开展活动之前，主办方应该明确该活动可以支配和使用的预算范围，即能够取得多大的金额用在这项活动的筹备和举办上。俗话说：巧妇难为无米之炊，经费是活动举办的前提和基础。一般来说，活动的主要经费来源于以下几个方面。

（一）主办方的自有预算

企业活动的经费基本都来源于企业在财年年初所做的预算计划，属于“定向支出”；如果是政府主导活动，也可能来源于财政拨款，这都是有计划的支出来源。

（二）赞助商的款项

赞助收入是主要的收入来源。很多大型活动的主办方只是牵头，经费的大部分来源于各个赞助商企业或者协会组织，比如各种体育赛事基本上都会有各级的赞助商，赞助金额不同，所取得的权益范围也不同。这种情况多出自有品牌效应或者是国际知名的活动，活动本身的传播就足以给赞助商带来广告效应或者产生商业衍生价值，赞助商自然会投入相应的款项作为活动经费。

（三）活动参加人员的缴纳费用

这项费用指的是参会人员/参展观众的注册费、展商的参展费、门票费，等等，属于个人缴纳的资格费用。有些展会或者论坛，其活动预算的多少与参加人数的多少紧密相关，会直接影响活动的规模和效果。

（四）活动现场的销售业绩划拨

这项费用源于商品和服务的销售收入，这种情况大都出现在销售型的展会上，主办方会根据最后的销售情况收取一定比例的手续费用，并以此作为本场活动费用的补充。

确定活动预算来源之后，该场活动的预算主体也就基本确定了，组织方或者承办方就较为清楚需要在多大的范围内来开展活动、落实活动需求了。

任务工单 1

任务名称	分析并确定费用来源
地　　点	
日　　期	
任务目的	通过本任务，学会如何在客户需求描述中找到活动的预算来源并列明。
任务内容	情境资料： 六一儿童节将至，某市某社区与该区域内的小学合办了“庆六一”的会演，使用的是社区的小礼堂，表演人员是小学 1～6 年级的学生，现场观众是社区的居民、以学生家长为主体。 请以上面的信息为基础，分析该活动可能的费用来源。
建议学时	0.3 学时
操作提示	从活动的主办方、观众的角度去考虑。
任务实操	(1) 列明活动的主办方、参与方、资源方等； (2) 分析可能产生经费来源的渠道； (3) 分析可行性，形成文字； (4) 各组分别汇报。

二、根据需求编制预算

（一）预算的范围

综合不同的活动类型，预算大致分为以下几个方面的内容。

1. 接待费用

接待会产生相应的交通费用、住宿费用、餐饮费用、游览费用等，这主要是针对产生了人的空间转移这类的活动，持续时间一般会在一天以上。

（1）交通费用：包括了往返的国与国之间、城市与城市之间交通，以及在活动举办地发生的城市内交通。

（2）住宿费用：包括了因为参会人员的空间转移所带来的酒店住宿以及因此所产生的一系列酒店内发生的费用。

（3）餐饮费用：包括所有用餐及饮品的部分。

（4）游览费用：如果活动中有相关游览行程，则会产生此部分费用，包括景点门票、体验活动等费用。

2. 场地费用

（1）场地使用费用：业内称为“场租”，主要包括以下几部分：活动执行期的场租、提前搭建的场租、中间可能会产生的空场费用（即活动不是一次性结束，分为几场，中间会有空档期，但是相关搭建和布置不拆除，还是要占用该场地的情况）。

（2）搭建和装饰布置费用：场地内根据活动具体需求产生相应的硬件设备搭建和布置费用。

（3）场地额外费用：因个性化搭建和布置的行为所带来的额外的费用，比如空调费、电费、清理费等，一般也是由场地方收取的。

3. 软硬件费用

主要包括活动相关的软件技术类和硬件设备物料类。

（1）技术类：创意策划费用、设计费用、平台费用、运营费用等。

（2）设备物料类：活动设备租赁费，包括灯光、音响、屏幕、舞台等，以及活动所必需的相关物料及道具制作和采购费用。

4. 人员费用

活动相关人员大致会产生的费用如下：

（1）工作费用（劳务费用）：活动所邀请的人员，如演讲嘉宾、与会嘉宾、演艺人员、主持人等，一般都是要支付其相应的劳务报酬的。

（2）接待费用：工作团队人员（可能会有几方团队构成）的交通费用、住宿费用、餐饮费用、茶歇费用、通信费用等。

5. 营销推广费用

活动传播的内容比较广，例如在广告投放、媒体发文、视频制作、公众号或视频号宣传等工作范围都需要产生一定的费用，包括：前期预热推广费用，比如创意、文案、视频、推文等；活动现场媒体费用；活动后期宣发费用。

（二）预算编制差异化

活动类型和客户需求不同，其预算编制的内容也会有很大的差别。一般情况下，会针对不同行业、不同客户确定具有个性化的预算编制模板。

（1）如果是会议活动，预算重点在会议、宴会、住宿、用餐、人员等方面；

（2）如果是展览会，则预算聚焦于场地、运营、注册、人员、搭建等；

（3）如果是奖励旅游活动，预算集中于交通、住宿、用餐、行程、人员、物资、后勤等；

（4）如果是参与人员级别较高的活动，预算还必须包括安保费用。

活动预算的编制过程不能简单地一概而论或者用一个模板套用，必须参考活动的类型、性质，主办方的特点和需求，特定环境和背景下的影响因素来进行个性化的编制。

举例：鉴于篇幅，节选某会议的主会场布置所需费用明细（见表 3 - 12）。

表 3 - 12　某会议主会场布置所需费用明细

位置	项目		数量	单位	单价	小计
A. 主会场						
主会场部分						
主会场	LED 支撑	金属钢架龙骨，支撑高度 0.6m	1	项		
主会场	LED 屏下方挡板	钢架绷喷绘平面立体画	1	组		
主会场	主舞台	地台：钢架结构，面铺双层 12 厘米厚多层板，高 60cm，面积 5m×16m	80	m^2		
主会场	主舞台	展毯	90	m^2		
主会场	台阶	木质结构封板做防火处理	3	组		
主会场	台前 Logo	木质喷漆底座，苯板字	1	组		
运输及工人	往返运输车辆		4	车次		
运输及工人	进场、撤场搬运工人：10 人×5 个工，白天 8 小时一班，晚间 4 小时一班		50	人工		
					主会场小计：	
序厅部分						
指引系统	指示牌	油画架 KV 板和木质指示牌	6	套		
立体字	××Logo	木结构乳胶漆饰面后衬玻璃板	1	套		
主形象看板	主 KV 板	钢架结构绷宽幅无缝高精度黑背布喷绘画面 8.4m×4.8m	40	m^2		
					序厅部分小计：	
B. AV 设备租赁						
视频部分						
主会场	LED P3 户内屏幕，16m×5m 主屏		80	m^2		
主会场	550 Video Processor 视频处理器		1	台		
主会场	Dataton Watchout Edition System & USB Key V6 视频编辑		4	通道		
主会场	MAGNIMAGE MIG -630 VIDEO SWICHER 切换器		2	台		
主会场	50" PDP 提词器		2	台		
主会场	DELL 21' HD dssiplay LCD 监视器		2	台		
主会场	Optic fiber cables between all dispaly and playback 光纤		1	套		
主会场	配电柜		4	台		
主会场	MacBook Pro & Pro Video Player Ⅱ 苹果视频播放系统		3	台		

续表

位置	项目	数量	单位	单价	小计
音频部分					
主会场	L-acoustics LA48A high power Digital amplifier 功率放大器	2	台		
	XTA DP series conetour Processor 处理器	1	台		
	YAMAHA CL5 Digital Audio mixer Console 数字调音台	1	张		
	SHURE UR4D/U2 SM58 Wireless Mic 无线手持麦克风	6	支		
	DPA 4066/4060 Head Set Micphone 头戴麦克风	4	支		
灯光部分					
主会场	FINE Art wash osram HTI 1500E 染色电脑灯	8	台		
	FINE Art spot osram HTI 1500E 图案电脑灯	4	台		
	Terbly PT-320Beam Philips Platinum 15R 光束电脑灯	16	台		
	（略）				
运输及人工	进撤场运输	4	车次		
	进撤场人工、白天 8 小时一班、晚间 4 小时一班，10 人 3 个班	30	人工		
				设备租赁合计：	

（三）编制预算的原则

编制预算要遵循一定的原则，如图 3-15 所示。

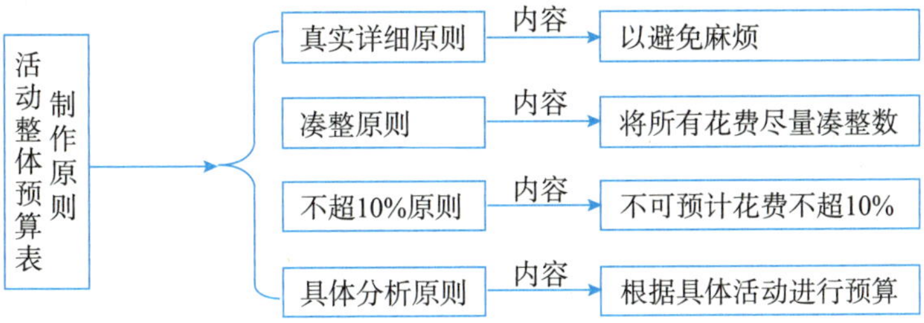

图 3-15 编制预算的原则

任务工单 2

<table>
<tr><td>任务名称</td><td>针对客户需求进行预算编制</td></tr>
<tr><td>地　　点</td><td></td></tr>
<tr><td>日　　期</td><td></td></tr>
<tr><td>任务目的</td><td>通过本任务，学会如何在客户需求描述中确定费用项目并进行预算编制。</td></tr>
<tr><td>任务内容</td><td>根据以下情境资料确定该活动可能产生费用的项目列表，并完成预算表。
情境资料：
一、活动名称
××企业 202×年奖励旅游活动。
二、活动地点
海口。
三、活动时间
每年 3 月。
四、活动人数
1 000 人。
五、活动需求
（1）行程时间：4 天 3 晚。
（2）行程要求：
1）全程 3 晚标间住宿，从抵达到离开共 5 次用餐（含 1 次晚宴）；
2）半天会议，需要剧院摆台；
3）晚宴，根据目的地的不同采用符合当地特色的形式；
4）嘉年华体验活动，根据目的地的不同推荐安排；
5）其余时间安排体验特色活动或者游览。
六、活动预算的内容要求（包含但不限于）
（1）行程费用，包括住宿、用餐、会议、体验、游览、晚宴场地等的费用；
（2）整体晚宴方案配套的预算（包括晚宴节目开场节目、流程节目、驻场乐队、烟花或其他装置、外场布置等的费用）；
（3）全程人力费用；
（4）嘉年华整体费用；
（5）雨天备案及相关风险预案可能产生的费用，请列明但不必计入总价。</td></tr>
<tr><td>建议学时</td><td>2～4 学时</td></tr>
<tr><td>操作提示</td><td>（1）可以查阅相关资源在预订平台上的价格，有助于完成预算；
（2）价格是否精准不是考核要点，关键是预算项目是否完整、是否符合逻辑。</td></tr>
<tr><td>任务实操</td><td>（1）根据需求列出可能产生费用的所有项目；
（2）将预算项目进行分类归纳；
（3）查询并确定每项费用的金额；
（4）与客户对预算的要求逐一核对；
（5）检查表格公式；
（6）完成预算表。</td></tr>
</table>

三、调整预算

活动本身是标准化与个性化的结合体，需求是在不断调整变化的。为了让活动项目更具有可管理性，防止超出预算范围，活动预算应根据需求变化和方案调整而做相应调整。

预算调整一般是在首次编制完成后到现场执行前这个过程中进行，频率不需要太高，可以是固定周期，比如每周或每月，这个要根据活动筹备期的长短而定。预算变化的幅度也是预算调整的影响因素，如果是单独某一项的小变动，可以积累一个时间段再做调整，如果涉及对总额影响较大的新增部分，则需要即时做调整，以便项目负责人可以做出适时反应。

四、成本控制

（一）成本控制的渠道和途径

活动项目的成本控制主要体现在“开源节流”上。“开源”是增加预算收入，即要和客户方、出资方去沟通；“节流”则包括降低成本和控制费用两个部分。

1. 成本的议价

活动所需资源类型大致可以与前面提到的预算费用的类型相对应。资源方面的价格是构成活动成本的主要方面，也是决定活动成本的重要因素。资源方议价可以发生在预算编制之前或活动筹备开始之后，议价的主要原则和方式如图 3 - 16 所示。

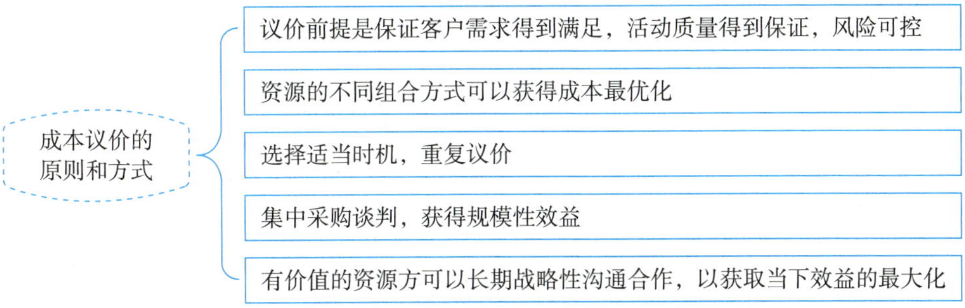

图 3 - 16　成本议价的原则和方式

2. 费用的控制

这里的费用主要是指活动项目组自身的费用，包括差旅、交通、人员、办公场地和用品等所消耗的费用。大型活动中这部分的费用支出非常庞大，要做好相应的管控和调配。

（二）成本控制的相关表格

除了预算表外，一般常用的成本控制表还有：项目收支计划表、项目成本流水记录表、项目汇率核算表（适用于境外活动项目）等。

项目收支计划表

五、“变”的魔力

活动项目的有效执行需要制订明确的计划，其中也包括有效的财务计划。但是，任何活动，其变化都是无可避免的。而活动项目的变化本身就意味着机会，即调整预算、增加收入、降低成本的机会。一个有经验的项目经理会把握好每一次需求变化的时机，把困难转变为提升收益的空间，这就是变化的魔力。

任务工单 3

任务名称	编制项目收支计划表
地　　点	
日　　期	
任务目的	学会根据不同的活动需求编制项目收支计划表。
任务内容	参考任务工单 2 中的资料信息，根据所编制的预算表，使用模板制作项目收支计划表。
建议学时	2 学时
操作提示	(1) 可以假设一些未知信息，如收款的次数和比例； (2) 注意假设信息的内在联系和逻辑性。
任务实操	(1) 确定预算表； (2) 自行假设与客户确定的收款周期和比例； (3) 自行假设资源方付款的周期和比例； (4) 完成项目收支计划表。

任务工单 4

任务名称	绿色活动成本分析
地　　点	
日　　期	
任务目的	拓展了解绿色活动中发展预算成本。
任务内容	**情境资料：** **关于节事活动绿色发展的误解** 关于绿色发展的实践存在着一种流行甚广的误解，那就是企业实施绿色发展举措会导致经营成本上升。事实上，尽管有些绿色发展举措确实会增加运营成本，但整体上持续地采用这些举措，长久来看是可以带来经济效益的。 在节事活动运营管理中，一些绿色发展举措会使单项成本提高，例如使用可降解的服务用品，如杯子、餐具、纸巾，或者选用有机食品和饮料。但是组合使用多项绿色发展举措，可以降低总成本。这些举措包括但不限于以下几项： • 取消瓶装水供应； • 如果确实需要供应瓶装水，则选择小瓶装，并且提供标签，方便使用者做好标识，避免与他人的饮用水混淆而造成浪费； • 重复使用环境装饰道具，如横幅、彩旗、路牌、徽章等，以减少垃圾量，降低废物处理成本； • 采用电子代替印刷品进行信息推送，以减少纸张消耗和印刷费用； • 根据节事活动现场条件，尽量使用瓷器、棉麻制品等，以减少一次性用品的消耗； • 提供小分量的食品和饮料，少量、多次供应，以减少浪费； • 尽量采用时令蔬果，减少采用反季蔬果； • 尽量采购当地蔬果，以降低物流费用； • 及时查看现场人数，适时调整供餐数量，以减少浪费。 理解并回答以下问题： (1) 你还有哪些促进节事活动绿色发展的建议？ (2) 这些建议会增加单项成本吗？会增加还是会减少总成本？
建议学时	0.5 学时
操作提示	熟练掌握活动预算和成本的相关内容。
任务实操	此题为案例分析，请根据所学的相关知识，全班讨论，互相启发，最后师生共评。

引申资源

活动费用怎么解决?

(1) 公司要参加一个商贸会，究竟该以何种身份介入？参展方？参观者？筹办者？每个活动方案因其付出不同的财力、精力和时间而为公司带来不同的收益。

在某种情况下，供应商以观展替代参展，一方面可节省资金，另一方面可以自由地结交朋友，与目标客户进行交流。某供应商在展会以参观者身份获得充分的客户信息源之后，在正式展会的第一天晚上选址知名剧院为潜在的高端客户举办招待晚宴。不难猜想，第二天，这个供应商便成为展会热议的焦点，客人感觉受到良好的待遇，出席者愿意与之合作。

(2) 某公司打算举办员工奖励活动，去外地度假 7 天，在预算中，机票占去了大部分费用。那么如何在有限的预算内搞好活动呢？活动组织者需要通过缩短旅游时日、就近旅游、筹资、请供应商提供赞助等方式来加以解决。

为了解决资金问题，公司还可以与其他公司合作来共同举办活动。比如，某高品位的新书发布会庆典活动提前准备了价值千万元的钻石饰品免费让客人试戴并拍照留念，图书出版商仅仅花费了保险、租用武装押运车、雇用警卫和专业摄影师等硬成本，而提供试戴钻石饰品的珠宝商也提高了知名度，第二天便卖出了珠宝给参加活动的客人，图书出版商和珠宝商二者实现了双赢。

资料来源：赵伯艳. 大型活动策划与管理. 重庆：重庆大学出版社，2016.

某知名会议报价单（含主会场、线上部分）

节事活动增加投入的困境

会议活动预算这么做，你想要的知识技巧都在这儿

考核评价

评价说明：在完成项目中的每个任务后，由任课教师主导采用多维评价指标，构建立体多元的评价模式，包括自我评价、组内评价、组间互评及教师评价 4 种方式，按照比例权重计算出学生个人本任务的考核评价分。

<table>
<tr><th colspan="6">任务完成考核评价表</th></tr>
<tr><td>任务名称</td><td colspan="2"></td><td>学生姓名</td><td colspan="2"></td></tr>
<tr><td>评价方式</td><td colspan="2">评价内容</td><td>分值权重</td><td>单项成绩</td><td>总成绩</td></tr>
<tr><td>自我评价</td><td colspan="2">任务工单××的完成情况；
对知识技能的掌握程度；
我胜任了小组内的工作。</td><td>10</td><td></td><td rowspan="7"></td></tr>
<tr><td rowspan="3">组内评价</td><td>组员评组长</td><td>本任务完成的质量；
组织分工；
工作态度；
团队合作。</td><td>20</td><td></td></tr>
<tr><td>组长评组员</td><td>个人本任务完成的质量；
个人参与小组活动的态度；
个人的合作精神和沟通能力；
小组成员参与度、贡献度。</td><td>20</td><td></td></tr>
<tr><td>个人评小组</td><td>本小组本任务完成量；
小组作品的质量。</td><td>10</td><td></td></tr>
<tr><td>组间互评</td><td colspan="2">本任务其他小组完成的质量；
小组间沟通合作。</td><td>10</td><td></td></tr>
<tr><td>教师评价</td><td colspan="2">任务完成的质量；
工作态度；
参与贡献度；
合作沟通能力。</td><td>30</td><td></td></tr>
<tr><td colspan="6">总评＝自我评价 10%＋组内评价 50%（组长组员互评 40%＋个人评小组 10%）＋组间互评 10%＋教师评价 30%。</td></tr>
</table>

项目四

不可小觑的活动筹备

案例指引

精心筹备：万人年会成功举办的不二法宝

提起中国规模最大的年会，阿里巴巴 18 周年年会庆典绝对当之无愧。年会约 4 万名员工参加，其中有来自 21 个国家的 800 多位外籍员工。航班 100＋班次，涵盖全球 20 多家航空公司（国内 8 家、国际 15 家），开通了广州至杭州、北京至杭州两个方向的专列，共计高铁 32 班次，长短途大巴合计约 1 700 班次；住宿超 100 家酒店，平均每天需 7 000 多个房间，范围从余杭延伸到萧山；调用杭州公交 1 500 辆，年会现场附近进行临时交通管控；现场布设 579 条裸光纤，开通百余个 4G 微基站，可满足20 000 用户同时在线通信的需求；同时动用 2 000＋演职人员（其中绝大多数为阿里员工），2 000＋现场工作人员；1 000＋阿里友人和嘉宾；6.7 万件 T 恤；12 万＋瓶矿泉水；4 万个可循环利用的加油包；4 万只 IOT 手环；现场拍摄摄影师 36 位。会后种下沙棘树 10.2 万棵。

如此规模庞大的年会，成功举办的秘诀是什么呢？精心的活动现场布置，精彩纷呈的活动内容，4 万人的组织与管理等，都需要细致的筹备和组织。因此，活动成功举办的坚实基础就是活动开展前的精心筹备。

问题思考：

（1）为什么活动成功举办的不二法宝是精心筹备？

（2）活动开展前的筹备工作包含哪些内容？

项目概览

每一场活动都是现场直播，活动的成功开展都是建立在众多准备工作基础上的。本项目将介绍活动策划时的具体工作，指导大家做好组建项目团队、选择场地、规划时间与进度、实施宣传推广、组织赞助招商、选择优质供应商以及管理使用活动物资等的一系列工作，提高活动效率，少走弯路。

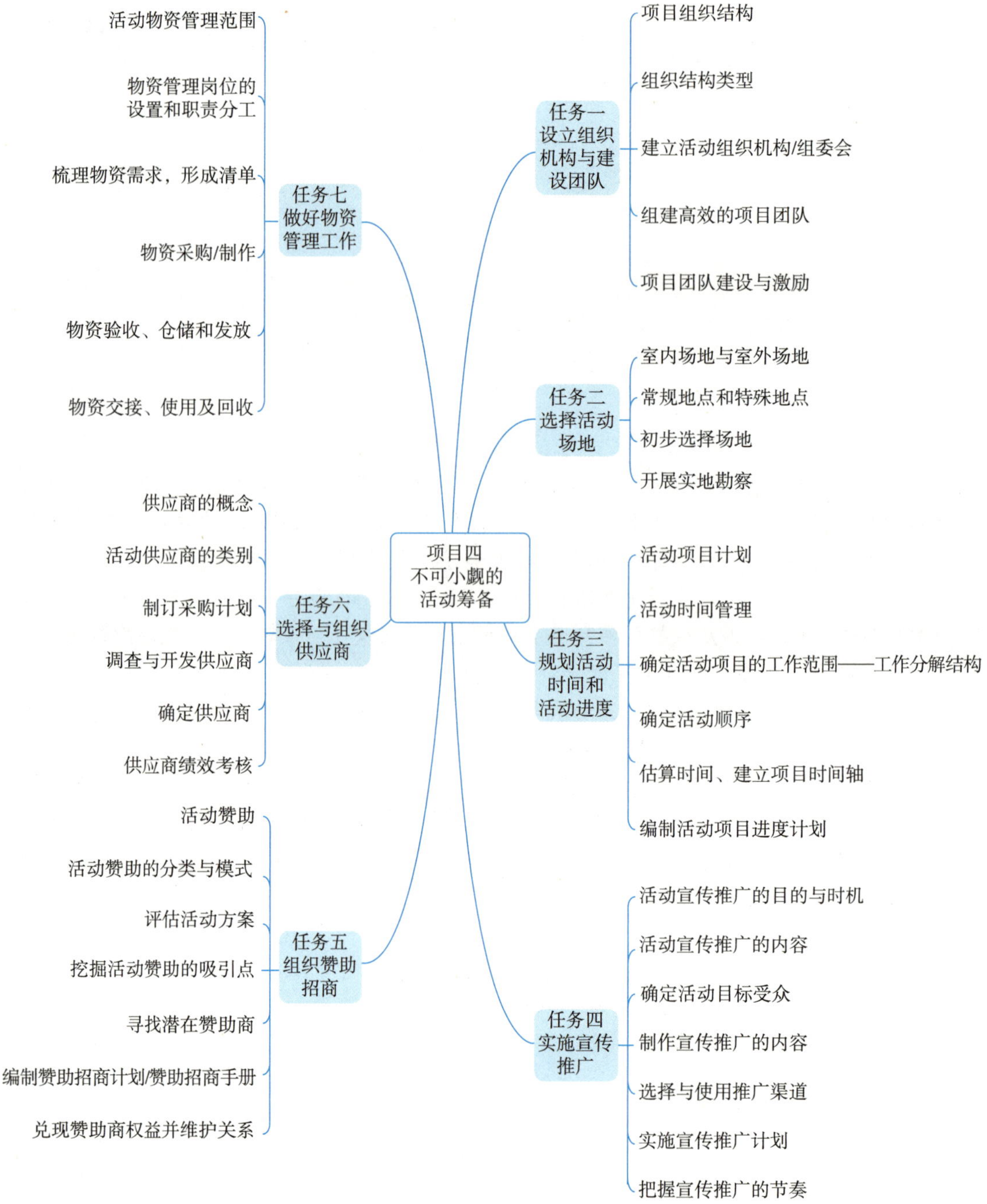

任务一 设立组织机构与建设团队

学习目标	
知识目标	了解组织机构的类型与职责； 学会项目团队的工作分析方法； 熟悉项目团队建设的步骤与技巧。
能力目标	根据项目情况确定组织机构类型； 根据项目情况确定工作岗位、组建工作团队； 初步具备团队建设的能力； 初步具备会展项目经理的基本素质和能力。
素养目标	养成团队合作精神和全局意识； 提升服务意识和职业意识，增强克服困难的意志。

任务描述

活动尤其是大型活动，从调研、策划到实施，要经历艰苦卓绝的过程，工作内容浩繁庞杂。精彩的策划方案、完美的落地实施都需要高效的工作团队来完成，那么如何设计组织机构？如何组建团队？如何进行项目的人力资源规划？本任务将一一解决这些难题。

实施提示

成功举办活动、达成项目目标需要组建一个有战斗力的团队。作为活动从业人员，要先了解组织机构的类型、工作岗位职责，熟悉活动项目不同阶段的人员需求，能够制订招聘计划，完成人员招聘，组建项目团队。

业务流程

1. 选择与设计活动组织机构
2. 组建项目团队
3. 建设与激励项目团队

知识补给站

对活动管理者来说，合理而高效的组织形式特别是对人力资源的有效开发是确保活动正常运行的前提条件，活动质量如何、效率如何、效益如何都与组织工作开展得如何密切相关。

一、项目组织结构

项目组织结构是组织内部各要素之间相互作用或相互联系的形式，即系统内的组成部分及其相互之间关系的框架。它是组织根据系统的目标、任务和规模采用的各种组织管理架构形式的统称。组织结构的设置一般具备3个要素。即：工作部门的设置、工作部门的等级、管理层次和管理幅度。

二、组织结构类型

因组织关联的形式不同，便产生了不同的组织结构。采用何种组织结构需要根据项目的具体情况而定。

（一）组织结构的类型

1. 直线型

这是一种上下垂直的组织形式，按照活动的运作要求，在项目经理的直接指挥领导下运行。其优点是：结构简洁、指令唯一、权责分明，纪律易于维持；缺点是对突发事件处理迟钝和僵化。部门负责人的责任重大，往往要求他是全能式的人物。直线型组织结构缺乏合理分工，专业化程度低。如图 4－1 所示。

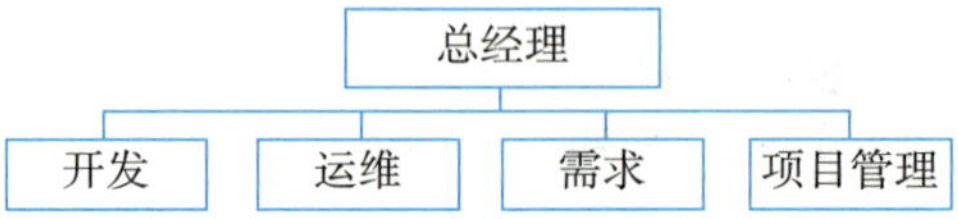

图 4－1　直线型组织结构

2. 职能型

这是一种在最高决策层下，按照专业的不同进行横向分设管理职能部门的组织形式。其优点是：以职能部门为主体，资源相对集中，便于相互交流和相互支援，提高了专业化程度，增强了处理突发事件的能力；缺点是如果分工过细，容易造成多头领导，职能部门可能会忽视整个项目的目标，跨部门之间的沟通比较困难。如图 4－2 所示。

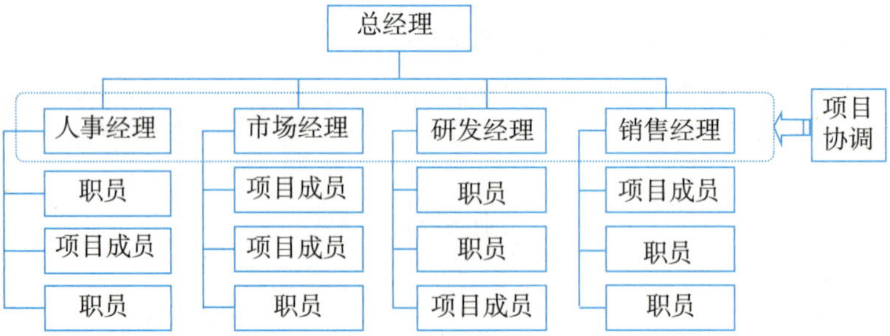

图 4－2　职能型组织结构

3. 矩阵型

这种组织结构是将工作部门分成两大类：一类按照纵向设置，另一类按照横向设置。两者结合，形成一个矩阵。其优点是：目标平衡、功能协调，避免资源重置而出现双重领导和多重领导的情况。它适用于有多重目标、需要资源分享（人力、物力和技术等）的情况。如图 4－3 所示。

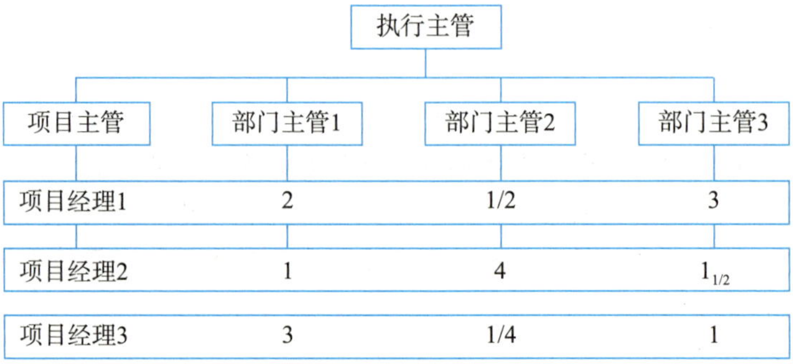

图 4－3　矩阵型组织结构

一般活动项目较多采取矩阵型的组织结构类型，体现“脉动”型的组织性质特征，即随着项目进展，组织结构人数会随之变化。这种组织结构具有双重命令系统：一方面，每个项目经理直接对总经理负责，并对团队所负责的项目负全部责任，责权由总经理负责；另一方面，公司的每个职能部门有责任向项目组织提供最好的技术支持和相应服务。

（二）活动组织结构的设置原则

活动组织结构的设置应遵循目标导向、分工协作、控制跨度、有效制约和动态适应等几个基本原则。“以任务建结构，以任务设职务，以任务配人员”，同时要根据员工的具体情况适当调整职务的位置，发挥每一位员工的主观能动性。当变化的外部环境要求组织进行适度调整时，组织要有能力及时做出相应的动态反应。

任务实施

一个活动项目在筹备期伊始就需要设立组织机构，通俗地讲就是成立活动筹备委员会，随后领导项目团队有序分工进行活动的各项筹备，即建立活动策划执行的筹备组。

一、建立活动组织机构/组委会

（一）选择活动组织机构考虑的因素

活动项目组采取什么样的组织机构进行管理，需要综合考虑以下几方面因素：

（1）公司的业务特点和发展规模；

（2）活动项目所处的大环境和公司的产权结构；

（3）活动项目的人力资源的素质和结构；

（4）活动项目的长远发展规划和战略步骤；

（5）市场环境和竞争对手；

（6）企业文化。

纪晓岚文化节组织结构与职责分工

（二）设立活动组织机构的职能部门

一般来说，活动组织机构的常见职能部门，如表 4－1 所示。

表 4－1 活动组织机构的常见职能部门

编号	部门	主要职责
1	策划部	活动运作企业的基础部门，其主要工作是制定活动工作方案，安排人员的责任范围、工作进程及费用支出等。详细而合理的策划工作是保证各方人员按时、按质、按量完成各项工作必不可少的环节之一。
2	业务部	活动运作企业的重要部门之一，主要职责是招商，即联系和招徕赞助商、活动参与企业等。
3	营销部	主要负责新闻宣传、广告策划实施、公共关系等。其中，宣传工作是活动取得成功的基础保证，主要手段有公关活动、媒体广告、印发资料等。
4	信息部	负责活动的通信、网络数据的租赁业务，活动运作企业信息系统的规划、建设与维护，应用软件及办公电脑、耗材的采购与管理，同时还负责企业内部的通信系统以及网络的建设与保障等工作。
5	运营部	主要负责活动准备工作的管理、活动现场管理、活动后续工作的管理以及活动整体评估工作管理等。运营部与业务部都是实战工作部门，如果说业务部的工作主要在活动举办之前的话，那么运营部的工作则主要集中在活动中与活动后。

续表

编号	部门	主要职责
6	工程部	负责与活动有关的各项基建工作，例如，活动场地所属各建筑物、构筑物、道路及各类管线的维修和养护；各类设备的日常管理工作；保证在经营及活动期间所有服务设施正常运行，如场馆内的装修和陈设、水电、音响系统、空调系统、电话等。
7	财务部	协助活动组织机构决策者做好经营核算工作，控制经营费用，使活动获得最佳经济效益。
8	人力资源部	是负责企业员工招聘、培训、激励和考核的部门。它是确保活动组织在任何时候、任何地点、任何情况下都能找到合适人选的主要部门。
9	安保部	维护活动、会议或展览等现场的良好秩序，确保活动环境安全，因而也是举办活动时不可或缺的部门之一。

注：以上部门是依据一般活动正常运作的需要来设立的，实际工作中应充分考虑自身情况，名称可有所不同，部门的多少也灵活掌握。

在部门的设立上，活动现场还需要考虑设立专职工作机构，如：①总指挥部或者指挥中心信息中心；②票务中心；③安全保障部；④后勤事务部；⑤顾客服务部（例如物品租赁和保管部）；⑥物流事业部；⑦商品销售部；⑧表演事务部；⑨接待部；⑩投诉接待部；⑪卫生清洁部等。

任务工单 1

任务名称	了解企业组织结构类型
地　　点	
日　　期	
任务目的	能够了解企业组织结构的不同类型及其优缺点。
任务内容	**情境资料：** 北京农业嘉年华是北京市昌平区 2013 年成功打造的一个突出农业主题元素的都市型现代农业盛会，受到了广大市民的一致欢迎和赞誉。现要开展第八届北京农业嘉年华，竭力打造又一轮新颖的农业盛世景观。 为了加强组织领导，形成有力、有序、有效的筹办工作格局，成立了活动筹办工作组织机构。由市委常委人员任顾问，副市长任主任，成立北京农业嘉年华组委会，对筹办工作涉及的重大事项和重要问题进行决策，统筹领导各项筹办工作。下设北京农业嘉年华组委会办公室，分为一室十部，包括综合协调办公室、财务审计部、宣传活动部、产业发展部、旅游服务部、招商招展部、志愿者工作部、安全工作部、交通保障部、环境建设部、园区管理部等，具体推进和落实各项筹办工作。 请完成任务： (1) 分析该活动项目的组织结构类型； (2) 分析各部门的工作职责； (3) 分析该组委会为何设计这样的组织结构。
建议学时	0.5～1 学时
操作提示	(1) 注意团队合作，进行合理分工； (2) 北京嘉年华是政府主办的活动，和商业活动有所区别。
任务实操	(1) 分组，每组 5～8 人，团队合作完成任务； (2) 利用网络搜索北京农业嘉年华资料； (3) 利用头脑风暴法，根据所学知识进行分析判断； (4) 各组需做出 PPT 进行汇报展示，要求每个人各讲一部分。

（三）工作分析

在整个项目的人力资源规划中，工作分析是所有人力资源职能的基础。在进行工作分析时，要列出所包含的工作任务，并确定成功完成这些任务所必需的技能、个性特征、教育背景和培训经历等。

工作分析不仅涉及分析活动管理的工作内容，也涉及分析结果的报告，这些通常以工作说明书和工作规范表的形式呈现出来（工作说明书是一种正式的书面文件，通常 1～3 页），见表 4-2。

表 4-2　活动职位/岗位工作说明书的内容

编写日期：
工作状况：
职位名称：
工作概要（工作职责提要）：
工作职责和责任的详细清单：
所受监督部门：
重要联系人：
要参加的有关会议和需要归档的报告：
能力或职位要求：
所需的教育和经验：
职业流动（工作承担者以后可以胜任的职位）：

任务工单 2

任务名称	设置活动项目组织机构工作部门
地　　点	
日　　期	
任务目的	（1）能够了解活动项目组织结构各部门的构成； （2）能够设置活动项目组织机构工作部门。
任务内容	**情境资料：** 本校经管学院拟于本学期举办为期一个月的毕业季活动，预计线下举办一场展览、一场毕业晚会，线上举办一场就业讲座和一场毕业寄语漂流活动，该活动设置了职能型的组委会。 请根据以上资料，为组委会设置工作部门和工作岗位。
建议学时	1 学时
操作提示	（1）注意团队合作，进行合理分工； （2）注意分析工作内容。
任务实操	（1）分组，每组 5～8 人，团队合作完成任务； （2）分析项目整体情况：时长、活动、工作内容等； （3）根据项目整体情况和组织结构特点设置工作部门； （4）梳理工作岗位及工作职责； （5）各组需做出 PPT 进行汇报展示，要求每个人各讲一部分。

二、组建高效的项目团队

（一）项目团队人员类别

1. 活动筹备期的人员设置

（1）人员类别。

项目在这一阶段需要重点招聘和使用的人员包括：

资深和知名人士、重量级专业人士、策划人员、营销人员、财务人员、法律人士、人力资源专家、行政管理人士、新闻发言人。

（2）岗位设置。

项目初期规划阶段，可以设立的岗位职务包括：

总指挥、总经理、营销经理、开发经理、票务经理、办公室经理、运作和技术经理、艺术总监、媒体经理等。

（3）工作部门设置。

活动筹备期可以初步成立一些持久性的工作部门和一些小型的跨职能团队来处理主要利益相关者事务。包括：

持久性部门：人力资源部、营销部、规划部、财务部、公关部、法律部、办公室等。

跨职能团队：安保部、后勤部。

2. 活动实施期的人员设置

根据研究，一旦项目进入全面运作阶段，组织的规模一般会急剧扩大，如果是多个场地同时运作，还需要分别设立自己的管理部门。这一阶段要求组织全面配备所有管理和服务人员，特别是征集和使用大量的志愿者。这一阶段除了上面提到的人员和部门以外，还特别需要配备如下人员：

物流管理人员、表演人员和相关服务人员、美工、电工、水暖工、停车场管理人员、售票和检票人员、礼仪人员、安全保卫人员、卫生清洁人员。

3. 活动收尾期的人员设置

到了活动收尾期，人员会迅速解散和消失，一些工作人员和机构还要甚至比较长时间地保留下去，需要一些关键人员来处理活动评估、财务报告和一些未解决的事务。其中所需要的比较关键的人员包括：

活动总指挥、总协调人或总经理、办公室人员、财务和审计、人力资源管理人员、物流管理和清洁卫生人员、安保人员、营销工作人员。

（二）组建项目团队

1. 制订招聘计划与审批招聘计划

活动管理是一个创造性的行业，因而活动组织机构要特别关注员工的招聘状况，需要做好相应的招聘计划。

2. 发布人员招聘信息

人员招聘主要采取内部招聘和外部招聘的方式，使项目组织获得足够的、高质量的人力资源。当内部人员有限时就需要进行外部招聘，人员来源包括广告、职业介绍所、招聘平台、员工推荐、校园招聘等。

3. 选拔人员

选拔和招聘应坚持任人唯贤和量才适用原则进行，发挥最大的人力资源效用。

4. 录用人员

最终确定录用人员。

三、项目团队建设与激励

对活动组织机构而言，人是软实力。建设团队主要靠培训，活动组织机构必须努力挖掘内部潜力，建立一套科学有效的培训体系。员工在工作的同时接受培训，提升工作效率，同时也获得自身的发展机会。

（一）项目团队的建设方法

（1）角色界定法：依据角色分工采取相应的行动，明确责任和义务。

（2）任务导向法：强调团队要完成的任务，团队必须清楚地认识到某项任务的挑战，然后在已有团队知识的基础上研究完成此项任务所需要的技能，并发展成具体的目标和工作程序，以保证任务的完成。

（3）人际关系法：通过在成员间形成较高程度的理解与尊重来推动团队的工作。

（二）建立项目团队绩效考核办法

团队绩效考核办法有很多种，通常可以综合运用以下方法：

（1）用业绩考评表进行考核；

（2）用目标管理进行考核；

（3）用全方位、全过程评价法进行考核。

任务工单 3

任务名称	组建活动项目工作团队
地　　点	
日　　期	
任务目的	使学生熟悉组建活动项目工作团队的工作流程，能够根据项目情况综合各种因素，组建高效的项目工作团队。
任务内容	在任务工单 2 的基础上，请为组委会制订招聘计划，进行人员招聘，设置工作团队。
建议学时	1 学时
操作提示	注意团队合作，进行合理分工。
任务实操	（1）分组，每组 5～8 人，团队合作完成任务； （2）根据工作岗位及工作职责制订招聘计划； （3）根据招聘计划拟写招聘启事（文字版、H5 版）； （4）模拟招聘，组建工作团队。

任务二　选择活动场地

学习目标	
知识目标	了解活动场地勘察的工作内容； 明确活动场地分析的方法和要求。
能力目标	能够根据活动需要进行实地勘察； 能够根据活动特点对场地的各项条件进行分析。
素养目标	养成吃苦耐劳、踏实肯干的工作作风； 学以致用，将知识转化为实践能力。
任务描述	
活动场地是举办特殊活动的基础硬件之一，一个与活动匹配度高的场地无疑会让活动本身增色不少。从时间上看，活动场地规划是主办方进入活动场地的第一项工作，场地规划得是否完善直接影响到活动的组织效果和活动能否顺利开展，那么，如何选择活动场地？如何进行场地分析？本任务将逐一解决。	
实施提示	
庄严、大气的活动场地与大型活动在形象和气势上会有着极好的映衬，而一个温馨、高雅的场地对一个小型交流活动的氛围营造会大有裨益。对于选择什么样的活动场地，要充分做好实地考察和评估分析工作。	
业务流程	

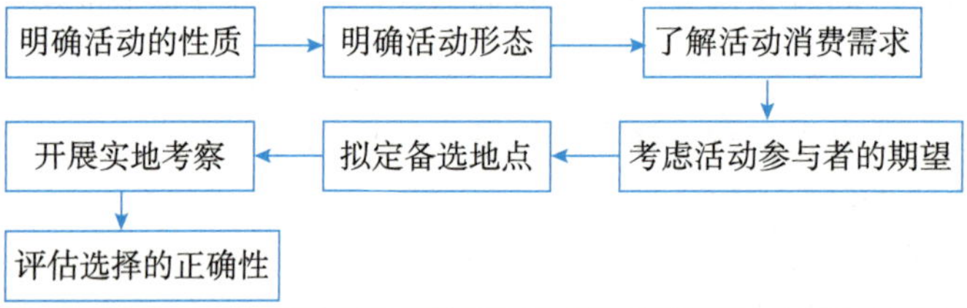

知识补给站

活动场地是构成活动的主要部分之一，场地是否适当将直接影响参与人数的多少和活动体验，特别是以营销为目的的活动，需要着重考虑活动场地对营销效果的制约作用。

一、室内场地与室外场地

（一）针对单场次、短周期活动

由于活动的规模大小不一，场地大小和布局形式也多种多样，所以针对单场次活动，可以从室内和室外两个维度划分场地。

（1）室内场地：指活动选择在固定的建筑物内举办，如各类会议中心、大小会议室、展览中心或展览馆、博物馆、美术馆、纪念馆、陈列馆、体育中心或体育馆，还包括音乐厅、剧院、电影院、宴会厅、俱乐部、活动室等（举办各类音乐会、电影节、戏曲节、文化节、庆祝活动或其他节庆和事件等活动）。这种场地往往是永久性、多功能的，经过装饰和调整一般可以适合举办不同的活动。

（2）室外场地：包括临时搭建的凉棚式场地和露天场地。凉棚式场地往往选择在无建筑设施阻挡、有一定范围的草坪、广场、公园或其他较为平坦的开阔区。有些活动由于流动性或活动性质和类型的限制，不需要顶棚，则可在草坪、广场等露天场地举办。

（二）针对多场次、长周期的综合性活动

这类活动会涉及多个活动场地，如大型会议、展览、节事活动的配套活动，奖励旅游活动的场地等，会涉及包括酒店、会场、旅游景点、团建等场地。

二、常规地点和特殊地点

按照场地使用的性质，活动场地可分为常规地点和特殊地点。常规地点本身为活动而兴建，具有用于活动的专属性，会展中心、展览场馆、酒店等属于常规地点；特殊地点，即非常规地点，其本身的功能并不是单纯为了举办活动提供场所，但是其也可以用于举办活动，如废旧建筑地、停车场、隧道、娱乐公园、果园、水族馆等属于特殊地点。

近年来建设的新场馆，无论是在硬件设施上还是在管理理念上都有明显的转变与创新，被称为“第六代会展场馆”。新建的场馆大多在功能价值、管理理念、服务体验、商业模式、数字化架构上具备系统性，如杭州国际博览中心、厦门新会展中心。

任务实施

为了顺利举办活动，主办方应该在明确活动性质的基础上确定好活动形态，了解活动的消费需求，考虑活动参与者的期望，拟定出备选场地，然后进行实地勘察，分析场地条件，确保活动的顺利举办。

一、初步选择场地

（一）选择场地考虑的因素

从大的范围来讲，根据活动的性质、规模及参与者的要求初步选择活动场地，要着重考虑以下因素。

1. 地区特点

首先要考虑条件允许时活动主题最好和地区特点有密切联系。

2. 环境特点

其次考察当地的自然环境和人文社会环境。例如，该地的天气与气候状况、治安状况以及经济状况，有无独特的历史、文化风情及自然风光的参观价值等。

3. 周边辐射与配套特点

活动场馆的选址要与城市功能布局相结合，且具有一定的前瞻性；能否发挥其独特的辐射作用，更好地带动周边地区共同发展；服务配套基础设施如何，如宾馆、酒店、商场、健身场所等；交通网络是否发达，以便于游客和参加者参与活动。

（二）选择场地考虑的内容

1. 室内场地

室内场地选择主要考虑场地的容纳人数、使用面积、动力的提供、收费标准、会场层高、场地价格、服务收费、餐饮价格、摆台形式、贵宾间硬件（投影仪、麦克风、音响、舞台拼接地块、主席台、桌椅）提供、物品（信纸、笔、饮用水、指引水牌、桌卡）提供及停车场数量和收费等。

2. 室外场地

室外场地选择需要考虑场地基本情况，电力系统的提供以及配套设施的问题。

3. 常规地点和特殊地点

这些地点在便利程度、创新性、复杂性和风险大小等方面具有很大不同。一般来说，常规地点被稍加装饰就能满足活动主题的需求；而特殊地点则需要灯光、音响、餐饮、天气等方面的特殊安排。常规地点的优点是具有比较高的稳定性、成本低、风险小，其缺点是形式单一，较难创新；特殊地点更富新意，更能够创造出独特的氛围和体验，弥补常规地点的不足，增加活动场地的选择机会。但是特殊地点也有不足，风险比较大，成本不可小觑。

4. 其他方面

在综合考虑场地设施、成本、便利、服务等的基础上，还需结合考虑吸引力、可行性、操作性、配合度、性价比等多个方面进行场地/目的地的选择。

任务工单 1

任务名称	查找活动举办地的相关情况
地　　点	
日　　期	
任务目的	能够详细考察活动地点的相关要素。
任务内容	网络调研：自选某一城市举办活动的条件，根据考察的相关内容确定该城市所举办活动的题材和能力。
建议学时	2～3 学时
操作提示	利用多媒体设备。
任务实操	（1）分组合作或每人完成一份调研报告。 （2）查找所在城市举办活动的条件，从以下方面进行网络查找： 1）经济发展水平：经济、产业格局、交通条件； 2）服务业水平：居民消费状况，酒店、餐饮、旅游业等行业状况； 3）环境状况：城市治安、公共服务、人文等软环境状况； 4）活动场馆条件：面积、设施能力、租金标准，相关配套及服务质量； 5）行业水平：行业发展状况，包括法规及政策。 （3）形成 PPT 报告，全班汇报并进行评选。 （4）教师总结，师生共同提升认识。

二、开展实地勘察

选择和勘察场地需要亲临现场，不同的活动有不同的要求和特殊性。

（一）场地要素分析

即根据活动场地的交通情况、面积大小、设备设施情况、场地运用情况，结合现场实地勘察获取的平面图及相关数据，把一些细节问题和实用信息结合起来考虑，如场馆的楼梯、电梯、通道的位置布局等。

一般实地勘查场地时，应结合场馆的平面图，了解场馆的整体规划。例如：总平面图中的出入口、人流路线及疏散通道等的位置、参数等是否与实地勘察的情况相符，并标出区别，记录清楚现场勘察数据，为后续分析活动场地做好准备。图 4－4 就是某展会的平面图。

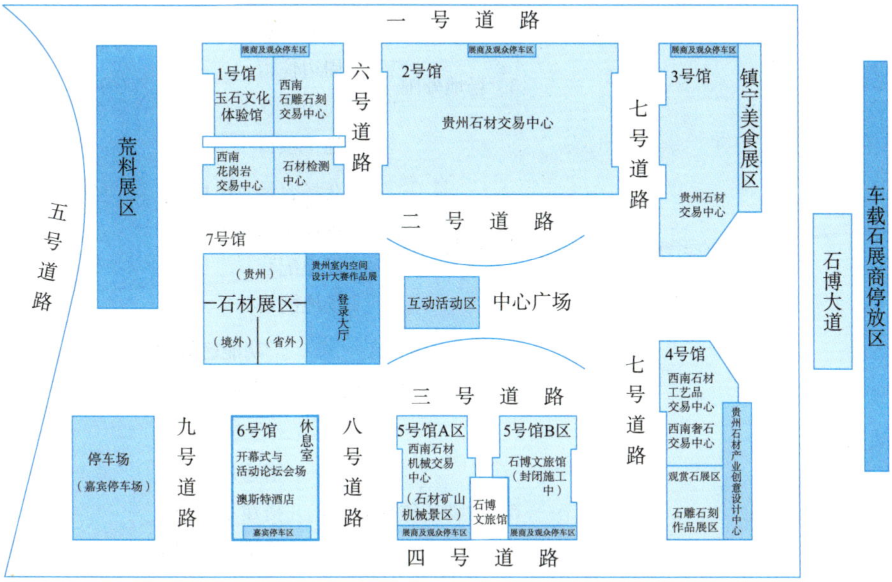

图 4－4　第×届石博会场馆分布平面图

（二）场地勘察的内容

（1）场地周边配套设施是否完善；

（2）场地出入口规格是否符合需求；

（3）场馆通道是否标准；

（4）消防设施是否完备；

（5）掌握场地限定高度；

（6）了解场地外观布局。

小贴士： 周边设施环境可以按照空间顺序依次展开，主要包括：货物装卸区、车辆进出通道、停车场、场馆仓库、运输公司、交通情况等。重点勘察以下方面：

①勘察货物装卸区的空间效益和车辆进出是否安全；

②卸区泊位的平面布置和装卸泊位数量；

③停车场场地的位置、容量、面积、车位、安全出口等。

总而言之，勘察场地所需关注的维度和内容很多，下面归纳出一个脑图清单，可以作为选择合适的活动场地的依据，如图 4-5 所示。

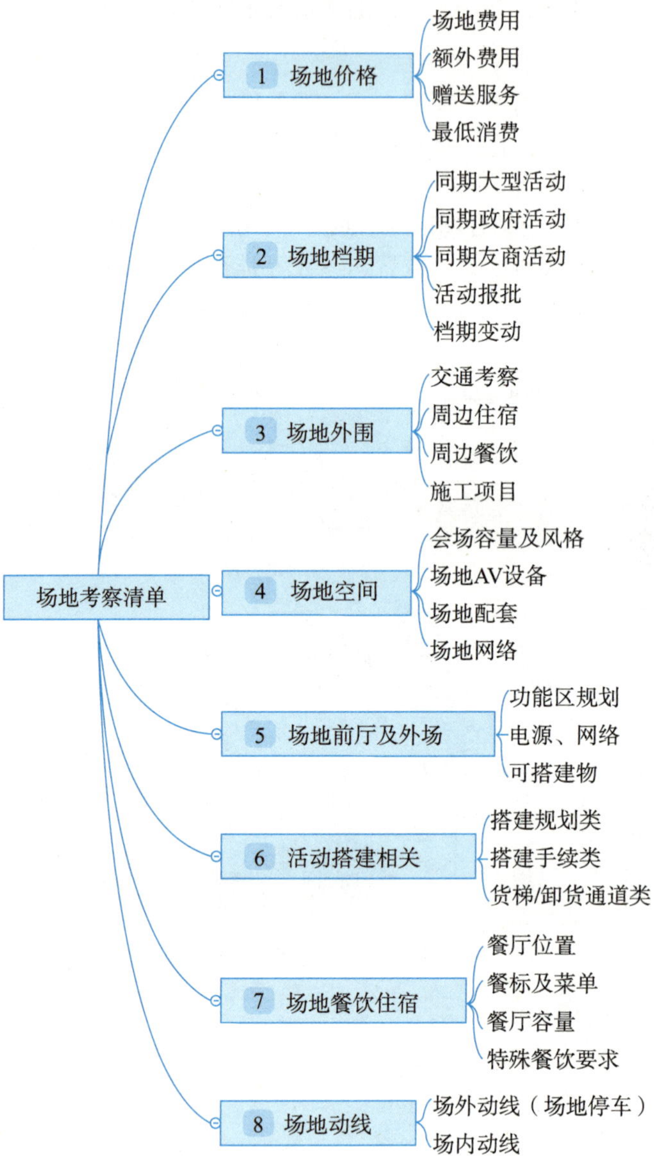

图 4-5 场地考察清单

(三) 勘察人员负责人

(1) 看场地时携带物件：场地一般是负责人和客户一起去看，是展示专业度的机会，所以首次去应带上测量仪器、笔、手写本、拍照设备、名片、该场地以前的案例照片、类似本活动的案例照片、相关布置调性的图片。

(2) 拍照记录重点区域：外场，如入口处、停车场、大堂、通道、指示牌、签到处预想位置等；主会场，如会场全景、舞台、座席区、讲话台、贵宾室、化妆间等区域。

任务工单 2

任务名称	活动场地勘察与设计
地　　点	
日　　期	
任务目的	通过本任务，学会根据活动需求进行现场勘查，完成场地分析，确定布置方案，制作场地效果图，提高分析能力和解决问题的能力。
任务内容	**情境资料：** 选择当地知名度较高、有影响力的活动场地，如体育馆、会展中心等，以小组为单位，分别对该活动场地进行现场勘查，完成场地分析。 根据活动需求确定现场布置方案，制作场地效果图。
建议学时	建议 2～4 学时
操作提示	(1) 进行现场调查，需事先和活动场地方联系、协调，收集信息； (2) 利用电脑、勘查设备、制图软件等。
任务实操	(1) 小组合作形式，3～5 人一组，选出组长，确定各组待分析的活动场地及工作方案。 (2) 组长统筹，合理分工，组员合作完成现场勘查，运用网络查找、头脑风暴、对比分析等方法讨论分析场地条件，确定布置方案。 具体步骤： 步骤一：场地内场数据测量，绘制草图 (1) 完成下列数据测量工作： ①场地基本尺寸测量（实际长度，实际宽度，实际高度）； ②场地特殊尺寸测量（场地是否有柱体，柱体尺寸，墙体是否有突出异形，墙体突出异形尺寸）； ③场地设备勘测（场馆内部桌子和椅子的数量和尺寸）。 (2) 测量过程中绘制场地内部勘测草图。 (3) 将草图拍摄并上传至群里。 步骤二：场地拍摄记录 (1) 小组成员现场拍摄场地内部照片。 (2) 按照以下要求拍摄照片并上传至群里： ①场地全景图； ②场地墙面图（包括主舞台正视照）； ③场地屋顶照片； ④场地地面照片； ⑤场地出入口照片； ⑥场地特殊区域照片（场地异形位置）； ⑦场地设施照片（桌、椅及其他设施设备）。 步骤三：绘制场地平面效果图并上传 (1) 手绘制图； (2) 借助相关 PS 软件或小程序，绘制整个场地空间设计图； (3) 并同时进行 PPT 汇报，每组选 2 名代表在全班进行汇报。

引申资源

创新的活动场地有氛围

设计富有创意的活动环境，目的在于为客人提供一个体验活动的活跃氛围。曾经一个有创意的设计人员别出心裁地把宴会设置在牵引式挂车上。宾客被护送到车内，并在策划团队精心设计的车内环境中享用晚餐。这个创新设计的目的在于带给宾客惊喜，同时激发他们的兴趣。他们被豪华轿车接送到这个孤立的、简陋的地方，但在挂车内，宾客体验到的是奢华的装潢，豪华的吊灯、挂毯与亚麻制品，这个仅为 40 位宾客服务的晚餐，包括餐饮、服务、装潢，总账单粗略估计共 12.8 万元，但并不是所有人都愿意付出 3 000 元。

很多不常作为活动场地的地方，可以通过头脑风暴来决定是否作为活动的场地。打造激动人心、创意无限、标新立异的活动的可能性是无穷的。但是，需确保在场地、停车、布置、预算与空间利用等方面的决策合乎逻辑并可行。

这些自带“创意”的活动场地，焕新了会议活力

场地要素分析的那些细节

任务三 规划活动时间和活动进度

学习目标	
知识目标	了解活动时间规划的意义； 认识时间规划所需要的工具； 制订时间规划安排及制作时间推进表。
能力目标	具备活动管理安排的初步思维； 能够针对活动项合理分配和规划时间； 掌握基础甘特图的制作。
素养目标	提高文化认同和文化自信； 养成自觉遵守时间的习惯，增强责任意识。
任务描述	
活动时间规划（也可称为“项目进度管理”）帮助我们了解项目活动何时开始以及完成项目活动所需要的时间，包括工作分解结构、活动排序以及时间估算，规划后就需要开始制订项目具体的进度计划了，以便对项目实施控制，按规定的时间完成。在进行时间管理时需要考虑影响项目变化的因素、项目进度变更对其他部分的影响因素、进度表变更时应采取的实际措施等。	
实施提示	
时间规划是一项艰巨且不能省却的步骤，是一切活动的开始，需要考虑各种影响活动变化的因素并对其进行时间规划。本任务以活动的时间规划为范畴中心，将之看作一个大概念来解读。	
业务流程	
开始 → 确认项目各项活动 → 确定活动顺序 → 估算时间建立时间轴 → 列举关键点建立时间推进表 → 完善相关信息推进 → 结束	

知识补给站

一、活动项目计划

活动策划前期的5项工作完成了，并不意味着活动就能够如期开始了，还需要一系列的筹备工作。在项目团队组建好之后，需要围绕活动主题确定活动的目标，然后制订活动的进度和做好预算安排，也就是进行活动项目的计划安排。

活动计划是一个前后相继的计划体系，它随着项目的进展而不断得到细化、具体化，同时又不断地得到修改和调整。实践中要重点厘清工作范围有哪些，确定各项工作的先后次序及其衔接，完成项目需要从哪里获得资源，何时得到资源（包括类型和数量）等。

（一）活动项目计划要素

首先应明确活动项目计划的6个基本问题（4W2H），它与项目的关系如图4-6所示。

◆ What：项目做什么（活动目标）	◆ How：如何做（工作分解结构图）
◆ Who：谁去做（人员使用计划）	◆ When：何时做（项目进度计划）
◆ Where：在哪里做（活动场地计划）	◆ How much：花费多少（项目费用预算）

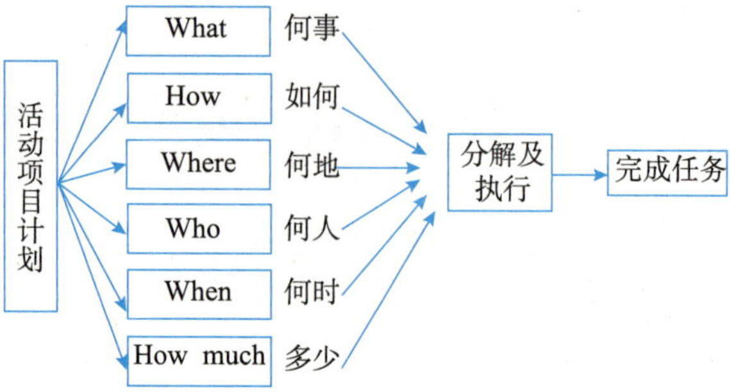

图 4-6　活动项目计划要素与项目的关系

这 6 个问题要素是依据活动项目策划选定的主题，对其进行合理的资源配置，对项目的范围、进度、质量和成本进行计划控制，最终完成活动项目目标。

（二）编制活动项目计划

这阶段的工作主要包括 8 项内容，如图 4-7 所示。

图 4-7　编制活动项目计划的 8 项工作内容

二、活动时间管理

项目活动时间管理（也可称为“项目活动进度管理”）是指为了确保项目活动按期、按计划完成所有必须完成的工作。

（一）时间规划的原则

（1）以始为终：就是先确认各项任务最终达成时的时间，倒推活动开始时间、持续时间等。

（2）紧急重要程度：根据重要、紧急“四象限”法对任务的先后顺序进行排序。如图 4-8 所示。

（二）规划活动的进度

规划活动进度一般分为 4 个阶段，如图 4-9 所示。

图 4-8　重要、紧急“四象限”法

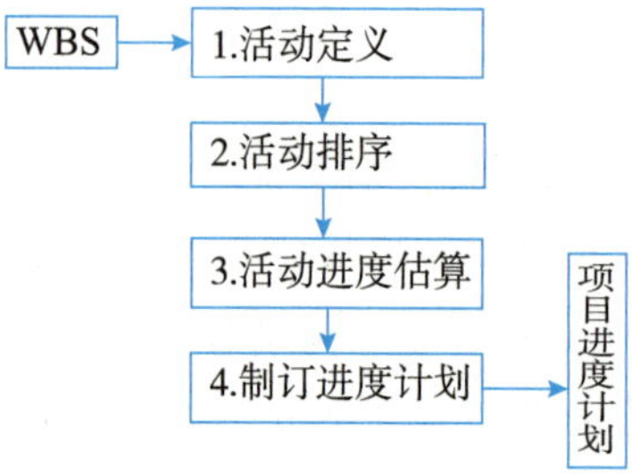

图 4-9　规划活动进度流程

（三）时间管理进度控制

活动进度安排的结果就是活动进度计划，安排每项计划工作的开始和终止时间。在这个过程中，项目进度控制是必不可少的，它是个动态的过程，主要是监督活动进度的执行状况，及时发现和纠正偏差、错误。从项目开始，实际进度就进入了运行和执行的轨迹。若实际进度符合计划，计划的实现就有保证；反之则活动目标就不能实现，需要不断调整计划。

编制网络计划是项目进度控制第一道工序，关键的是如何按照时间主线进行控制，保证计划的实现。图 4-10 显示时间规划与各项工作的交叉交融的相互关系，便于理解进度与工作内容的紧密性。

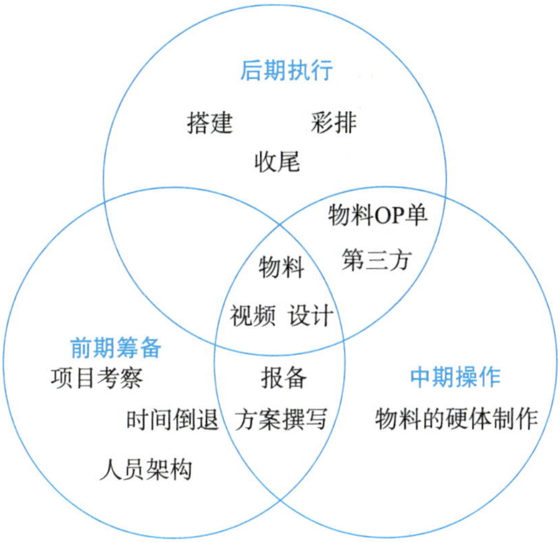

图 4-10　项目各项工作各环节交叉关系

进度控制要考虑影响活动进度变化的因素、活动进度变更对其他部分的影响因素、进度表变更时应采取的实际措施等。为此，需明确一定的进度控制措施：

（1）加强组织管理；

（2）着重强调项目各分级网络计划控制；

（3）具体落实计划内容、节点时间要求；

（4）充分利用办公软件进行计划的编制、修改和调整，以利于执行中的动态管理。

任务实施

一、确定活动项目的工作范围——工作分解结构

活动项目工作范围定义的方法最常用的是工作分解结构（Work Breakdown Structure，WBS），是一种面向可交付成果的项目元素分解，这个分解组织并定义了全部的项目工作范围，每降一级都表示一个更加详细的项目工作的定义。

（一）WBS 建立的方法

（1）自上而下法，见图 4-11。

（2）集思广益法，见图 4-12。

01 确定项目目标，着重说明将要完成的整个项目所有的工作任务

02 准确确认完成每一个工作任务所需的所有任务

03 详细说明完成每一个任务所需的子任务

04 进一步细分02和03的每一项，使其形成顺序的逻辑子分组，直到其能够详细地描述整个项目

图 4-11 自上而下法

01 在一个单独清单上记下认为必须完成的项目，包括所有的任务

02 研究清单，把工作分成有共同特征的主要类型，每一类型必须按照统一标准划分

03 把一个特定工作任务中的工作分成一些更小的任务

04 使用自上而下法确定可能遗漏的任何需要追加的工作

图 4-12 集思广益法

（二）WBS 的基本结构

WBS 可以采用大纲式和图解式两种（见图 4-13 和图 4-14）。

0. 会议项目
1. 调研
2. 策划与设计
3. 实施
    - 3.1 人员邀请（第一轮）确认邀请函（第二轮）
    - 3.2 注册
    - 3.3 会场布置
    - 3.4 开幕式
    - 3.5 会议
    - 3.6 茶歇
    - 3.7 会议
    - 3.8……
4. 控制
5. 评估

图 4-13 大纲式 WBS

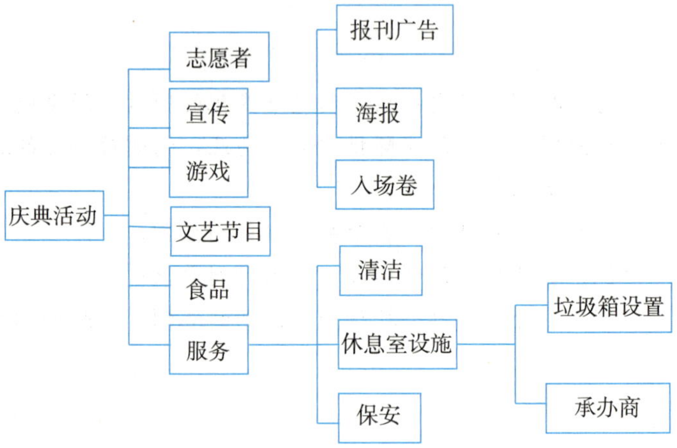

图 4-14 图解式 WBS

二、确定活动顺序

在项目工作分解结构工作完成后，项目管理人员就要确定所有活动的先后顺序，进行工作内容排序。

（一）工作内容排序的依据

（1）任务描述或工作内容列表的各项情况。

（2）各项目间的先后关系（硬逻辑）。

（3）人为依存关系（软逻辑）。

（4）约束条件。

（二）输出活动内容

对项目活动的关系进行排序后，就可以生成项目网络图，即活动的工作任务之间的逻辑关系和依赖关系示意图。在活动项目中，很多任务之间并没有严格的先后顺序，许多工作是交叉进行的。如表 4-3 所示，某 IT 论坛会议显示了活动内容编排的先后顺序。

表 4-3 活动内容的顺序

完成时间	工作内容	活动标号	紧前活动
4 月 10 日	预定会场	1	无
4 月 11 日	向有关政府官员、业内专家发送邀请函	2	1
4 月 11 日	向新闻记者传真邀请函，确定人数	3	1
4 月 11 日	确定需要车辆接送的与会人员的具体情况	4	2、3
4 月 15 日	准备会议议程	5	4
4 月 15 日	准备会议资料	6	5
4 月 20 日	准备资料袋	7	5
4 月 20 日	落实工作人员	8	5
4 月 24 日	落实会场布置	9	6、7、8
4 月 24 日	再次确认相关人员行程安排	10	9
4 月 25 日	安排车辆接送领导及与会人员参会	11	10

任务工单 1

<table>
<tr><td>任务名称</td><td>分析活动流程中的活动顺序</td></tr>
<tr><td>地　　点</td><td></td></tr>
<tr><td>日　　期</td><td></td></tr>
<tr><td>任务目的</td><td>通过情境资料，深入理解和掌握一场活动的相关项，更好地指导一场活动中相关工作安排并付诸实践。</td></tr>
<tr><td>任务内容</td><td>（1）情境资料请参看本任务“引申资源”中的“服务出海 再续世‘缘’！中青旅博汇获 2022 荷兰世园会中国园独家运营授权”；
（2）阅读上述任务内容，请站在活动策划主办方的角度，从整体活动的角度思考该活动相关事宜的顺序安排。</td></tr>
<tr><td>建议学时</td><td>0.5 学时</td></tr>
<tr><td>操作提示</td><td>从情境资料中摘录相关内容。</td></tr>
<tr><td>任务实操</td><td>（1）课堂讨论，分析该项目在筹备期所涉及的工作项顺序安排，将讨论结果填入下表中；
<table><tr><td>筹备前期</td><td>筹备中期</td><td>筹备后期</td></tr><tr><td></td><td></td><td></td></tr></table>
（2）活动时间规划对目标实现有什么意义？谈谈你的理解。</td></tr>
</table>

三、估算时间、建立项目时间轴

通常，活动主要估算两方面时间，如图 4－15 所示。

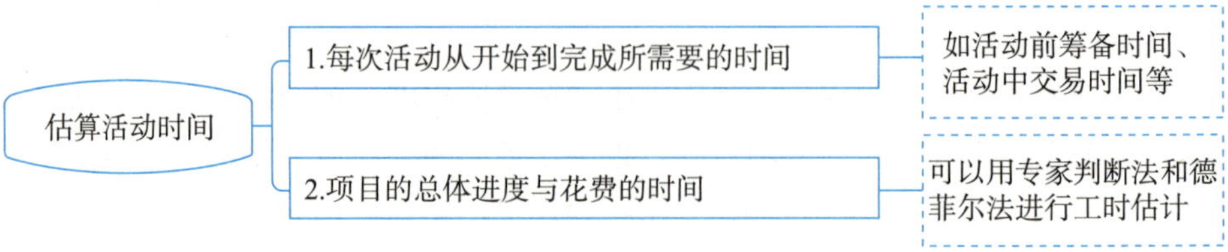

图 4－15 估算活动时间

任务工单 2

任务名称	估算活动的时间
地　　点	
日　　期	
任务目的	进行实操演练和角色模拟，在实际演练过程中完成对时间规划表的编制并对活动有更深的理解。
任务内容	某校会展专业学生准备在校园举办一次大学生用品展，请策划组对活动的各项工作进行时间估算。
建议学时	0.3～0.5 时
操作提示	注意交叉工作的时间安排。
任务实操	(1) 全班分组，1 人或 2 人一组，进行讨论； (2) 根据校园大学生用品展的 WBS，分析各项活动持续时间的约束条件； (3) 估算各项活动持续的时间，利用时间规划工具进行分析； (4) 全班展示分享。

四、编制活动项目进度计划

活动项目进度计划可以文字描述，也可以图表的方式呈现，后者更直观清晰。常用的方法和工具有 4 种：项目进度计划表、甘特图、里程碑计划表、关键路径法。

（一）项目进度计划表

项目进度计划通常以表格文件的形式呈现，对项目中各项任务的工作内容、负责人、开始时间、完成时间、工期等加以说明。它把整个项目拆细为工作组，设置组长组员，明确工作内容和职责，明确截止日期，如表 4－4 所示。之后，促使工作逐步推进，如表 4－5 所示。

表 4－4 项目进度计划表（简表）

文档编号		制表人		制表日期	
项目名称				项目经理	
工作内容	负责人	计划开始时间	计划完成时间	计划工期	备注

表 4-5 工作推进表（Timeline）（详表）

项目	描述	负责人	起始日期	结束日期
项目策划				
项目要求	场地确认			
	需求确认（参会人数、时间、日程规划等其他具体需求）			
方案管理	活动方案提案稿提交			
	活动方案提案稿反馈			
	活动方案修改版提交			
	活动方案修改版反馈			
	确认供应商			
项目进度管理	时间表提交			
	时间表确定			
费用管理				
活动费用管理	提案报价提交			
	调整报价提交			
	方案修改中报价实时调整			
	活动后结算提交			
	活动后结算的最终确认			
项目人员管理				
内部人员管理	核心团队人员确定、启动			
	项目组内部总体分工			
项目团队对接	建立内部和外部通联表、人员分工安排			
	项目启动会，人员分工对接			
	内部和外部进行沟通并建立交流群			

任务工单 3

任务名称	制订时间规划表
地　　点	
日　　期	
任务目的	深入理解项目时间安排，在实际操作中完成时间规划的建设。
任务内容	**情境资料：** **兰蔻（Lancome）发布 2020 年下半年护肤彩妆新品** 作为全球高档化妆领军品牌，兰蔻始终怀抱着让女性更美丽、更幸福的愿景，以品质卓越的美妆臻品展现品牌所推崇和追求的女性特质，为万千女性缔造非同以往的美丽传奇。2020 年 7 月 20、21 日，兰蔻在北京举办新品发布会。众多媒体朋友、网络达人倾情出席，共同体验兰蔻 2020 年下半年全新震撼新品，感受从护肤到彩妆的法式魅力。 此次，兰蔻发布 3 种新品：全新兰蔻持妆粉底棒，全新兰蔻持妆粉底液，全新兰蔻菁纯漆光水唇露。此次发布会拟定在王府井新天地购物中心举行。 请你根据以上材料制订发布会的时间推进表。
建议学时	1 学时
操作提示	注意情境代入，想活动主办方之所想；利用所学工具进行分析。
任务实操	（1）3 人或 4 人一组分工协作，组长做好安排； （2）通过材料，小组人员进行整体活动的活动项列举，顺序分类； （3）建立简单的时间推进表； （4）在时间推进表的基础上进行可行性分析； （5）全班展示汇报、互评，最后师生总结。

（二）甘特图

甘特图又称横道图或条状图，以图示的方式通过活动列表和时间刻度形象地表示出任何特定项目的活动顺序与持续时间，用于项目计划和项目进度的安排。

其横轴表示时间跨度，纵轴表示活动（项目），线条表示在整个期间上计划和实际的活动完成情况。它直观地表明任务计划在什么时候进行及实际进展与计划要求的对比。项目经理通过甘特图完成项目排期工作，包括：项目任务分解、项目任务计划、项目资源分配、项目进度更新。甘特图应用领域十分广泛。

（1）甘特图的表现形式（见图 4－16）。

项目	工作内容	开始时间	完成时间	5 月			6 月				7 月	
				5.11—5.15	5.18—5.22	5.25—5.29	6.1—6.5	6.8—6.12	6.15—6.19	6.22—6.24	6.28—7.3	7.6—7.10
前期准备	制作项目预算	5 月 11 日	5 月 12 日									
	确认线上培训平台与考试平台	5 月 12 日	5 月 13 日									
	确认项目的法务流程与财务流程	5 月 13 日	5 月 15 日									
	明确课程和岗位的匹配度	5 月 13 日	5 月 15 日									
	确认物料供应商	5 月 18 日	5 月 20 日									
	完善项目方案	5 月 18 日	5 月 29 日									
中期完善	根据实习岗位重新确认课程	5 月 18 日	5 月 22 日									
	制作新的课程	5 月 18 日	6 月 12 日									
	项目相关配套资料	6 月 3 日	6 月 12 日									
	授课前讲师试讲	6 月 15 日	6 月 19 日									
	制作相关物料	6 月 15 日	6 月 19 日									
后期执行	对接确认学员资料与培训流程	6 月 23 日	7 月 1 日									

图 4－16 甘特图示例

（2）绘制甘特图。

Projet2007（项目管理软件程序）和 Excel（微软办公套装软件）是绘制甘特图常用的两种工具，在办公自动化应用领域很广泛。

甘特图版
伦敦奥运会赛程表

（三）里程碑计划表

项目的里程碑是指具有历史性的重要事件，它对整个项目具有重大的影响，对其他工作具有非常重要的参考价值。里程碑是以项目中某些重要事件的开始时间或结束时间作为基准图表绘制的一种方法，是一个战略计划或项目框架，是编制更细的进度计划的基础，如表 4－6 所示，通常与甘特图配合使用。

表 4－6 里程碑计划表

里程碑事件	1 月	2 月	3 月	4 月	5 月	6 月	7 月	8 月
	上中下	上中下	上中下	上中下	上中下	上中下	上中下	上中下
制定目标	15/1▲							
制订营销计划		1/2▲						
参展商宣传		15/2▲						
观众宣传		15/2▲						

（四）关键路径法

关键路径法（Critical Path Method，CPM）是一种基于数学计算的项目计划管理方法，关键路径法将项目分解成为多个独立的活动并确定每个活动的工期，然后用逻辑关系（结束—开始、结束—结束、开始—开始和开始—结束）将活动连接，从而能够计算项目的工期、各个活动时间特点（最早和最晚时间、时差）等。

相关链接

项目进度计划表、甘特图、里程碑计划表三种方法的比较见表 4－7。

表 4－7 三种方法的比较

方法类型	优点	缺点	适应的项目类型
项目进度计划表	时间界定清楚，任务内容详细	过于细化，宏观性较差	小型、简单活动项目，充裕筹备的项目
甘特图	简洁明快，清晰直观，在进度报告中很有效；在做管理陈述时易于读懂和使用	内容较简单，时间不确切	小型、简单活动项目，紧急筹备的项目
里程碑计划表	重点突出，全局控制性强，表明重要的事件；有利于与客户或上级沟通项目状态；有利于向上级和客户汇报及沟通	时段不明显，内容不显	大型、复杂活动项目，紧急项目

任务工单 4

任务名称	绘制项目的甘特图和里程碑计划表
地　　点	
日　　期	
任务目的	通过业务情境资料进行实操演练和角色模拟，在实际演练过程中完成对时间规划表的建设，并对活动具有更深的理解。
任务内容	阅读本任务“引申资源”中的“第六届××博览会项目工作进度计划”资料，完成以下任务： （1）绘制第六届××博览会项目甘特图； （2）绘制第六届××博览会里程碑计划表。
建议学时	1～1.2 时
操作提示	注意情境代入，想活动主办方之所想；利用所学工具进行分析。
任务实操	（1）通过案例资料，小组人员分析该项目进度内容，找出活动项，顺序分类，然后绘制博览会项目的甘特图和里程碑计划表； （2）建议使用 Excel 软件，完成后分组展示； （3）师生共评并总结。

引申资源

第六届××博览会项目工作进度计划

一、2022 年工作进度安排

11 月中旬召开第六届××博览会组委会秘书处第一次工作会议，印发第六届××博览会方案（讨论稿），全面启动第六届××博览会筹备工作。

11 月下旬召开第六届××博览会筹备工作动员大会，对参与筹备的单位和部门做出安排和部署，动员各涉会单位全力以赴做好筹备、准备工作。全面启动招商、邀商和项目对接及招展、组展工作。

12 月中旬召开第六届××博览会组委会工作会议及组委会秘书处第二次工作会议，听取前期筹备情况汇报，研究部署下一步筹备工作。

二、2023 年工作进度安排

1 月中旬召开第六届××博览会深圳新闻发布会。

2 月上旬召开第六届××博览会组委会秘书处第三次工作会议和组委会第一次工作会议，通报筹备工作进展情况，研究确定各项活动方案，明确工作任务和需要解决的问题，安排部署下一步筹备工作；召开第六届××博览会上海新闻发布会。

3 月上旬召开第六届××博览会组委会秘书处第四次工作会议，通报前期筹备情况，安排部署下一步筹备工作；召开第六届××博览会北京新闻发布会。

4 月上旬召开第六届××博览会组委会秘书处第五次工作会议，全面听取各项重大活动筹备安排情况，统筹安排部署大会期间的各项工作。

4 月 23 日召开第六届××博览会上海第二次新闻发布会。

4 月 27 日组委会、筹委会领导检查市容市统、宣传广告、营造氛围情况，检查主要涉外宾馆大会接待情况。

4 月 28 日组委会领导检查文艺晚会、开幕式等重大活动现场准备情况。

4 月 29 日召开第六届××博览会组委会第二次工作会议，全面检查筹备工作的落实情况：预展（组委会领导检查会展中心布展情况）。

5 月 2 日会议报到，欢迎晚宴、领导巡馆。

5 月 3～5 日开幕式、文艺晚会、高峰论坛、投资贸易展览、专项洽谈、项目签约、成果发布等活动。

服务出海 再续世“缘”！中青旅博汇获 2022 荷兰世园会中国园独家运营授权

校园项目执行进度表模板

任务四 实施宣传推广

学习目标	
知识目标	熟悉活动宣传推广的目的和内容； 对活动宣传推广媒介的材料、道具、途径、种类及实施成本有所了解； 了解活动宣传推广的计划。
能力目标	确定活动宣传推广的目标受众； 选择合适的媒介进行宣传推广； 策划和撰写常用的宣传推广文案。
素养目标	具备基本的审美欣赏能力； 培养学生团队合作精神和全局意识； 提升服务意识和职业意识，增强克服困难的意志。
任务描述	
宣传推广是活动前期筹备阶段非常重要的工作之一，有两大作用：一是吸引更多的人报名参加活动；二是提高知名度。本任务将引领学习如何对项目进行宣传推广，如何实现宣传推广的目标。	
实施提示	
宣传推广贯穿于活动整个项目的始终，宣传做得如何直接关系到活动的成败，所以要提前确定宣传推广的目标，制订周密的计划，使用有效的媒介，还要进行新闻推广，确保活动成功举办。	
业务流程	

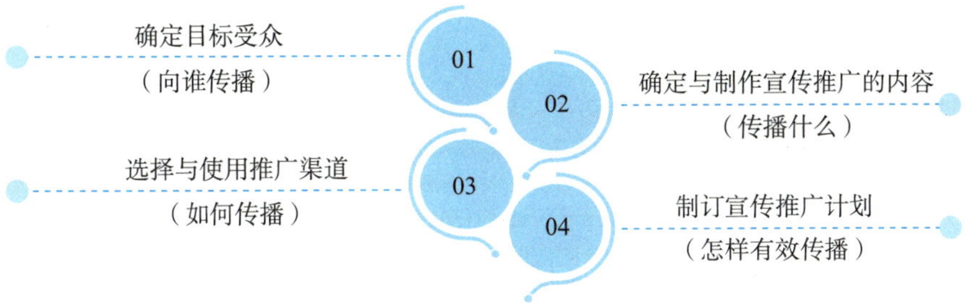

知识补给站

活动的宣传推广是活动项目管理的一项重要工作，宣传推广的效果是检验活动是否成功的重要指标。

一、活动宣传推广的目的与时机

（一）目的

熟知活动，扩大影响；吸引受众，促进销售；建立品牌，提升知名度与美誉度。

（二）时机

宣传推广工作贯穿于活动的始终，在活动之前、之中、之后都应开展。

(1) 活动前宣传推广是为活动项目造势的最重要时段，重点工作是促进参与者对活动的印象逐渐加深，注意宣传推广的连续性和适度密集性；

（2）活动中应考虑加强宣传推广攻势，及时报道活动进展情况，扩大活动的影响力；

（3）活动结束后工作重点转为配合后期的跟进工作，如媒体报道，宣传活动的效果，收集与整理活动资料，答谢相关客户等。

二、活动宣传推广的内容

主办方可以根据活动规模的大小选择相应的宣传推广内容。

（1）宣传活动基本信息：活动的时间、地点、交通、住宿、接待事宜；组织机构；历届活动的丰硕成果、行业和社会评价；活动的主题与主要活动内容；参加的条件与办法。

（2）宣传活动内容：着重宣传突出活动的特色、亮点、重要参加人和活动价值等。

（3）宣传活动品牌：将活动项目逐步发展为国内外具有重大影响力的品牌活动，是每个主办单位的不懈追求。因此，应着力宣传活动的特色，突出不可替代性。

任务实施

一、确定活动目标受众

确定活动目标受众是确定宣传内容及渠道的前提。对主办方来说，接收信息的受众看起来愈多愈好，但实际上活动的定位决定了它不可能吸引所有受众来参加，因此，信息的精准传播和触达更为重要。

（一）分析目标受众

对目标受众的定位分析一般要分析 4 个要素，如图 4－17 所示。

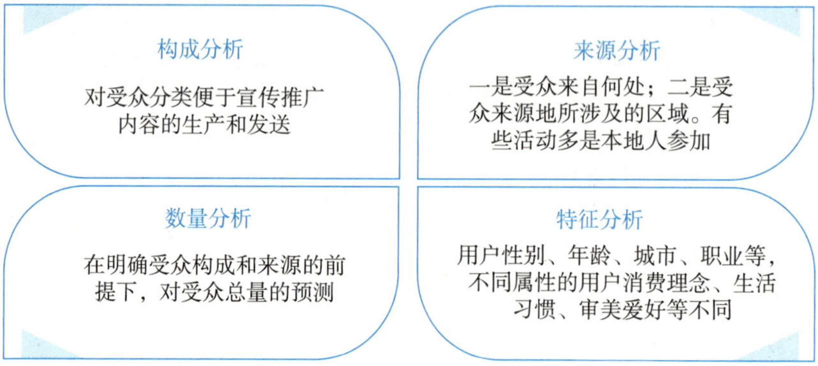

图 4－17　对目标受众定位分析

（二）定位用户画像

这是一种将用户属性、行为等信息以图像的形式直观地展示出来，以方便营销人员进行用户定位的有效工具。它是实际用户的虚拟代表，能够将产品或品牌的主要受众和目标群体通过数据进行展示，从而实现数据的统计分析。

用户画像（User Profile）的核心是给用户贴标签。标签的集合可以抽象出一个用户的信息全貌。如表 4－8 和表 4－9 所示。

表 4-8 C 端用户画像标签体系

基本特征	社会特征	偏好特征	行为特征
性别 年龄 学历 地域（居住地）等	婚姻 家庭 社会角色 社交 职业 收入状况 资产状况等	（1）兴趣偏好：浏览/收藏内容、时间/频次、评论内容、互动内容等； （2）消费偏好：品牌偏好、产品偏好、价格偏好、潜在需求等	（1）上网行为：使用的手机、浏览的内容、访问时长、页面停留时间等； （2）消费行为：购买渠道、购买频次、客单价、最近一次消费日期等

表 4-9 B 端用户画像标签体系

基本特征	用户角色	偏好特征	行为特征
地域 行业 规模 营业额 经营状况 行业排名、地位 发展速度等	产品需求者 产品使用者 采购者 审批者	品牌 质量 价格 ……	需求发起 采购行为 沟通行为 使用行为

（三）确定目标受众

（1）根据活动定位来确定目标受众的大致范围；

（2）根据用户画像选择适合的渠道，精准推送宣传推广信息。

第十八届北京大兴安定桑葚旅游文化节实施方案

任务工单 1

任务名称	确定活动宣传推广目标受众
地　　点	
日　　期	
任务目的	能够确定活动宣传推广目标受众，进行用户画像。
任务内容	**情境资料：** 北京大兴区安定镇依托西山永定河文化，发挥产业优势，融合文旅资源，于 2001 年创办了大兴安定桑葚文化节，迄今已有 20 多年的历史，取得了较好的经济效益和社会效益。该镇将于 202×年 5 月 20 日—6 月 20 日举办第 19 届桑葚文化节，宣传推广工作即将开始。 请你阅读二维码“第十八届北京大兴安定桑葚旅游文化节实施方案”，并上网查找资料，完成以下任务： （1）确定宣传推广的目标受众； （2）为不同的目标受众做出用户画像。
建议学时	0.5～1 学时
操作提示	（1）注意团队合作，进行合理分工； （2）网络查询更多桑葚节信息，完成工作任务。
任务实操	（1）分组，每组 5～8 人，团队合作完成任务； （2）利用网络搜索大兴安定桑葚旅游文化节资料； （3）利用头脑风暴法，根据所学知识进行分析判断； （4）各组需做出 PPT 进行汇报展示。

二、制作宣传推广的内容

活动宣传推广的内容应根据不同阶段的工作重点来确定，并会形成各阶段所需的宣传文案，表 4－10 列举了常用的文案种类及用途。

表 4－10　活动项目宣传推广文案的种类与用途

序号	文案种类	用途	说明
1	邀请函	邀请受众参加活动	用于广泛邀请
2	新闻稿	媒体宣传	用于宣传
3	礼仪信函	邀请嘉宾、感谢客商参加活动	—
4	服务手册	提供服务指引	用于广泛邀请
5	工作简报	反映项目组织工作进展情况	应合作方需要提供
6	广告文稿	活动广告的文字稿	—
7	致辞讲稿	出席活动开幕式/展/会的嘉宾讲稿	代拟稿
8	会议/活动组织方案及服务手册	组织配套会议/活动	方案对内，手册对外
9	活动评估报告	总结评估活动效果	用于对外公布
10	合作协议	用于合作伙伴	—
11	其他	根据需要撰写	—

任务工单 2

任务名称	活动宣传内容的确定及制作
地　　点	
日　　期	
任务目的	能够确定、生产和制作活动项目不同阶段宣传推广内容。
任务内容	根据本任务工单 1 中的情境资料完成以下任务： （1）确定桑葚文化节项目不同阶段的宣传推广内容，做出表格； （2）请为桑葚文化节撰写一篇软文（用于微信公众号）；设计 Logo；制作 1 分钟的介绍桑葚文化节的视频。
建议学时	4 学时
操作提示	（1）注意团队合作，进行合理分工； （2）网络查询相关素材，完成工作任务。
任务实操	（1）分组，每组 5～8 人，团队合作完成任务； （2）软文注意图文并茂、排版美观，要求插入视频、图片、音乐； （3）使用 PS 软件设计海报； （4）各组需做出 PPT 进行汇报展示，要求每个人各讲一部分。

三、选择与使用推广渠道

（一）充分了解媒介

在进行活动宣传推广时，应充分考虑各种媒介的优缺点，取长补短，组合使用。主要的媒介有广告、软性文章和图片、新闻、直邮派发、公关活动、人员和机构推广、路演展演等。

宣传推广各媒介特点及使用范围

（二）选择媒体与媒介

1. 媒体的主要分类

活动项目传播的信息分为新闻信息和广告信息两类。新闻媒体也是广告媒介，如报纸、期刊、网站等，但广告媒介并非都是新闻媒体，如路牌、橱窗、传单等。活动项目常用媒体分类如表 4－11 所示。

表 4－11 活动项目常用媒体分类

媒体分类	以文字报道为主的媒体	以短视频报道为主的媒体
自有媒体	网站、微信公众号、微博、App、头条号等	抖音、快手、微信、视频等自有账户
外介媒体	报纸、期刊、电视、电台、网站等	抖音、快手、微信、视频号等

2. 广告传播

活动项目利用媒体及媒介发布广告包括两方面：一是发布宣传自己的广告；二是对外承接发布客户的广告，集中于活动举办期间对外发布，需要通过媒介进行发布。如表 4－12 所示。

表 4－12 活动项目发布广告的常用媒体及媒介

媒体	媒介
自有媒体：网站、微信公众号、微博、传单等	活动现场背景板、门票、证卡、吊旗、地贴、气球、拱门、易拉宝等
外介媒体：报纸、期刊、电台、网站、头条、抖音等	百度竞价排名、网络百科、路牌、公交车体等

（三）使用宣传推广渠道

常用的活动宣传推广渠道有自媒体、外媒体平台、报名平台宣传、行业好友宣传、报名用户宣传、行业组织、社群宣传、其他等。

B2B 企业数字营销趋势

论坛年会传播方案

世界杯营销，麦当劳如何玩转

任务工单 3

任务名称	活动宣传推广渠道的选择与使用
地　　点	
日　　期	
任务目的	了解微信公众号、订阅号、抖音的特点及使用方法。
任务内容	网络查找节庆类活动的宣传推广渠道，尤其是新媒体平台，例如青岛啤酒节微信公众号、抖音账号，了解其特点及使用方法，学习它们的设计版式、推文内容及发文节奏等，尝试为桑葚文化节申请微信公众号及抖音账号。
建议学时	1 学时
操作提示	注意团队合作，进行合理分工。
任务实操	（1）分组，每组 5～8 人，团队合作完成任务； （2）注意观察青岛啤酒节微信公众号及抖音账号的版式设计及平台账号使用规则和条件； （3）梳理青岛啤酒节微信公众号发布的内容，进行分类、分析； （4）为桑葚文化节申请微信公众号，完善公众号资料信息，同时申请抖音账号，总结账号的发布内容和发布节奏； （5）各组做出 PPT 进行汇报展示。

任务工单 4

任务名称	活动宣传推广渠道的选择与使用
地　　点	
日　　期	
任务目的	能够掌握不同媒体媒介的特点与使用方法，选择适当的媒体媒介进行活动宣传推广。
任务内容	根据本任务工单 1 中的情境资料完成以下任务： （1）确定桑葚文化节宣传推广媒体及媒介，做出表格或矩阵，分析其合理性； （2）完成桑葚节账号版面、版式设计及包装，发布微信公众号推文及抖音视频。
建议学时	1 学时
操作提示	（1）注意团队合作，进行合理分工； （2）账号申请需课前完成。
任务实操	（1）分组，每组 5～8 人，团队合作完成任务； （2）微信公众号注意版面设计美观，功能栏合理，抖音账号注意包装； （3）各组需做出 PPT 进行汇报展示，要求每个人各讲一部分。

四、实施宣传推广计划

为了提高活动传播的效率，活动主办方或组织方需要根据不同的目标市场和各阶段宣传的特点，制订相应的宣传推广计划，有步骤、有目标地进行传播。

首先，宣传前工作人员应熟悉有哪些业务环节，按照策划的业务流程逐步实施。可以参照图 4－18 执行。

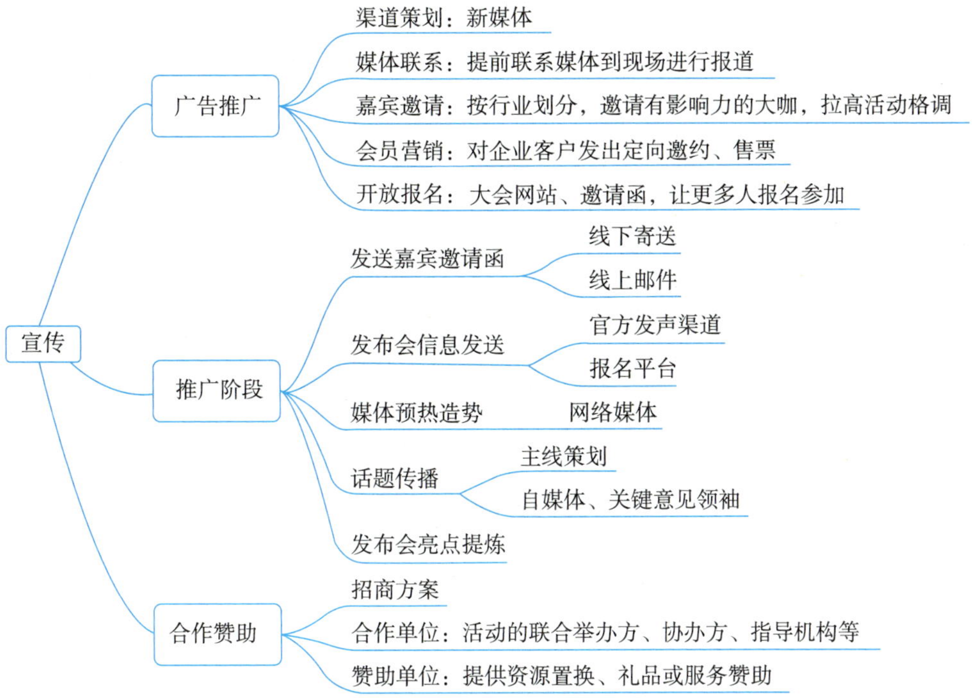

图 4－18 宣传推广业务环节

其次，制订相应的宣传推广/传播计划。常见的实施工作包括广告宣传推广计划、新闻媒体宣传推广计划和整体宣传推广进度计划等，如表 4－13 所示。

表 4－13 活动整体宣传推广计划进度表

时间节点	宣传推广组合	宣传推广措施	宣传推广目标	费用预算	负责人

此外，如果活动需要招商，就要做招商方案，包装一份吸引合作方的赞助权益的产品包，在宣传过程中进行资源整合，将活动影响力做起来。同时，在招商宣传的手段上，从视觉上使用 H5 广告页面、倒计时海报、朋友圈九宫格海报、给嘉宾的专属邀请函等。

如果单独以文件形式呈现，就需要撰写完整的活动宣传推广计划书，其结构和内容见表 4－14。

表 4-14 活动宣传推广计划书结构和内容

结 构	内 容
前言	活动名称，时间，地点； 活动 Logo； 日程计划； 制作人
活动介绍	活动概要：如日期、地点、时间、内容等
项目背景	利益相关者及合作伙伴； 简述活动历程及宗旨
市场分析	市场调研与评估； SWOT 分析； 竞争者分析
目标受众	现有客户分析； 潜在客户分析
推广目标	简述具体的目标及实现方式、完成时间、完成标准等
推广策略定位及关键点	描述活动定位； 简述关键点
推广方法与策略	简述推广方法，客户的来源与目的； 审视相关条件（资金、人力及时间）是否能够保证活动的正常进行； 推广意见与建议

任务工单 5

任务名称	活动宣传推广计划的制订
地 点	
日 期	
任务目的	能够根据活动项目情况制订活动推广计划。
任务内容	根据本任务工单 1 中的情境资料完成以下任务： (1) 组建宣传推广工作团队； (2) 制订安定桑葚文化节整体宣传推广工作计划。
建议学时	4 学时
操作提示	(1) 注意团队合作，进行合理分工； (2) 组建工作团队要注意优势互补。
任务实操	(1) 分组，每组 5～8 人，团队合作完成任务； (2) 整体宣传推广工作计划要注意合理性； (3) 各组需做出 PPT 进行汇报展示，要求每个人各讲一部分。

五、把握宣传推广的节奏

梳理活动宣传推广的要素内容，然后进行排列组合，就可以组合出宣传推广/传播的节奏和顺序，帮助工作人员快速组织和执行。可以从时间维度、传播渠道和宣发的形式 3 个维度开展宣传推广工作，如表 4 - 15 所示。

表 4 - 15　传播节奏表

相关方	传播渠道	形式	工作明细	完成时间	责任人
活动前期宣发					
主办方	官方渠道	官网制作活动专题页			
		公众号发布活动预告文章			
		微博海报发布、话题维护、互动			
		视频号/抖音宣传视频			
	付费渠道	微信朋友圈广告投放			
		抖音信息流广告投放			
		行业相关网站/App 广告投放			
		线下渠道（电梯、地铁等）投放			
关键意见领袖	自有渠道	公众号/抖音/微博等活动推广			
	朋友圈	"晒"邀请函，或"晒"礼物，或产品试用			
媒体	自有渠道	"晒"邀请函，或"晒"礼物，或产品试用			
活动当天					
主办方	自媒体矩阵	精彩花絮、干货、观点等传播			
	直播平台	照片直播、视频直播分享			
	社群	图文播报（照片/视频/干货）			
	员工朋友圈	图文播报（照片/视频/干货）			
关键意见领袖	自有渠道	现场直播、精彩分享			
	朋友圈	分享活动照片、视频、观点等			
参会人	朋友圈	通过机制/物料引导参会人主动分享（比如将活动干货/观点制作成海报发给参会人）			
活动后					
主办方	自媒体矩阵	现场精彩花絮、采访等视频剪辑			
		活动回顾文章发布			
		活动总结文章/视频（如活动干货集锦、1 分钟回顾××发布会）			
媒体	各渠道	新闻稿（门户网站、新闻网站、行业网站等）			
关键意见领袖	自有渠道	在自有渠道发布的相关内容中是否有高水平的内容，如独特视频、漫画等			
嘉宾	自有渠道	分享活动相关内容（可以将嘉宾的演讲视频做成观点集锦并进行剪辑，让嘉宾愿意并主动在自有渠道宣传分享）			

注：此表格仅以一些关键要素做示例，可根据实际情况进一步细化。

活动结束后，宣传人员还需进一步分析活动到底产生了什么效果，传播效果如何，发稿量是多少，沉淀多少客户，完成多少销售额。此时用传播效果统计表（Media Review）可以形成完整、直观的观察和判断，如表 4-16 所示。

表 4-16 媒体传播效果统计表

媒体	形式	链接	发布时间	效果统计	费用统计
××公众号	线上图文				
××公众号	线上图文				
××公众号	线上图文				
××报纸	报纸				
××报纸	报纸				
××报纸	报纸				
××网站	线上图文				
××网站	线上图文				
××网站	线上图文				

任务工单 6

任务名称	宣传推广的节奏
地　　点	
日　　期	
任务目的	了解并掌握活动目标实现的途径。
任务内容	请就近期参与过策划执行的校内外活动（可以是公益的，也可以是商业的），总结这次活动的营销和宣传推广活动，分析活动产生了什么效果，传播效果如何，有哪些数据。进行复盘总结。
建议学时	1～2 学时
操作提示	活动营销和宣传推广跨时长，每个阶段形成完整、直观的观察和判断。
任务实操	（1）分组，回顾和查找各阶段的数据，总结提炼效果； （2）相关内容可以根据传播效果统计表（表 4-16）进行完成，最后全体总结； （3）如有条件召开复盘总结会，各抒己见，最后结合传播效果统计表形成总结报告。

任务五 组织赞助招商

学习目标

知识目标	了解大型活动赞助招商的概念； 了解赞助招商的模式和类型； 熟悉赞助招商的程序。
能力目标	辨析不同种类的赞助合作模式； 团队合作完成赞助招商计划书； 掌握赞助招商沟通技巧。
素养目标	增强为社会经济发展贡献力量的信念； 培养透过现象剖析事物本质的能力。

任务描述

赞助招商是活动营销的一种普遍的模式，其双赢的结局吸引着无数的赞助商和活动的主办方，通过赞助可以获得潜在的商机和利润。那么依托于自身项目，主办方如何开拓赞助商？怎么最大限度地挖掘可以引导赞助的条件？以及如何制作商业的赞助手册？本任务将一一进行解答。

实施提示

活动的赞助招商对于赞助商和主办方而言是双赢，需要兼顾双方的需求。作为主办方团队，如何挖掘赞助商的利益点，找到客户需求所在，是能否完成赞助招商的关键因素。

业务流程

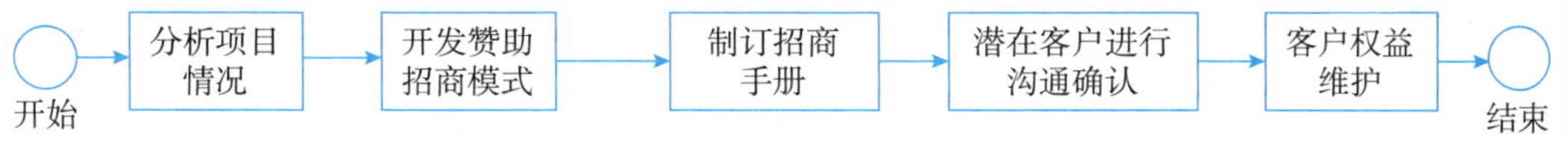

知识补给站

一、活动赞助

近年来，活动的赞助成分越来越重，赞助已经成为活动营销中一种普遍的形式，这种双赢的结局吸引着无数的赞助商和活动的组织者。

（一）赞助的概念

赞助，是指某一单位或者某一个人拿出自己的钱款或者物资交付给另一个单位或个人，进行有偿或无偿的帮助。对于大型活动而言，赞助更偏指向通过提供有形资源（资金、实物等）或无形资源（技术、服务等），与活动的主办方进行商业上的合伙参与开发，获得一定的回报（冠名、广告、专利和促销等权利），以达成各自组织目标的一种特殊的商业活动，也是平等合作、互利双赢的商业行为。

（二）活动赞助的意义

对于活动的赞助商来说，赞助是一个绝佳的投资与营销的机会，通过赞助过程可以获得潜在的商机和利润。对于大型活动的组织者来说，招商与赞助是一种新兴的营销沟通工具，同时也是活动得以顺利进行的一种重要的保障，赞助已经成为资金流的关键部分。如北京2022年冬奥会，有超过45家的赞助商，超过20亿人次的关注度以及100亿的电视曝光量，极高地提升了赞助商的知名度和大众认同感。

二、活动赞助的分类与模式

（一）赞助的分类

根据不同的标准，赞助可以划分为不同的类型。

(1) 按照赞助内容导向：赞助有现金赞助、实物赞助、现金与实物两者相结合的模式。这三种赞助模式在大型活动中较为常见。如上海世博会、迪拜世博会，大量的赞助商采取钱物结合的模式。

(2) 按照赞助形式：可分为独家赞助、联名赞助。

(3) 按照赞助对象：可分为单项赞助、多项赞助、冠名赞助等。

（二）区分赞助商的级别

一般情况下，赞助商的类型有独家赞助商、联合赞助商、实物赞助商、媒体赞助商，另外可以根据赞助的现金数额、提供的实物及服务和对应的回报条件给赞助商分级。

大型活动的赞助是采取混合型模式进行的，从不同的维度对赞助商进行分级，例如根据不同的赞助额度将赞助商的级别进行分类，像迪拜世博会中国馆的赞助商是依托于赞助额度的不同分为战略合作伙伴（500 万级别），官方合作伙伴（300 万级别），一般合作伙伴（100 万级别）；赞助商的赞助额度也是可以以纯现金形式或者现金与实物相结合模式进行赞助。

例如，2022 北京冬奥会和冬残奥会市场开发计划主要由赞助计划、特许经营计划、票务 3 个部分组成。赞助计划分为了官方合作伙伴（11 家）、官方赞助商（11 家）、官方独家供应商（10 家）以及官方供应商（13 家）4 个等级。

所有的赞助商都希望受赞助单位不但能提出一个赞助的好理由，还要给赞助单位一个好的期望。这些期望主要是对赞助回报条件的要求，以此来达到赞助的目的和效果。活动的组织者必须根据赞助商的期望做好赞助回报方案。当然，组织者也需量力而行，合理制订赞助回报条件。

任务实施

实施活动的赞助招商，大致经过以下 5 个程序。

一、评估活动方案

（一）精准调研

赞助的本质是一场商业性活动，企业赞助的目的是获利（实物或非实物），而许多大型活动的招商人员缺乏对赞助商市场进行深入的调查研究，导致营销活动最终失败，所以前期一定要花一定时间评估活动方案，才能做出最有效的招商方案。

例如：2020 年迪拜世博会中国馆的特许店，曾经有一家赞助商希望以全实物的形式赞助一批价值 10 万元的中国馆场馆模型摆件。如此赞助并没有降低组织者的开销，而且这种摆件因为具有特殊性，也只能在世博会期间有销售量；同时也没有达到赞助商所要得到的正面效果，可以说是一次不成功的赞助活动。

前期对于目标所在的市场需要进行精准的调查和研究，对后期获得成功的赞助是必要且关键的，将赞助因素与赞助公司的经营哲学与经营目标紧密结合，赞助建议就会变得非常有效。

（二）评估活动回报

分析活动项目方案，对活动回报进行评估，一般可按照以下形式进行分析，如表 4－17 所示。

表 4-17 活动赞助回报的形式

赞助回报项	具体收益内容
冠名权	赞助商的名字出现的方式。
印刷广告	包含赞助商名字的活动秩序手册、文具用品、海报、T恤、门票和媒体发布。
媒体宣传	电视和广播宣传以及将来使用活动录像的权利。
活动举办地现场标识	旗帜，售货亭广告或其他标志。包括标识的数量、大小、摆放位置（提供现场新闻照片及视频影像记录），以及标识摆放所产生的相关衍生费用的优惠。
前期促销	场馆开放日、名人签名活动及新闻发布会。
活动中期促销	售货亭的摆放，品尝产品，在志愿者服装上标注赞助商的名字等。
娱乐机会	包厢、预订座位、空中观赏、贵宾停车位、接待帐篷、餐饮招待处、交通和住宿。
渠道人脉	建立赞助商、观众和慈善组织（慈善相关营销）之间的关系。
标识标志	赞助商在广告和促销活动中使用活动标识。
场地权益	商品活动场地的销售权。
其他权益	邮寄名单； 经活动主办方同意的市场研讨会； 媒体宣传和内部研究结果的终结报告书（如赞助商和活动公众形象回顾）； 续约优先权，保留赞助的优先权； 通过活动营销计划帮助赞助商扩大商品或服务的销售。

二、挖掘活动赞助的吸引点

项目评估之后，就要依托项目的优势与特点撰写赞助招商计划，需要列明所有赞助商的获益点。如果可以，应该尽量写明可评估的同等价值，如媒体报道的广告同等价值等。

赞助商的获益点一般为：

（1）在活动期间，赞助商是否有机会促销产品或服务？

（2）对潜在赞助商最有价值之处的展露度如何？

（3）活动将会得到媒体报道吗？媒体是什么级别的？

（4）活动的地点和经费？

（5）其他宣传方式如T恤、门票、横幅张贴、海报、气球等悬挂物及带有公司标记的印刷材料有哪些？

（6）其他增值和扩大活动的影响方式有哪些？

（7）有无赞助商的员工参与活动？

例如：2020年迪拜世博会中国馆的特许店，泡泡玛特作为中国馆特许商店的战略合作伙伴，其赞助权益表现为特许店的核心展示位、冠名迪拜世博会中国馆特许商店合作伙伴的名头、国家级新闻媒体报道。

三、寻找潜在赞助商

这是一项费时而需要耐心的工作，任何与活动有关的或者与活动有业务往来的公司都有可能成为赞助商。

（一）选择赞助商要考虑的关键点

（1）必须考虑活动类型和规模：目标受众是谁？是否了解他们？活动在哪个时间段进行？估计参与的人数。一般不能同时要求互相之间有竞争关系的公司成为赞助商。

（2）赞助商宣传、展露和参与的痛点，促销的发力获利点，如参与人员的资料信息等。

（3）必须考虑赞助的形式，是现金、实物还是人力？不要忽视实物赞助和提供的服务，这些能抵消成本的赞助形式与现金具有同等价值。

（4）结合企业的目标市场和经营目标，根据以上的考虑列出本次活动的赞助商名单。

（二）研究赞助商

在接触一个潜在的赞助商之前，需要对赞助商的业务进行一些研究。比如公司的经营哲学是什么？该公司有没有赞助经费和赞助计划？该公司做预算的时间一般在什么时段？该公司过去所赞助活动的类型是什么？最近相关媒体报道有哪些？潜在赞助商所在行业发展趋势怎么样？广告策略如何？该公司企业形象宣传推广、顾客关系和经济发展方面的目标是什么？赞助的决策者是谁？所有这些可以从公司的年报、报纸杂志、合作伙伴等处了解到。

任务工单 1

任务名称	分析挖掘潜在赞助商
地　　点	
日　　期	
任务目的	运用所学知识，针对此次活动预想和发掘潜在赞助商的类型。
任务内容	**情境资料：** **迪拜世博会开幕** 2020 年迪拜世博会是经国际展览局正式批准的，继 2015 年米兰世博会之后的新一届注册类世博会。举办时间为 2021 年 10 月 1 日至 2022 年 3 月 31 日，历时 184 天。本届世博会参展国家及国际组织已达到 200 个以上，吸引游客 2 500 万人次，辐射周边 56 个国家、数 10 亿人口。 而作为迪拜世博会的核心场馆之一的中国馆也备受关注，迪拜世博会中国馆建筑名为“华夏之光”，外观取型中国传统灯笼，寓意希望和光明。以超大自建馆形式亮相，设计占地面积为 4 636 平方米，这是除迪拜馆外最大的外国国家馆。 中国贸促会贸易投资促进部作为中国参加国际展览局和世博会事务的主管单位，代表 2020 年阿联酋迪拜世博会中国馆组委会授权中青旅博汇（北京）会展运营管理有限公司为“2020 迪拜世博会中国馆纪念品商店特许运营商”，负责 2020 迪拜世博会中国馆纪念品商店的筹备、招商、运营和宣传等相关工作；并负责在世博会开幕期间设计、生产和在中国馆纪念品商店内售卖中国馆标志和中国馆吉祥物衍生实物文创产品。 阅读上述任务内容，进行课堂讨论： （1）根据所学知识，分析该届世博会是否可以进行招商赞助活动，该届世博会具有哪些优势。 （2）进一步分析该届世博会，如果开展赞助招商，列举潜在赞助商为哪些企业。
建议学时	1～2 学时
操作提示	注意换位思考、情境代入，想活动主办方之所想。
任务实操	（1）学生分组，每组 5～8 人，模拟组建招商工作团队，选出负责人。 （2）阅读材料，对材料中的活动项目进行分析，如： ①活动内容； ②活动性质； ③活动信息； ④活动优势； ⑤是否可以开展招商； ⑥赞助潜在回报点； ⑦潜在赞助商领域。 （3）编辑、整理、讨论并分析内容。 （4）列举潜在的赞助企业。 （5）师生分析与评价，学生写小结。

四、编制赞助招商计划/赞助招商手册

一旦深入分析了赞助商的赞助动机之后，活动组织方就可以开始制订赞助商招商计划了。编制计划的第一步是要建立一份潜在赞助商名录，分析潜在赞助商的需求。销售人员需要列出所有可赞助的项目以及可赞助的形式。赞助招商计划/赞助招商手册是进行赞助招商最为重要的工具，一份正式的赞助招商计划书如表 4－18 所示。

表 4－18 赞助招商计划书结构和内容

结 构	内 容
综述	简单介绍活动方案，赞助商的宣传点或者受益点，赞助商的投资、决策期限等。
活动简介	如果赞助商不了解主办单位，就必须简单地介绍主办方，也应对活动的背景资料，包括构思和主要参与者（领导人、名人等）做一定的介绍。
活动方案介绍	详细介绍活动方案、时间、期限、地点、活动项目、参与人数和目标受众；标明活动的目标，包括过去类似活动的资料，如新闻简报。
赞助投资方案	即详细的赞助内容，包括现金、产品、奖金、奖品、广告、促销、服务、专业咨询等，每项内容转换成定量的价格，必须清楚所有成本和利润的数量。同时，赞助的投入应与所提供的回报相关联，不要低估成本，也不要高估活动的商业价值。
赞助商的获益点	明确列出赞助商所有的展露点、宣传机会和获益点，包括无形的利益如提高组织形象、增加公众认知度等。如果可能，将所有回报进行量化。
决策期限	明确表明公司最后答复的日期和联系资料。每隔 10 天打电话跟踪，也可以要求面对面讨论细节。
附录	其他相关材料，如赞助计划书和大概预算，推荐函或支持函，新闻简报、照片，以前活动的方案，以及一切可能增强说服力的材料。

五、兑现赞助商权益并维护关系

找到一个赞助商只是工作的开始，维持与赞助商的关系与寻找工作同样重要。赞助商和主办方双方可以在许多方面互惠互利，要尽最大可能兑现对赞助商的承诺，这也是活动方的职责。每次活动之后应该立即进行一个完整的评估，包括赞助商投资回报的量化总结以及媒体报道的剪报、活动光盘、摄影资料等，一些纪念品花费不多却深受赞助商的喜爱，如 T 恤、照片或活动的录像等。

任务工单 2

任务名称	赞助活动的策划与实施
地　点	
日　期	
任务目的	学生通过实训掌握赞助的类型及赞助活动的实施，并能够从树立组织形象的角度帮助组织成功地策划和实施赞助活动。
任务内容	任务 1： 某电子公司为了提升企业形象，决定在“时光音乐会”演出团来到本市表演之时进行赞助，但是赞助企业太多，并且许多企业都比自己的企业实力强、名气大。如果公司想增加赞助金额，又在财力方面捉襟见肘，你能帮助该公司提出何种解决问题的办法？（本任务主要训练任务实操的第 1 步至第 4 步） 任务 2： 为你最喜欢的某场演唱会/音乐会/演讲比赛撰写筹资计划书，草拟赞助合同。（本任务主要训练任务实操的第 1 步和第 2 步）
建议学时	2～4 学时
操作提示	（1）本次赞助属于文化活动赞助，模拟赞助活动要主题明确； （2）要按照规范的程序和要求来进行模拟，角色模拟要提前彩排，保证效果。
任务实操	第 1 步：学生分组，每组 5～8 人。 第 2 步：制订赞助计划。赞助计划主要包括以下 10 项内容： ①活动是否符合公司的赞助原则和范围； ②活动能否提升公司的形象； ③活动能否与公司某一个产品相关联； ④冠名权的问题； ⑤展露/宣传的机会点：海报、广告、公告、展示板等； ⑥赞助的金额是否在公司的预算之内； ⑦长期的效果如何； ⑧活动能否促进业务的增长； ⑨能否获得有关参与者的资料库（包括邮件地址等，但注意隐私保护）； ⑩有无足够的时间去策划和实施赞助方案。 第 3 步：实施赞助活动。 赞助活动实施之际，往往需要举行一次赞助会，将有关的事宜公告于社会。赞助会一般由受赞助者操办，也可由赞助者操办。赞助会的操办包括以下 3 个内容： （1）场地的布置：会场的布置大小要适宜，干净整洁，灯光亮度适宜，不可过度豪华张扬。主席台的正上方，悬挂大红横幅，写“某某单位赞助某某单位项目大会”或者“某某赞助仪式”的字样。 （2）人员的选择：参加赞助会的人员既要有充分的代表性，又不必在数量上过多，除了赞助单位、受赞助单位双方的主要负责人及员工代表之外，重点邀请政府代表、社区代表、群众代表以及新闻界人士参加。 （3）会议议程：赞助会的会议议程应该周密、紧凑，会议时间不应超过 1 小时。 其议程是：一是宣布会议开始。二是有必要时奏国歌。三是赞助单位正式实施赞助。赞助单位代表首先出场，宣布赞助的具体方式或具体数额。随后受赞助单位的代表上场。双方握手。接下来，由赞助单位代表正式将标有一定金额的巨型支票或实物清单双手捧交给受赞助单位代表。必要时礼仪小姐要为双方提供帮助。以上过程中，全体与会者应热烈鼓掌。四是双方代表分别发言。先由赞助单位代表发言，阐述赞助的目的与动机，介绍本单位的简况，然后受赞助单位代表发言，集中表达对赞助单位的感谢。五是来宾代表发言。可以邀请政府有关部门的负责人讲话，主要肯定赞助单位的义举，呼吁全社会积极倡导这种互助友爱的美德。该项议程，有时可略去。至此赞助会结束。会后，双方主要代表及会议的主要来宾应合影留念。此后，宾主双方稍事晤谈，来宾即应告辞。 第 4 步：师生进行分析与评价，学生写小结。

任务工单 3

<table>
<tr><td>任务名称</td><td>制作赞助招商手册</td></tr>
<tr><td>地　　点</td><td></td></tr>
<tr><td>日　　期</td><td></td></tr>
<tr><td>任务目的</td><td>进行简单的招商手册的制作，在制作的过程中，更好地掌握赞助招商的流程。</td></tr>
<tr><td>任务内容</td><td>请你根据本任务“引申资源”中的“2020 年迪拜世博会中国馆纪念品商店市场合作手册”的任务情境资料，制作招商手册。</td></tr>
<tr><td>建议学时</td><td>2～4 学时</td></tr>
<tr><td>操作提示</td><td>赞助和招商是同时进行的，有时意义可通用。</td></tr>
<tr><td>任务实操</td><td>（1）分组讨论，分析如何制作招商手册，该招商手册包含哪些内容，并简单进行赞助商级别分类。
（2）填写招商手册内容、赞助商级别、分类依据。
<table>
<tr><th>招商手册内容</th><th>赞助商级别</th><th>分类依据</th></tr>
<tr><td></td><td></td><td></td></tr>
</table>
（3）各小组汇报展示，师生共评。</td></tr>
</table>

引申资源

重磅!2022 年荷兰世园会中国园诚邀合作伙伴

2020 年迪拜世博会中国馆纪念品商店市场合作手册

2022 年荷兰世园会中国园商业合作手册

任务六 选择与组织供应商

学习目标	
知识目标	明确供应商对活动的重要性； 理解活动供应商管理的内涵和作用； 了解活动供应商的类别； 了解供应商绩效考核的指标体系。
能力目标	根据项目情况选择合适的供应商； 按照程序组织供应商。
素养目标	培养团队合作精神，增强克服困难的意志； 提升服务意识、职业意识和全局意识。
任务描述	
活动的组织和管理是一项复杂的系统工程，会涉及很多专业化极强的工作，完全靠主办方自身资源是无法完成活动全部工作的，要保证活动的成功举办，就必须选择合适的资源供应商。本任务将带领大家了解供应商及运作的相关内容。	
实施提示	
选择供应商需要根据活动项目需求，了解活动供应商的类别、选择的标准渠道，熟悉供应商的考核指标，能够较好地组织管理，以获得更优质的产品和服务。	
业务流程	
在复杂的经营环境中，活动公司越来越注重培育核心竞争力，供应商提供的产品和服务的质量在很大程度上直接决定着活动的质量，影响着客户对活动的满意程度。选择供应商的工作流程简述如下： 制订采购计划 → 调查与开发供应商 → 选择与组织供应商 → 绩效考核供应商	

知识补给站

一、供应商的概念

活动供应商指的是那些向活动提供产品或服务并收取相应数量的货币作为报酬的实体，既可以是生产型企业，也可以是流通、服务型企业。

供应商管理是指主办方为了提升活动效果和服务质量，将非核心业务外包给有一定资质的供应商，从而开展对供应商的了解、选择、开发、组织等综合性管理工作的总称。

二、活动供应商的类别

活动运营系统的复杂性决定了供应商的多样性，涉及产业链上诸多供应服务商。

（一）按照活动项目运作规律划分

（1）场地供应商：有会展中心、会议中心、集会场所、酒租赁商、商业场所运营商等。

（2）有形产品供应商：提供食品、鲜花、旗帜、气球、灯光照明、视听设备、动物、信封、建筑材料等的供应商。

（3）服务供应商：有会展公司、公关咨询师、保安公司、烟火设计师、酒店、宾馆、广告代理商、装饰装潢师、娱乐供应商、主持人、急救公司、保险经纪人和承销商、邀请函设计师、法律顾问、交通运输公司、印刷商、特技效果供应商、同声传译、魔术师等。

（二）按照供应商对活动组织方的重要程度划分

（1）战略型供应商：是指与活动关联最强的少数几家供应商，是组织该活动的公司战略发展所必需的少数几家供应商。例如场馆、活动的总服务承包商这样的一些公司。

（2）伙伴型供应商：具有较强的专业能力与技术实力的行业龙头企业，由于其较高的技术含量，在大型的活动服务中起着关键性的作用。例如长期密切合作的一些运输公司、搭建公司等。伙伴型供应商的关系，是企业与供应商之间在相互信任的基础上，达成了一种共担风险、共享利益的长期合作关系。

（3）优选型供应商：组织活动的企业对其产品或服务的采购数量比较大，但是产品或者是服务价值不高的供应商。

（4）交易型供应商：这是作为优选型供应商的一个补充，它与活动方企业之间的业务合作比较少。当外界条件不能使前三类供应商完全满足企业需求的时候，也会考虑与交易型的供应商进行合作。

任务实施

一、制订采购计划

（一）项目采购流程

选择活动供应商首先要梳理资源，确定采购计划。采购管理是企业战略和运作管理的重要组成部分，一般由企业中高层管理人员承担。项目采购流程一般分 6 个阶段，如图 4－19 所示。

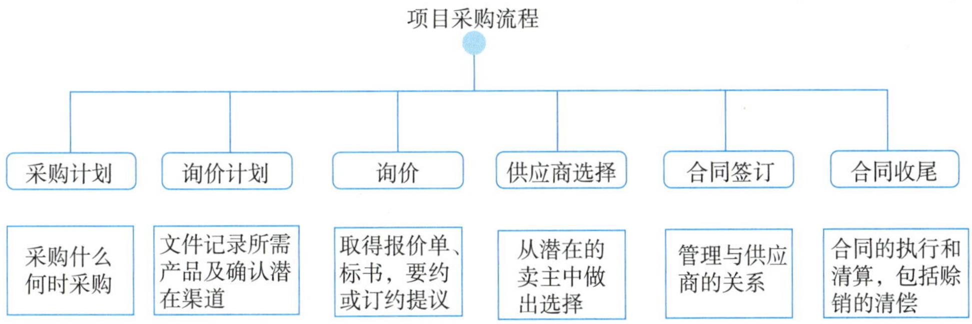

图 4－19　项目采购流程

（二）采购分析

采购分析主要是对采购可能发生的自行制造能力、采购评标能力等进行分析比较，决定是否从单一的供应商或从多个供应商采购所需的全部或部分货物和服务，或者不从外部采购而自行制造。通常在采购之前要思考和分析 9 个问题，即 6W3H。

（1）Why：为什么要去采购，可否从内部获得；

(2) What：要采购什么；

(3) Where：在哪里采购，用在哪里；

(4) Who：谁去采购；

(5) Whom：从谁那采购；

(6) When：何时采购，何时使用；

(7) How：如何采购；

(8) How long：采购要多长时间，提前期是多少；

(9) How much：采购的成本是多少，直接成本、间接成本、是否最经济。

(三) 编制采购计划

根据采购分析的结果和所选择的合同类型编制采购计划，说明如何对采购过程进行管理。具体包括：合同类型、组织采购的人员、管理潜在的供应商、编制采购文档、制订评价标准等。根据活动需要，采购计划可以是正式、详细的，也可以是非正式、概括的。

任务工单 1

任务名称	确定活动项目采购计划
地　　点	
日　　期	
任务目的	通过分析采购需求，学会制订采购计划。
任务内容	**情境资料：** 某高校经管学院拟于本学期举办为期一个月的毕业季活动，预计线下举办一场毕业用品展览和一场毕业晚会，线上举办一场就业技能讲座和一场职场沟通知识竞赛，其中毕业晚会拟于学校文化广场举行，需要进行现场布置。 请根据以上资料，完成如下任务： (1) 完成毕业季相关活动的采购分析； (2) 根据采购分析，制订一份采购计划。
建议学时	1 学时
操作提示	(1) 团队合理分工； (2) 注意分析工作内容。
任务实操	(1) 分组，每组 5～8 人，团队合作完成任务； (2) 梳理现有资源，进行采购分析； (3) 根据采购分析，编制采购计划； (4) 各组需做出 PPT 进行汇报展示，要求每个人各讲一部分。

二、调查与开发供应商

(一) 供应商调查

(1) 调查供应商的基本情况。

(2) 供应商调查的重点如下：

1) 产品的品种、规格和质量水平是否符合活动需要，价格水平如何；

2）供应商的实力、规模、信用度等；

3）产品的竞争性，供应商的竞争态势、销售情况、市场份额如何，产品的价格水平是否合适；

4）查询现有合作供应商的资料和以往供货的业绩记录；

5）直接调查预合作的供应商，设计供应商调查表，包括企业规模、生产规模、主导产品、主要原材料来源、相关经验、主要顾客及其使用评价等。

6）深入考察备选供应商，深入供应商企业的生产线、管理部门，考察其设备工艺、生产技术、管理手段等。

（3）调查方法。

主要借助两种方法：一是访问调查法；二是采取召开产品展示与采购大会、电话、媒体广告等手段来征集供应商。

（二）供应商开发

供应商开发包含发掘新的潜在供应商和维系现有合作供应商的关系两层意思。需要进行详细系统的考察、分析、商务谈判、评估和审定，从而发掘优秀的合作伙伴。供应商开发渠道见表 4－19。

表 4－19　供应商开发渠道

对供应商数量的开发渠道	对供应商关系的开发渠道
· 各种媒体； · 各种商品展销会场所； · 企业内部相关管理部门、相关咨询服务机构； · 熟悉业务流程、多年与供应商交往的内部采购人员。	· 信息交流：信息交流的多少是双方关系的一个重要量度； · 人员交流：有助于双方明确彼此需求，更好地促进合作； · 协约：通过签订供货协议或伙伴关系协议，明确双方的责权利并进行规范和约束。

任务工单 2

任务名称	活动供应商的调查与开发
地　　点	
日　　期	
任务目的	学会初步调查与开发供应商。
任务内容	请根据本任务工单 1 中的情境资料，完成以下任务： （1）请根据采购计划，列出活动所需的服务供方，即供应商； （2）对供应商进行初步调查； （3）假如展览需要在学校体育馆搭建展位，毕业晚会需要在文化广场搭建舞台，请列出搭建商的权利和义务，并从网上下载与活动搭建商签订的委托协议范本并填写； （4）请列出供应商各自所承担的工作事项。
建议学时	1～2 学时
操作提示	注意分析工作内容。
任务实操	（1）分组，每组 5～8 人，团队合作完成任务； （2）根据采购计划，调查产品功能、价格、质量水平； （3）给所涉及的每个毕业小活动找到符合条件的对应供应商，要求同类产品或服务分别找到 1 家或 2 家头部企业、1 家或 2 家中档企业； （4）列出搭建商与物料供应等服务商的权责、工作事项； （5）各组需做出 PPT 进行汇报展示，要求每个人各讲一部分。

三、确定供应商

（一）供应商的选择标准

活动主办方希望借助供应商达成什么目的？应本着什么样的宗旨选择供应商？这些都是此时应考虑的问题。选择供应商，可以从以下几方面考虑，如图 4-20 所示。

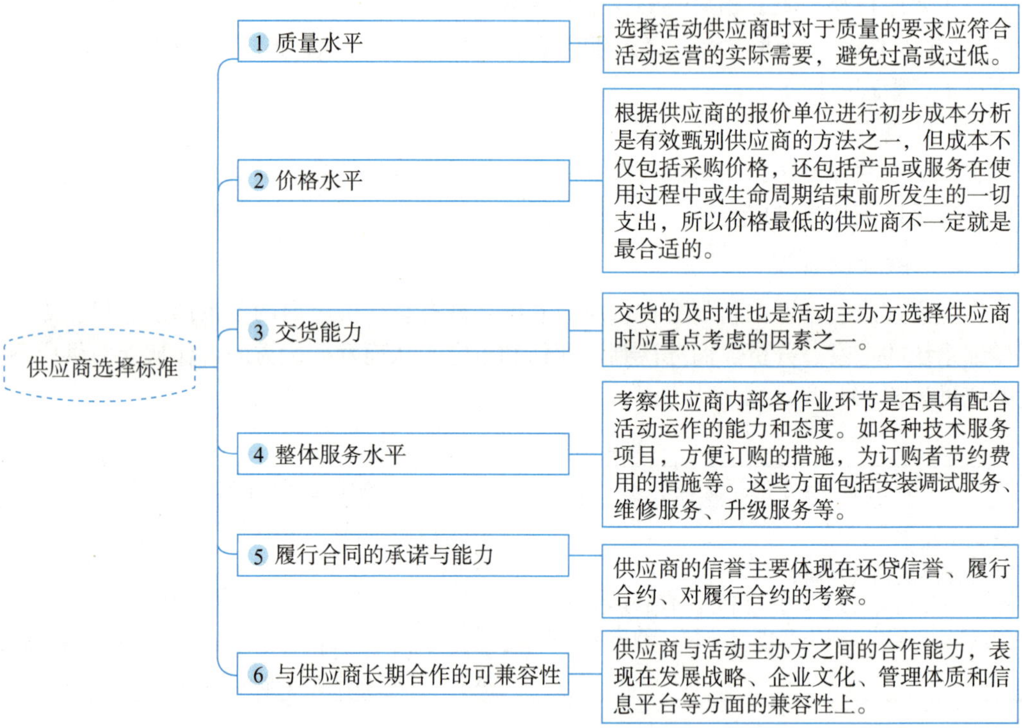

图 4-20 供应商的选择标准

（二）供应商的选择过程

从活动主办单位的角度选择供应商主要包括 5 个步骤，如图 4-21 所示。

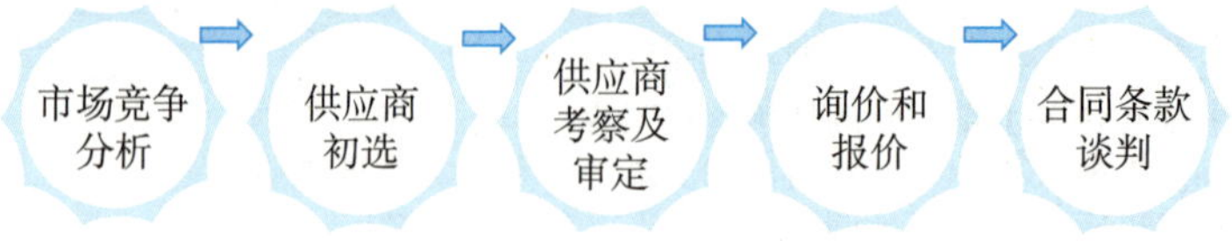

图 4-21 选择供应商的步骤

采购人员应首先明确活动的需求，弄清楚哪些服务或项目需要由第三方提供，在此基础上重点分析供应商市场环境和潜在供应商的基本信息。在合同条款谈判阶段，多数情况下，交易双方要反复多次协商，进行各种意向性、协议性谈判，直到条件成熟才进入合同签约阶段。

（三）供应商的组织

对于重要的大型活动，组织供应商的过程就是最终确定活动需求的服务企业，通常要公开招投标。招投标过程一般经历 4 个环节：①主办方发布招标公告；②供应商/服务商投标；③开标、评标、定标；④签约。

相关链接

一份招标文件应该包括以下内容：

1. 背景和需求界定（组织背景和项目范围）

（1）活动背景，包括相关的数据信息；

（2）需求/问题陈述——为什么需要助手；

（3）项目目标——希望完成什么；

（4）项目范围（具体要求）——希望服务承包商提供哪些服务；

（5）双方合作领域，即活动主办者希望建立何等关系。

2. 投标要求

组织背景；投标要求主要包括：项目负责人及其相关资历；活动的优势及特色；保险范围；服务/项目管理手段概述；其他服务；费用控制。

3. 时间表和进程

选择服务供应商的时间表和进程安排（何时选择服务供应商，如何选择以及投标的最后期限），一旦招标文件完成，便可以正式开始筛选服务供应商了。

任务工单 3

任务名称	确定供应商
地　　点	
日　　期	
任务目的	通过询价和报价，最终能够确定供应商。
任务内容	请根据本任务工单 1 中的情境资料，完成任务工单 2 的任务后，结合毕业季活动项目的实际情况完成供应商的询价工作，确定供应商。
建议学时	1～2 学时
操作提示	注意分析工作内容。
任务实操	（1）分组，每组 5～8 人，团队合作完成任务； （2）根据采购计划，完成询价； （3）与初选的供应商进行合同条款谈判（建议情境模拟该场景）； （4）确定供应商，签订合同（建议情境模拟该场景）； （5）师生互评、总结。

四、供应商绩效考核

活动主办方应对现有供应商的日常表现进行定期监控和绩效考核，以确保供应商的质量，并为调整供应商策略提供依据，它是构建战略型供应商关系的基础。

绩效考核的准备工作主要包括设定考核准则和考核指标并形成文件，然后进一步选择有待考核的供应商，成立考核小组开展具体工作。

活动供应商绩效考核的指标体系主要有：质量指标、交货期指标、交货量指标、按时交货量率、价格指标、工作质量指标、进货费用水平、信用度和配合度等。

任务工单 4

任务名称	制定供应商绩效考核方案
地　　点	
日　　期	
任务目的	了解供应商绩效考核流程，撰写考核方案，学会如何对供应商进行绩效考核。
任务内容	根据本任务工单 1 中的情境资料，完成了任务工单 3 的任务后，相关供应商提供了产品和服务，现在需要进行绩效考核，以便支付尾款。请完成如下任务： （1）制定一份供应商绩效考核方案； （2）组建团队，完成供应商终期绩效考核。
建议学时	2 学时
操作提示	（1）注意考核标准的合理性； （2）注意考核方案的格式。
任务实操	（1）分组，每组 5～8 人，团队合作完成任务； （2）头脑风暴，讨论绩效考核标准的具体条款； （3）完成绩效考核方案的撰写； （4）团队合作，对供应商进行绩效考核； （5）各组需制作 PPT 进行汇报展示，要求每个人各讲一部分。

引申资源

××集团五十周年庆典服务商（供应商）服务方案

一、项目概况

会议时间：××年 10 月 5—7 日

会议地点：某度假酒店

会议规模：共有 200 人参加此次会议，其中嘉宾 100 人，××集团代表 100 人。

活动流程：

10 月 5 日报到入住（接机、接站），晚上安排自助餐。

10 月 6 日上午会议，下午旅游观光，晚上安排在某饭店就餐（答谢晚宴），后赴某场馆观看演出。

10 月 7 日上午到工厂参观，中午安排在某餐厅就餐。

10 月 7 日下午—8 日，根据要求安排送机、送站。

二、会议服务种类

（一）主办方自行承担项目：资料配备服务、部分现场会务服务。

（二）服务商（供应商）承担项目：气氛营造服务、部分现场会务服务、旅游观光服务、全程礼仪服务。

1. 气氛营造服务——包括会议场地的外围、公共空间、会场内的气氛设计、道具制作和现场布置工作。

（1）××度假酒店：酒店外广场沿路设置升空气球和彩旗，酒店外广场中央梯形花坛造型，酒店门口横幅，酒店大堂背景板、签到墙，酒店大堂灯箱，酒店各个出入口、楼梯口、过道、休息室放置导向牌；

（2）××饭店：门口、大堂及大堂水晶宫走道布置，晚宴背景板、晚宴休息室布置。

2. 资料配备服务——包括会议证件、会议资料、参会指南、会议影像资料的设计和制作工作。

（1）设计制作各类证件（证件上注明座位编号；包括嘉宾证、代表证、工作证和采访证等）；

（2）设计制作活动指南（以书册的形式，向所有与会代表提供与会议以及会议举办地有关的各种信息，指南附有消防预案、防恐预案等突发事件处理应急预案）；

（3）设计制作活动专用的手提袋；

（4）设计制作活动单页（内有活动流程、通讯录、注意事项等）。

3. 现场会务服务——包括会议车辆调度、与会代表接送、住宿餐饮安排、现场礼仪服务、摄影摄像等工作。

（1）接送服务（略）；

（2）现场服务。

——协助主办方协调酒店的各项事宜；

——协助主办方报到处与会代表登记，发放房卡、会议证件、会议资料及礼品；

——协助主办方落实晚宴事宜，如现场布置、宾客协调、酒店配合、礼仪服务等；

——提供台签制作、资料摆放等会议细节服务（全部嘉宾安排座位编号，会议期间对号入座）；

——提供会议全程的速记服务

——提供会议全程的摄影摄像服务（包括会议集体照的拍摄）；

——主办方需要的其他事宜。

4. 旅游观光服务——包括策划、组织和实施与会代表的旅游观光活动。

5. 全程礼仪服务

[案例点评] 该方案对会议服务商（供应商）的职责、任务和内容进行了详细阐述，为选择供应商和服务定价商洽打下了基础。

任务七 做好物资管理工作

学习目标	
知识目标	掌握物资采购的内容； 熟悉物资管理的工作程序； 了解物料设计的内容和方法。
能力目标	能够根据需求制订物资采购计划； 掌握物料发放、管理的工作技能； 会运用软件进行物料设计。
素养目标	树立细节决定成败的责任意识； 强化顾全大局、服务意识。
任务描述	
活动策划撰写好后，活动项目管理人员应采购活动物品，以满足活动物资需求。那么根据活动性质和需求，采购什么？如何进行采购？哪些需要制作？物资全流程是怎样的？现场如何管理物料？在本任务中，我们将一一进行解答。	
实施提示	
大型活动的物资板块内容重要且琐碎，不仅需要细致和耐心，而且要按照一定的工作程序和工作制度，对采购计划与实物进行详细核对，做到无遗漏、无差错，为活动顺利实施保驾护航。	
业务流程	

知识补给站

一、活动物资管理范围

活动物资是活动准备和活动实施过程中需要使用的物品。一般而言，活动物资包括活动宣传阶段需要采购或制作的物品和活动实施阶段的所需物品。

（一）活动宣传物品

在活动宣传阶段，项目管理人员应制作大的背景展板，制作条幅、海报、宣传手册、宣传板、易拉宝等，并根据活动的实际需要确定物品数量。

（二）活动实施物品

在活动实施阶段，项目管理人员应采购或制作活动现场布置、活动现场需要及撤场3个阶段的物品，包括桌椅、纸笔等办公用品；拉花、气球等装饰用品；纸质制作物（包括但不限于邀请函、桌卡、名牌卡、工作证、欢迎信等）；服装、出团物品、手举牌、车头牌、手册、胸卡、奖品、礼品等活动使用物料；饮用水、水果等食物；胶带、剪刀等工具；照相器材、音响、话筒等摄影视听用品等。

当然，有些特殊存储的物品和食品，如预算足够，活动现场持续时间长、规模大的活动，需要购买冰箱、简易床、常备药品等，所有与活动实施有关的物品都应该提前做好采购计划。

二、物资管理岗位的设置和职责分工

活动项目通常需要单独设立物资统筹岗位，由专人管理和实施物品的采购、制作、使用、保管、发放和监督，具体岗位设置如图 4－22 所示。

物资保障岗位职责	负责物资实物管理和制订合理的管理细则，协调各板块物资配备标准；制订物资总体需求计划，统一调配物资；办理所有物资出入库及物流配送手续，负责库存物资和在用耐用性物资追踪管理；建立物资台账，定期盘点对账，牵头回收和处置物资
物资使用岗位职责	此岗位为兼任，不单独设置，通常是项目各板块负责人或指定专人负责，对本板块在用物资的丢失和损坏负首要责任，板块领导负全责，按照配备标准和分配计划领用物资，及时办理物资领用手续，配合定期进行物资盘点
物资运输及仓储管理岗位职责	统筹分配物资，办理相关物资的出入库手续，定期进行物资盘点和清查，配合各板块，根据现场需要办理相关物资转移到现场使用及运回的各类手续

图 4－22 物资管理岗位设置

任务实施

物资管理在活动项目管理中是非常重要的一项工作，科学合理的物资预算、充分有效的物资使用与保管是活动顺利实施的重要保障。一般来说，物资管理工作的开展大致需要以下 4 项工作程序。

一、梳理物资需求，形成清单

根据活动要求，物资管理负责人收集活动项目内的所有板块的物资物料需求，得到客户确认后，形成清单。同时，明确每项物资的来源（采购/制作）、周期、内容、规格尺寸、材质、运输路径、存储地、接收人、使用人、回收要求等信息，统一体现在清单中。“××项目各板块物料制作需求统计表”如表 4－20 所示。

表 4－20 ××项目各板块物料制作需求统计表

制作需求												运输需求						
编号	板块	使用地点	名称	需求对接人	尺寸	数量	设计提供	材质要求	文字内容	字体要求	指示箭头数量	是否需代运输	到达使用地点日期	快递地址	收货人及联系方式	是否制作	备注	需要提供客户设计图

二、物资采购/制作

（一）根据清单，确定采购/制作计划

在活动筹备阶段，确定需采购或制作的活动宣传物品和活动实施物品的名称与数量，制订合理的所需物资预算，形成物资采购或制作计划。同时，提前做好物流运输方案，对接活动物资相关人员的培训。

（二）选择供应商

确定采购或制作后，活动项目管理人员通过常用供应商体系、网络、上门拜访等方式选择 3 家或 3 家以上采购/制作供应商，进行询价。对供应商的商品质量、性能等进行检查与测试，并进行议价。议价后，根据预算，选择质优价廉的商品或原材料及制作流程，并确定收货、送货、付款的方式。

（三）下单

议价定价后就可以根据清单下单。若是网络采购，应对采购订单进行跟踪；若是上门采购或送货上门，则应与供货商详细说明采购物品的规格、型号等，按照规定时间采购或催促供应商按时送货；若是物资制作，则下单后要随时沟通制作过程和周期，并且要求在规定时间内完成打样，样品验收合格后才能大批量制作。

通常设计物制作的下单流程如下：

完成设计清单的所有设计⟶主办方或客户确认设计⟶分类整理（喷绘、板、背胶等）⟶填写下单要求⟶设计师再次核查、对接同事核查⟶制作最终已转曲的下单文件⟶发给印刷商、电话提醒

任务工单 1

任务名称	物资采购计划
地　　点	
日　　期	
任务目的	能够完成采购分析，制订采购计划。
任务内容	**情境资料：** 学校为迎接“五四”青年节，准备在校内举办一场“五四”青年节文艺汇演，主办单位是学校共青团委员会、学校宣传部，校学生会承办。演出时间定在当天晚上 6－8 点，演出地点选在学校文化广场，需要现场搭建舞台表演区，演出主体是在校师生。 请根据活动需求，制订一份活动物料采购计划，并标注采购相应预算。
建议学时	2 学时
操作提示	（1）注意团队合作，进行合理分工； （2）注意分析工作内容； （3）预算项目标明规格、型号、单价、数量等。
任务实操	（1）分组，每组 2～4 人，团队合作完成任务； （2）梳理现有资源，进行采购需求分析； （3）根据采购需求分析，编制采购计划及预算安排； （4）各组做 Excel 表格进行汇报展示，讲清采购项目理由。

三、物资验收、仓储和发放

物品到货后，物资管理人员应对物品的包装、外观、规格、型号、数量、性能、使用说明等进行检查、测试，确保物品质量、性能良好，无破损、腐坏。验收无误后签收（有时货到后按照约定的方式再付款）。有些大宗或贵重物品需要负责验收人员对货物质量与合同手续认真审查，需退货处理的，应按照采购或制作合同执行。

（一）入库

（1）采购物资抵库时，物资管理人员必须按照已核准的“送货单”或订单等相关材料办理入库，确认外包装完好无损，防止有隐患。

（2）根据采购发票填写“物资入库单”，分类建立物资库存账目。

（3）对于单、货不符和质量不合格的物资不得接受，及时上报并通知相关业务部门进行检查。

（二）储存

（1）按照物资属性分类标记置放，注意物资存放在干净整洁、无安全隐患处。

（2）根据出入库凭单及时登记核算，定期盘点货物存量并与财务部门对账。

（三）出库及发放

（1）项目组各板块领取物资时，填写“物资使用领取单”，单据上必须有板块负责人签字，经物资管理人员审核后，办理物资领取手续。

（2）根据“物资出库单”办理出库签收手续，并及时登记“物资控制卡”。

（3）物资发放坚持“先进先出、易损先出、有效期短先出”的原则。尽量减少库存量，降低物流成本。

四、物资交接、使用及回收

物资去哪了？全面揭开无接触采购模式的新局面

在活动项目组里，应指派专人负责物资交接和使用管理工作。他是物资分管的第一责任人，应及时填写物资交接单。（请参看下篇项目五任务一中的物资表单）

在物资的使用上坚持谁使用谁负责的原则，各板块的相关人员对所使用的物资负有维护、管理的责任，发现质量问题要及时报告并跟进处理。物资管理人员应随时到现场检查物资设备使用和安装调试情况，发现问题及时解决。

有时面对临时采购或制作需求，各板块人员根据情况临时调配和补货，要提请相关手续申购物资，物资申请流程如图 4－23 所示。

物资使用人员根据工作需要向物资管理人员申请物资

物资管理人员将所辖使用部门申请的信息进行汇总，报项目负责人批准，并向项目财务申请预算

物资管理人员对上报申请信息进行分类处理，并进行相关采购或制作

物资管理人员与使用人员交接物资物料

图 4－23　物资申请流程

活动现场没有使用完的材料应安排在指定区域回收。

有些设备因老化、损坏而不能满足继续使用要求，或是设备虽可以维修，但维修费用过高，则可以申请报废。一般有两个流向：一是报废物资统一交由组委会指定的物资回收公司；二是场地设备器材统一下拨到有需求的单位或暂时存放起来。

物资回收情况应形成物资总结性文字，以便待查，方便管理和后续再利用。同时，做好结算工作。账务处理过程中有些细节需特别注意。

小贴士

账务处理

①发票管理：发票的验收；发票必须与合同主体相符；发票的组成要合理。

②料款支付：料款支付应合理规避现金支付；料款支付对象应与合同中明确主体和账号相一致。

③结算时间：对于供方结算时间的时效性与严肃性，若因客观原因造成的凭证未及时到的现象，必须及时进行预点，以便于成本分析和掌握外欠情况。

任务工单 2

任务名称	制作物资出入库管理流程表及套表
地　　点	
日　　期	
任务目的	根据项目信息，学会物资出入库管理和相关规则以及涉及的表单使用。
任务内容	参考本任务的物资管理相关知识，结合本任务工单 1 中的情境资料来完成以下任务：制作物资清单、交接单、出入库记录和回收单。
建议学时	2 学时
操作提示	（1）可以根据案例信息，自行假定物资需求； （2）可自行学习物流仓储相关知识作为补充。
任务实操	（1）组内讨论，参考工单 1 的材料信息，自行制订物资需求； （2）组内分工完成； （3）思考物资出入库的风险点，并在组内讨论解决办法； （4）合并汇总； （5）组内讨论表单的可行性和合理性，进行优化，最终定稿； （6）各组分享。

任务工单 3

任务名称	制订物资管理计划
地　　点	
日　　期	
任务目的	（1）针对需求完成物资管理工作规划； （2）根据计划完成表单设计和使用。
任务内容	**情境资料：** 某企业组织员工年会，具体信息如下： （1）人数：500 人。 （2）时间：3 月。 （3）地点：乌镇。 （4）日程：整体行程共 4 天： Day1 全国各地抵达乌镇，需接机、接站，要有相关指示牌；酒店入住要有相关指示标识。 Day2 全天业务会议，会场要有相关指示标识、讲台花布置；会议流程中有颁奖环节。 Day3 全天自由活动，晚上户外晚宴，晚宴要有相关符合“家宴”的氛围布置；晚宴有生日环节。 Day4 返程，送机送站，要有相关指示牌。 （5）物资要求： 1）机场、火车站的专属表述、指示标识。 2）酒店入住和早餐厅的指示标识、酒店签到台布置。 3）会场内的布置、会场外的装饰、签到台的布置；会场外与其他功能区（如卫生间、吸烟区等）的指示标识。 4）景区内标识。 5）根据目的地特点和户外温度，考虑晚宴布置所需物料、服务人员服饰；生日环节所需物料。 6）所有参会人员佩戴胸卡，胸卡的设计和样式需要考虑签到的快速性和准确度。 7）年会活动工作人员办公室的相关布置。 8）活动物资要有固定的存储空间。 9）年会每人发放培训资料、每日小礼品等，活动后剩余物资需要收回。 请根据以上信息分析物资内容，设计物资管理板块架构和人员规划，制定项目物资管理制度及规则，并制作清单和具体工作计划，设计相关表单。
建议学时	2 学时
操作提示	（1）注意团队合作，合理分工； （2）注意物资的来源分析； （3）考虑目的地和季节因素。
任务实操	（1）分组，每组 2～4 人，团队合作完成任务； （2）根据需求组建物资管理小组，明确管理规则； （3）梳理现有需求，进行物资采购或者物资制作的分析，形成物资清单； （4）根据采购或制作需求，结合项目执行日期，编制物资采购或制作计划及预算安排； （5）完善所有物资的采购或制作周期、供货方、运输及存储接收人等信息； （6）设计物资运输交接单、物资入库出库单、物资使用交接单、物资回收单等表单； （7）各组做 Excel 表格进行汇报，展示物资管理计划。

引申资源

物料设计怎么做?

一场活动，除了对整个活动进行流程设计、创意设计的把控外，物料设计也非常重要。它包括线上的和线下的设计物料。比如线上的可能有：倒计时海报、朋友圈九宫格海报、推文版面设计等；线下物料可能有：海报、易拉宝画面、KV延展、各种证件的设计等。

公司一般的工作流程是AE/AM将设计需求对接给设计师，然后出图后AE/AM再去工厂制作。物料的设计及制作主要包括三大类：

1. 宣发类——梳理需要设计的宣传物料（海报、广告投放物料、视频等）。

2. 现场布置类——根据参加人的动线梳理相关物料：到达会场后，根据指引牌，到达序厅→到签到处签到领取参会证→到合影墙前签字合影→在序厅参观（主办方展示物）→进入活动场地→入座→活动开始（焦点转至舞台区），梳理出各模块所需的物料。

3. 流程相关类——根据活动流程，梳理需要设计制作的物料。在不同流程环节，LED大屏幕需要呈现不同的视觉画面。比如演讲前是否需要设计一个嘉宾简介？颁奖环节是否需要设计一个与主题呼应的主题画面？

活动物料设计及制作推进表（品控清单）如表4-21所示。

表4-21 物料设计及制作推进表

模块	项目	材质/工艺	大小/尺寸	其他要求	完成时间	责任人
传播类						
宣发类	官网页面设计	电子图片				
	海报、长图	电子图片	单图10m以内			
	广告投放	电子图片				
	宣传视频	视频				
会场布置类						
会场外（序厅）						
指引	指引牌	门型展架				
签到	签到背板	桁架喷绘				
	胸牌	PVC胶印	8cm×12cm			
合影	合影背板	桁架喷绘				
展示	公司介绍	木质背景板				
	产品介绍	易拉宝				
	产品展示	展示柜				
会场内						
舞台区	LED主视觉	电子图片	视LED尺寸定			
	台前Logo	苯板字				
	话筒贴	PP背胶纸	8cm×6cm			
座席区	桌牌	300g铜版纸	21.5cm×9.5cm			
	会议手册	胶装手册	B5			
	椅背贴	PP背胶纸	21cm×14cm			
	礼品袋	300g铜版纸				
活动流程类						
颁奖抽奖环节	LED主题视觉	电子图片				
	奖项介绍	电子图片				
	获奖人/单位介绍	电子图片				

考核评价

评价说明：在完成项目中的每个任务后，由任课教师主导采用多维评价指标，构建立体多元的评价模式，包括自我评价、组内评价、组间互评及教师评价 4 种方式，按照比例权重计算出学生个人本任务的考核评价分。

<table>
<tr><th colspan="6">任务完成考核评价表</th></tr>
<tr><td>任务名称</td><td colspan="2"></td><td>学生姓名</td><td colspan="2"></td></tr>
<tr><td>评价方式</td><td colspan="2">评价内容</td><td>分值权重</td><td>单项成绩</td><td>总成绩</td></tr>
<tr><td>自我评价</td><td colspan="2">任务工单××的完成情况；
对知识技能的掌握程度；
我胜任了小组内的工作。</td><td>10</td><td></td><td rowspan="7"></td></tr>
<tr><td rowspan="3">组内评价</td><td>组员评组长</td><td>本任务完成的质量；
组织分工；
工作态度；
团队合作。</td><td>20</td><td></td></tr>
<tr><td>组长评组员</td><td>个人本任务完成的质量；
个人参与小组活动的态度；
个人的合作精神和沟通能力；
小组成员参与度、贡献度。</td><td>20</td><td></td></tr>
<tr><td>个人评小组</td><td>本小组本任务完成量；
小组作品的质量。</td><td>10</td><td></td></tr>
<tr><td>组间互评</td><td colspan="2">本任务其他小组完成的质量；
小组间沟通合作。</td><td>10</td><td></td></tr>
<tr><td>教师评价</td><td colspan="2">任务完成的质量；
工作态度；
参与贡献度；
合作沟通能力。</td><td>30</td><td></td></tr>
<tr><td colspan="6">总评＝自我评价 10%＋组内评价 50%（组长组员互评 40%＋个人评小组 10%）＋组间互评 10%＋教师评价 30%。</td></tr>
</table>

项目五

打开活动现场执行的钥匙

案例指引

一群人在一家豪华酒店附属的一座城堡里举办庆祝晚会。晚会的气氛喜庆欢乐，所有的一切都有条不紊，摄影师也忙得不亦乐乎。这时，颁奖开始了。就在摄影师要为领奖的场面拍照时，电池没电了。无须担心！他准备了备用电池和相机。但糟糕的是，备用相机和电池的电也都用完了。正巧，酒店里刚好有一个舞蹈俱乐部，而那一天又是情人节，本打算给情侣们照相的摄影师欣然同意帮忙，因此他也得到了极高的酬劳，而原来晚会活动中的那个摄影师却因失职而酬金大幅缩水。

尽管进行了周密的部署和计划，并准备了后备计划（例如备用相机、电池和帮手），但是快速应变能力仍然是不可或缺的。

问题思考：

(1) 请你谈谈这场晚会的现场执行要做哪些工作。

(2) 庆祝晚会的现场装饰可以怎样布置，你有什么好主意？

项目概览

所有的活动准备只为现场实施的这一刻！那么，策划人员应从哪些方面把握现场执行呢？本项目将从管理、服务、控制和协调的视角带你走进现场，打开现场执行的钥匙。具体落实在制订现场执行计划、沙盘推演、管理现场人员、设计场地布局、做好接待服务、进行项目沟通、保障活动供给以及控制风险等 8 项任务上。

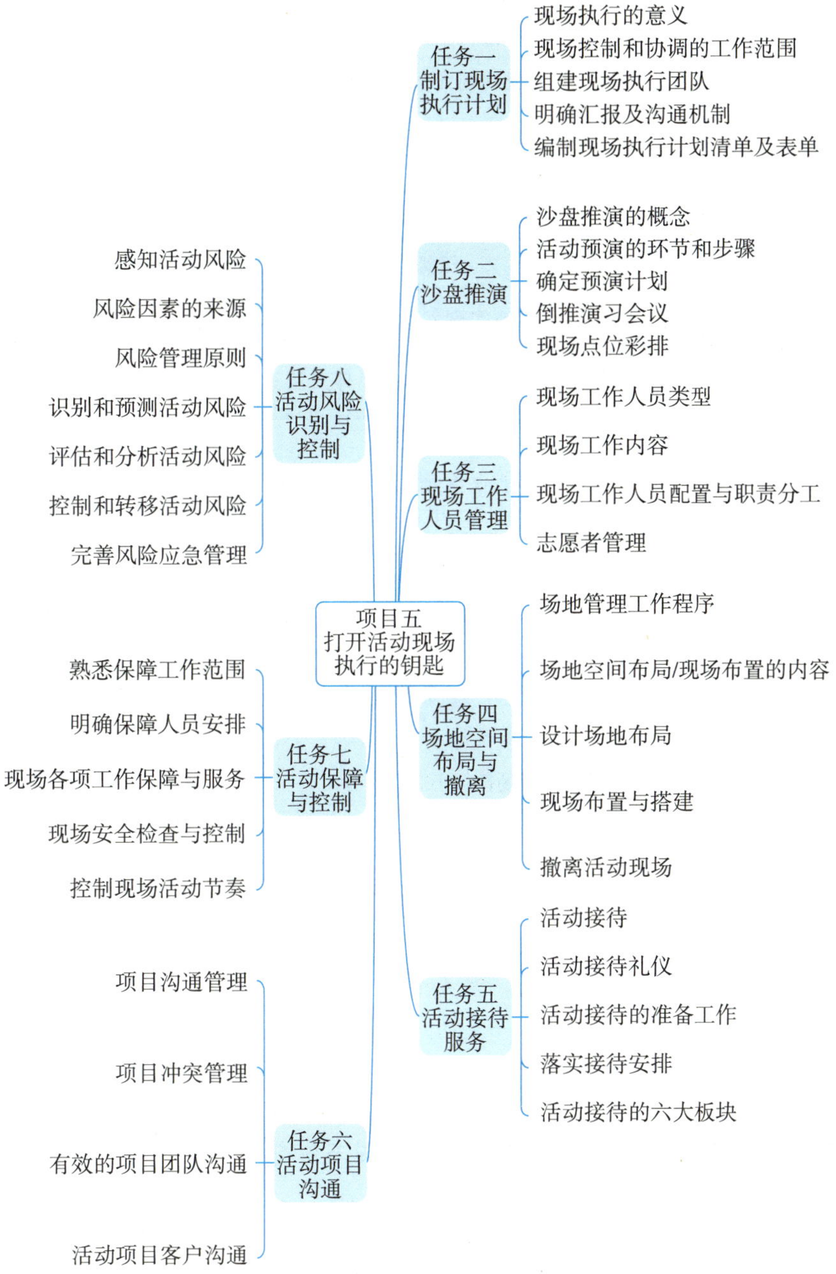

任务一 制订现场执行计划

学习目标	
知识目标	活动现场执行的相关因素和范围界定； 了解活动现场执行流程； 熟悉现场人员架构、分工及汇报机制。
能力目标	独立完成或者与团队配合完成现场人员规划和分工表； 能够制订现场执行计划； 能够分析活动具体的风险点，制定一套风险应急管理方案。
素养目标	引导学生养成大局观，增强团队协作意识和能力； 初步建立行业标准和规范概念。

任务描述

活动历经了策划期和筹备期，最终可以落地实现，达成效果的阶段就是进入了执行期。项目组需要提前完成一系列执行前的计划工作，并且达成全员共识，现场照此计划执行，如遇突发情况，则启动应急机制。本任务就带领大家完整地实践上述过程，掌握具体方法。

实施提示

计划本身就是实践的过程，任何计划都不能仅仅是纸上谈兵，都需要来源于实践、验证于实践。活动现场的执行计划更是如此。本任务中的每一项工单，都是实际工作中所必需的。

业务流程

从时间上看，活动项目的现场管理和执行，一般从项目组抵达活动举办目的地开展筹备工作算起，到活动整体结束为止。流程简述为：

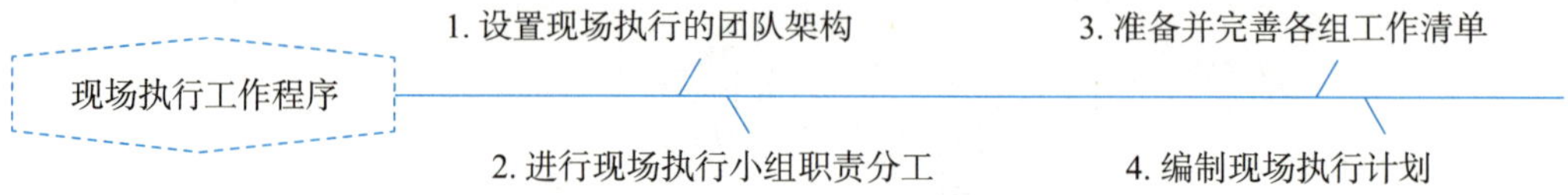

知识补给站

一、现场执行的意义

现场执行是一场活动的关键所在，主办方要对包括与会者、参加者、各类服务商在内的各实施单位的现场及周边环境按照一定的计划进行有序协调、监督、管理和实施，对所有参加者在现场所发生的一切需求进行协调和服务。

现场的管理和执行是主承办方组织管理和运营水平的直接反映，提前做好现场管理和执行计划能够更好地保障活动项目的正常实施，因而备受重视。

二、现场控制和协调的工作范围

活动现场执行产生的影响因素主要有现场执行团队、场地的安全环境、资源方的配合程度、物资物料的复杂程度、临时突发事件等。在制订执行计划时，要全面考虑这些因素，提升计划实施的有效性。现场最容易出现的三个问题如图 5－1 所示。

那么，现场控制和协调就十分复杂，盘根错节，任何一个细节都有可能引发大问题，

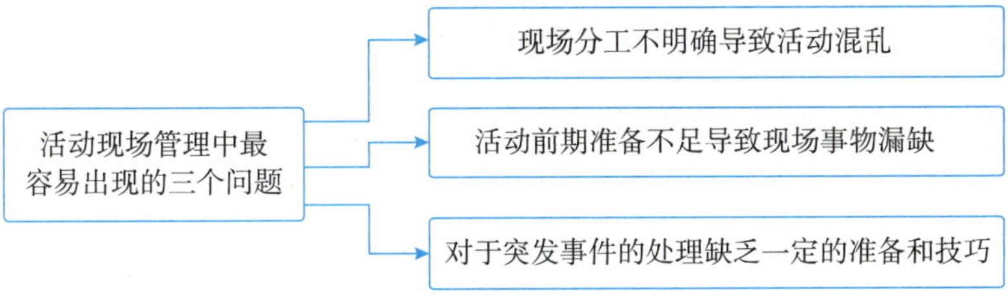

图 5-1 活动现场管理容易出现的三个问题

继而影响整个活动的效果。现场事务庞杂而琐细，需要制订一个完备的执行计划和行动指导纲领。活动现场控制包括一系列工作，主要有：

(1) 合理规划、分区布置活动场地；
(2) 保障设施、设备安全使用；
(3) 疏导人流、物流、车辆；
(4) 防范和控制风险；
(5) 加强搭建和施工现场检查；
(6) 安排观众接待事宜；
(7) 确立沟通机制；
(8) 保证安全清场、撤场等。

任务实施

活动现场管理和执行的关键是以主办单位为主导，以明确的责任分工为基础，以参加者的要求为指导，每个服务承包商各司其职，有机配合，共同完成现场的工作。

一、组建现场执行团队

活动现场的执行相当烦琐。由于具体活动项目的需求不同，不同层级的板块（或称部门、小组）设置和具体内容会有区别，因此可以进行增减。现场执行团队架构如图 5-2 所示。

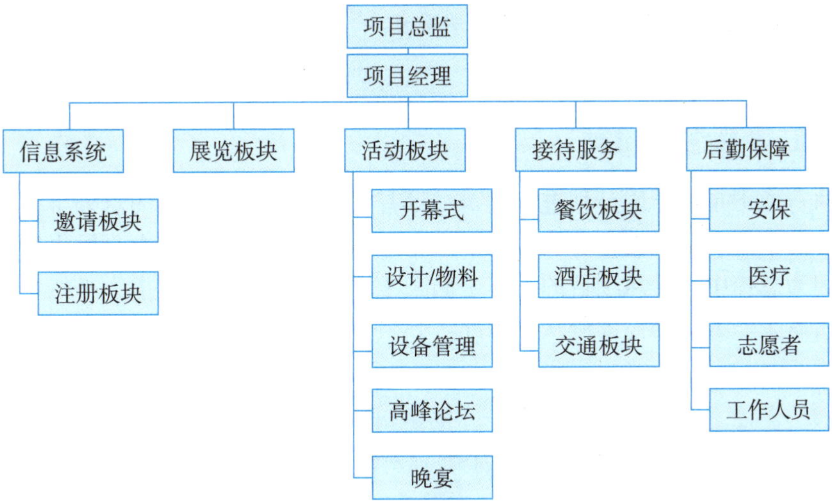

图 5-2 现场执行团队架构

任务工单 1

任务名称	根据项目背景信息搭建现场团队架构
地　　点	
日　　期	
任务目的	学会如何根据项目具体情况，组建合适的团队架构并进行明确分工。
任务内容	**情境资料：** (1) 活动类型：某企业境外激励表彰活动。 (2) 人数：1 500 人。 (3) 时间：6 天 5 晚。 (4) 目的地：境外某地，可自行指定。 (5) 活动主体需求： 1) 1 500 人出入境手续办理、大交通的安排； 2) 1 500 人境外住宿，标间，2～3 家酒店为佳； 3) 全体大会一天，安排茶歇和会议酒店自助午餐； 4) 晚宴一次，需要整体方案规划、设计、舞美、搭建、布置、相关物料、外请节目推荐等； 5) 全体人员团建一次，半天为宜，要求统一服装、统一布置，要有相关物料； 6) 当地游览行程安排，要有体验感； 7) 全程用餐安排，要求一次特色餐； 8) 每人每天 1 份小礼品推荐，入住当日小礼品连同欢迎信一起放入房间； 9) 活动传播方案及执行。 请根据以上背景信息，搭建现场执行架构，完成架构图及主要板块职责说明。
建议学时	2 学时
操作提示	在选择目的地时要充分考虑执行难度。
任务实操	(1) 分组进行，每组 10 人以内，推选组长，组内讨论完成； (2) 确定场地； (3) 针对需求描述，整理架构需要实现的功能； (4) 根据需求，确定每一项工作所对应的架构中的板块职能； (5) 合并相关职能，最终形成一级架构。

二、明确汇报及沟通机制

现场执行通常是按照原计划进行的，一旦有任何超出计划范围的意外事件发生，都要逐级上报总控中心，由总控中心统一发出指令。紧急情况下，总控中心发出的指令具有绝对权威，因为总控中心是从项目的整体全局来考虑问题的，做出的指令必然是有利于全局的，要求所有工作人员的高度服从。因此，必须明确汇报沟通机制，如图 5－3 所示。

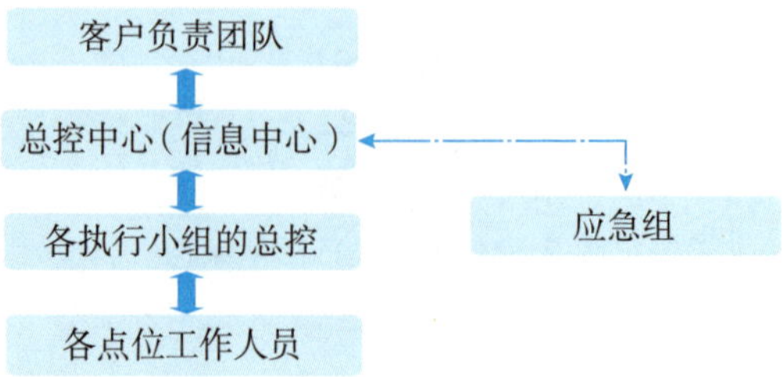

图 5－3　现场汇报沟通机制

现场汇报沟通工作重点集中于以下 3 方面：

（1）总控中心一般是与客户负责人对接的唯一渠道，在下达指令前，总控中心一般需要征得客户的理解和同意（注：这里的客户是指活动承办方服务的对象，而非主办方，通常主办方会外包一些现场的工作，优化现场工作效率和提高活动质量）。

（2）现场执行时，各小组的负责人要定时向总控中心汇报活动情况，总控中心及时收集问题，做出应对指示。如果活动持续时间较长或行程较为复杂，建议在项目执行中期，召开全体工作人员会议，互通信息，归纳问题。

（3）总控每日例会制度。总控中心应该每日召开例会，各板块总控必须参加，此会议时长可长可短，主要根据当天的工作情况而定。主要内容包括：各总控汇报当天工作情况、突发状况、需要请示的事情，总控中心发布新的工作指令。例会建议控制在 1 个小时以内为宜。

任务工单 2

任务名称	制定总控中心工作机制文件
地　　点	
日　　期	
任务目的	根据项目信息，掌握如何制定总控中心的工作机制文件和沟通规则。
任务内容	以下任务二选一完成。 任务 1：在完成本任务工单 1 的基础上，制定一套总控中心的工作机制文件； 任务 2：一年一度的校园文化艺术节即将到来，前期策划、筹备工作已经完成，进入到艺术节现场阶段，请在完成现场执行团队架构的基础上制定一套总控中心的工作机制文件。
建议学时	2 学时
操作提示	形式不限，可以用文档或者表格形式。
任务实操	（1）各小组内讨论，可以根据背景信息自行假设部分条件； （2）确定总控中心人员及其职责； （3）讨论沟通机制和汇报线； （4）讨论例会频率、例会内容； （5）梳理成文，各组分享交流。

三、编制现场执行计划清单及表单

（一）确定现场执行计划内容

现场执行计划是所有活动在执行前的必备环节，一般情况下，根据活动类型、周期、复杂程度、参与人员等的不同，执行计划的维度和重点也会有所差异，但主体都要明确人、物和沟通对接的机制，具体内容包括：

（1）现场执行的范围界定和相关影响因素；
（2）确定现场组织架构及人员分工；
（3）制订现场汇报沟通机制；
（4）确定现场各点位人员数量及岗位职责；
（5）梳理需求细节，编制现场工作清单；
（6）制作现场所需物资清单和管理流程；
（7）制定现场执行的支持保障方案；
（8）制定风险应急预案。

（二）编制现场执行工作清单及表单

活动现场各工作表或工作清单是在活动筹备期间就制作完成的，是现场的行动指导和工作记录，能极大地提高工作效率，但是在活动开始前还需再次确认一遍，确认现场工作人员都了解活动流程、熟悉自己的工作是什么，知道相关人员的任务是什么，这就是全面准备的“倒逼”（也称“倒计时”）状态，把倒逼思维运用到具体的活动管理和实践中。

1. 时间维度：准备现场执行总体控制清单

有条不紊的活动执行是一场活动成功的基础，从活动布场开始，到中期实施及后期收尾，现场的执行需要提前做好安排，大致用到 12 个工作清单，如表 5－1 所示。

表 5－1　现场执行总体控制清单

活动前期——布场	活动中期——实施	活动后期——善后
1. 场地方沟通清单； 2. 搭建公司沟通清单； 3. 物料检查清单； 4. 搭建检查清单； 5. AV 串场清单； 6. 彩排清单； 7. 执行分工清单；	8. 活动签到清单； 9. 住宿签到注意事项清单； 10. 活动中注意事项清单； 11. 撤展工作清单；	12. 活动善后清单。

2. 分工维度：具体配备现场执行各小组工作清单与表单

现场工作繁杂而多头，执行人员应理顺工作内容，分工协作，确保活动顺利举办。掌握现场执行各小组的工作清单是必要且重要的，如表 5－2 所示。

活动现场执行总控工作清单说明

表 5－2　现场各执行板块工作清单

各执行组工作清单项目	清单对应编号使用场景备注
总控中心 编号 1：各板块重点工作表单及数据和活动执行分工表（Action Plan）（见图 5－4）； 编号 2：总控中心工作机制清单（包括职责说明、常驻人员、沟通汇报、工作时间和地点、例会安排等）； 编号 3：项目工作手册（包括通讯录、注意事项、内外部沟通机制、必备基础信息等）；	编号 1：【使用场景和内容】这张表告诉执行人员进场后，什么人应该在什么地方、什么时间、做什么事情。它是现场的纲领性、指导性的文件，也是项目总负责人的工作计划和执行依据。
接待组 编号 4：各板块资源信息列表（含资源各种数据和信息）（见图 5－5）； 编号 5：各板块资源分配表单（见图 5－6）； 编号 6：各板块现场执行表单（见图 5－7）； 编号 7：各板块工作流程、分工及岗位职责说明书（见图 5－8）； 编号 8：嘉宾管理表（见表 5－13 和表 5－14）； 编号 9：摄像培训表（见表 5－16）； 编号 10：第三方培训清单——媒体管理表（见表 5－15）； 编号 11：接站安排表（见表 5－17）； 编号 12：签到登记表；	编号 8：【使用场景和内容】管理不断变动中的各类嘉宾状态，随时反馈嘉宾邀约情况，适时调整邀约策略或提醒嘉宾购票。 编号 10：【使用场景和内容】除了主办方和公关公司之外的第三方工作人员。第三方包括礼仪小姐、志愿者、摄影摄像、直播、同传等战斗在第一线的外请工作人员。

续表

各执行组工作清单项目	清单对应编号使用场景备注
活动组	编号 13：【使用场景和内容】这张表格主要列明每个工作板块中的负责人是谁，以便通过各种方式第一时间取得联系。 编号 16：【使用场景和内容】也称流程技术台本，为 AV 控台内各个部门内部人员专用。以大会流程和时间为纲，指导屏幕和舞台在每个时间点上应当呈现出的每个细节。 编号 17：【使用场景和内容】大型会议必备的音频和视频、灯光设备。
编号 13：现场人员规划表和通讯录（见图 5-9）； 编号 14：现场执行方案（一般以 PPT 形式呈现，包括了现场效果图、示意图及动线图）； 编号 15：活动所需物料的 OP 单（见图 5-10）； 编号 16：活动流程管理表（台本 Rundown）（见图 5-11）； 编号 17：AV 设备清单（Equipment List）（见图 5-12）； 编号 18：搭建计划表和彩排计划表（见图 5-13）； 编号 19：音频和视频文件管理表；	
后勤保障组	
编号 20：工作职责和范围界定； 编号 21：项目组内部规则和人员管理；	
物资组	编号 22：【使用场景和内容】活动当天，各个板块工作组所需要的所有现场布置、设备、道具等物料编号，包括项目涉及物资的基本信息、制作信息、运输信息、仓储信息及交接信息。一般按区域归类后逐项列出，描述具体样貌、材质、作用等，需要定好计算单位，确定数量，有时需要标明价格，用于前期现场盘点，也可以用作预算编号、结算编号附件。 编号 23：【使用场景和内容】专人负责所有物资存储仓库，进行每天出库和入库的管理，做好相应记录，并进行周期性（可每天/每两天，如长周期项目也可每周）汇报。 编号 27：【使用场景和内容】活动结束后对所有物资进行清点、统计和回收，做好记录。
编号 22：物资清单（Material List）（见图 5-14）； 编号 23：出库和入库管理规则； 编号 24：物资储存和发放； 编号 25：物资出库单（见图 5-15）； 编号 26：物资交接单（见图 5-16）； 编号 27：物资回收单；	
风险应急组	
编号 28：应急预案； 编号 29：相关机构信息表（包括但不限于医院、使馆、警局/派出所等）； 编号 30：保险相关文件和表单； 编号 31：紧急情况记录表和汇总表（见图 5-17）； 编号 32：失物招领登记表（见图 5-18）。	

注：编号对应表中各执行组工作清单项目。

日期&时间	时长	计划	负责方 甲方人员	公关公司	场地方	第三方
活动前2天						
18:00-18:30	30`	进场手续办理，携带进场人员身份证,现场拍照				
18:00-20:00	2小时	木工/AV设备搬运至会场				
20:00-24:00	4小时	所有工种搭建时间（详见搭建进度表） 场地配合将控制台所用桌子7张及椅子15把准备好				
21:00		发电车到位				
活动前1天						
00:00-12:00	12小时	通宵搭建				
07:00-12:00	6小时	美工进场搭建				
9:00		所有工作人员到位、兼职到位				
9:00-18:00	全天	网络布置及测试				
10:00-14:00	4小时	兼职礼品分装，装入手提袋（220份手提袋多放1个笔、1份感谢信）				
12:00-14:00	1小时	会场内搭建收尾工作				
12:00-14:00	2小时	AV设备调试，灯光调试（**请注意公共区域成品保护、大型实物展示设备**）				
12:00-14:00	2小时	**家具布置（先布置体验区桌子椅子、再布置观众区及签到处**				
14:00-20:00	6小时	**体验区布展** **签到处/拍照区/入口出展板搭建制作**				
12:00-15:00	3小时	**视频文件导入控制台，PPT整理**				

图 5-4　活动执行分工表（Action Plan）

序号	地区	酒店名称	星级	开业	地址	报到日发放物资存放点	大堂&电梯是否有欢迎水牌，可否提供，要到画面	入住时欢迎饮品	早餐厅楼层 早餐厅开放 早餐厅容纳量时间	入早餐厅凭证报房号还是刷门卡
房间礼遇-是否有欢迎信	房间电视是否可以显示欢迎画面	是否有洗发水、沐浴露	是否有牙刷，是否有吹风机	是否有熨斗	是否有热水	是否有保险	是否有保险柜	Minibar是否可锁	房间内有免费水两瓶	房间内如何连接 Wifi

图 5-5 各板块资源信息列表（含资源各种数据和信息）（以酒店为例）

XX项目酒店分配表

序号	位置	星级	酒店名称	类别	使用间夜	5/7	5/8	5/9	5/10	5/11	5/12	5/13	5/14	5/15	5/16
1		4	酒店1	分配 Twin Room	1325.0	72.0	109.0	109.0	109.0	109.0	112.0	156.0	156.0	156.0	156.0
				大床 Double Room	45.0	4.0	4.0	4.0	4.0	4.0	3.0	5.0	5.0	5.0	5.0
				标间 Twin Room	9.0	1.0	1.0	1.0	1.0	1.0	1.0	1.0	1.0	1.0	
				Total	1379.0										

XX项目酒店分配表

序号	位置	星级	酒店名称	类别	使用间夜	5/7	5/8	5/9	5/10	5/11	5/12	5/13	5/14	5/15	5/16
2		4	酒店2	分配 Twin Room	2577.0 1053.0	96.0	201.0	254.0	253.0 106.0	253.0 106.0	256.0 106.0	253.0 106.0	263.0 106.0	262.0 105.0	262.0 105.0
				大床 Double Room	45.0	1.0	3.0	3.0	4.0	4.0	4.0	3.0	4.0	5.0	5.0
				套房 Suite Room	5.0						1.0	1.0	1.0	1.0	1.0
				大床 Double Room	24.0	1.0	1.0	2.0	2.0	2.0	3.0	2.0	3.0	2.0	2.0
				标间 Twin Room	10.0				1.0	1.0	1.0	1.0	1.0	1.0	1.0
				标间 Twin Room	20.0		1.0	2.0	3.0	3.0	4.0	3.0	2.0	1.0	1.0
				Total	3734.0										

图 5-6 各板块资源分配表单（以酒店为例）

					去程航班第一段		程航班第二		返程航班第一段		程航班第二					全天	全天	am	pm	am	pm	am	pm
批次	团号	口岸	序号	航空公司	航班号	出发日期	起飞时间	落地时间	航班号	出发日期	起飞时间	落地时间	订位	分团人数（含领队及含工作人员）	酒店	13-Apr	14-Apr	15-Apr	15-Apr	16-Apr	16-Apr	17-Apr	17-Apr
1	1/2/	广州	1	印尼鹰航航空	GA897	4月15日	0230	0730	GA896	4月20日	1920	0025+1	223	68	Conrad			小皇宫	文化村	出海	金巴兰	情人崖	Bali C.
1	3/4/5/6/7	广州	1	印尼鹰航航空	GA897	4月15日	0230	0730	GA896	4月20日	1920	0025+1		161	Hyatt			小皇宫	文化村	出海	金巴兰	情人崖	Bali C.
1	9/10/11/	香港	2	国泰航空	CX785	4月15日	1010	1500	KA361	4月20日	1835	2335	210	108	Novetel			抵达	酒店free	出海	金巴兰	情人崖	Bali C.
1	12/13/14	香港	2	国泰航空	CX785	4月15日	1010	1500	KA361	4月20日	1835	2335		109	Aston			抵达	酒店free	出海	金巴兰	情人崖	Bali C.
1	22	香港	3	香港航空	HX709	4月15日	1915	0025+1	HX706	4月20日	1810	2315	32	32	Hyatt			抵达		漂流	酒店free	出海	酒店free

图 5-7 各板块现场执行表单（以旅游活动为例）

××项目组岗位说明书	
岗位名称	酒店/会议 PIC
所属小组	酒店/会议组
岗位工作目标	确保酒店/会议版块全程工作顺畅，满足客户需求
上岗日期	
工作时间	
汇报程序	酒店/会议 PIC-项目总控
期望人选	
详细职责描述	
1	
2	
3	

图 5-8 各板块工作流程、分工及岗位职责说明书

字号 NO.	项目	内容	优森负责人 Unison Owner				甲方负责人 Owner				备注
			姓名	电话	邮箱	人员	姓名	电话 Tel	邮箱	人员	
1	项目监督	项目总负责人									
2	项目总控	项目总调度									
3	搭建/AV	搭建 AV 管理									
4	9 日主会场	主会总控				礼仪：4 人 摄像师：4 人 摄影师：3 人 速记：2 人 兼职：2 人					
5		彩排									
6		演讲嘉宾对接									
7		主持人对接									
11		物料桌卡椅背贴摆放									
12	展区	签到处				签到：兼职 9 人 （6 人签到，2 人帮助发礼品，1 人疏导人流） 展区：兼职 7 人					
13		展区展商沟通									
14		展品管理									
15		展区讲解									
16		展区讲解									
17	VIP	VIP 管理				礼仪：2 人 摄影：1 人					

图 5－9 现场人员规划表和通讯录

序号	项目名称	尺寸说明	图片	数量	单位	设计时间	备注
1	胸卡和贴纸	95cm＊130cm		特定		胸卡配色分类（11 月 4 号之前给）：VVIP－紫色；嘉宾/VIP－黑色；媒体－白色；警察一类颜色；安保，搭建，志愿者，工作人员，展商一类颜色	确认制作
2	安检棚房桌签	A4 三折页		4			确认制作
3	一米栏	1 米栏		200			确认制作
4	会刊	A4（210＊285）					确认制作
5	会议手册	A4（210＊285）					确认制作

图 5－10 活动所需物料的 OP 单

开始时间	结束时间	时长	环节	内容	主屏			灯 Light	音响		左台口	负责人	右台口	负责人	道具	Standby	环节衔接	备注
					L	3 M 3	R		MIC	BGM								
18:00:00	18:49:50	0:49:50	入场	嘉宾入场	动态 KV	动态 KV	动态 KV	暖场光＋观众	Micl，2	入场暖场音乐							主持人口播晚会即将开始，引出倒计时	
18:49:50	18:50:00	0:00:10		倒计时视频	倒计时 vedio	倒计时 vedio	倒计时 vedio	暗场	—	SOV	主持人就位	—	演出道具就位	—	古琴、自动装置、立麦、礼品	主持人及所有演出人员及礼仪（礼仪现场走位）	计时结束后，主持人唱名，领导入场	主持人口播 2 次倒计时：5 分钟一次，1 分钟 1 次
18:50:00	19:00:00	0:10:00		主持人上台	动态 KV	动态 KV	动态 KV	暖场光＋观众灯	Micl，2	主持人上场音乐								
				邀请领导入场唱名领导入场	现场	动态 KV	现场	暖场光＋观众灯	Micl，2	领导入场音乐							4 名礼仪引领领导入位	领导外场就位要有人通报，安保要安排好
19:00:00	19:01:00	0:01:00		主持人开场词	动态 KV	动态 KV	动态 KV	—	Micl2	—	—						引出第一篇章开篇视频	活动即将开始

图 5－11 活动流程管理表（台本 Rundown）

设备清单 EQUIPMENTS LIST	数量	单位	备注
视频部分			
P3 LED 大屏幕 L・24＊H：4.5m	108	平米	
DVI 光纤传输器	7	套	
Dell 21.5" 液晶监视器	4	台	
Barco MatrixPro 8＊8 DVI 矩阵 EXTRON	1	台	
Barco EC-200&E-2 Compact event Controller 巴可 4K 屏	1	台	
Barco Image Pro-II HD-SDI 图形转换器	2	台	
Dataton Watchout 视频编辑播放系统	6	通道	
提词屏，60 寸液晶电视	2	台	
Apple Macbook Pro 电脑	5	台	
T 系列笔记本电脑	2	台	
CUE LIGHT & Master Station 远距离翻页器	2	套	
视频线材	1	批	

图 5－12 AV 设备清单（Equipment List）

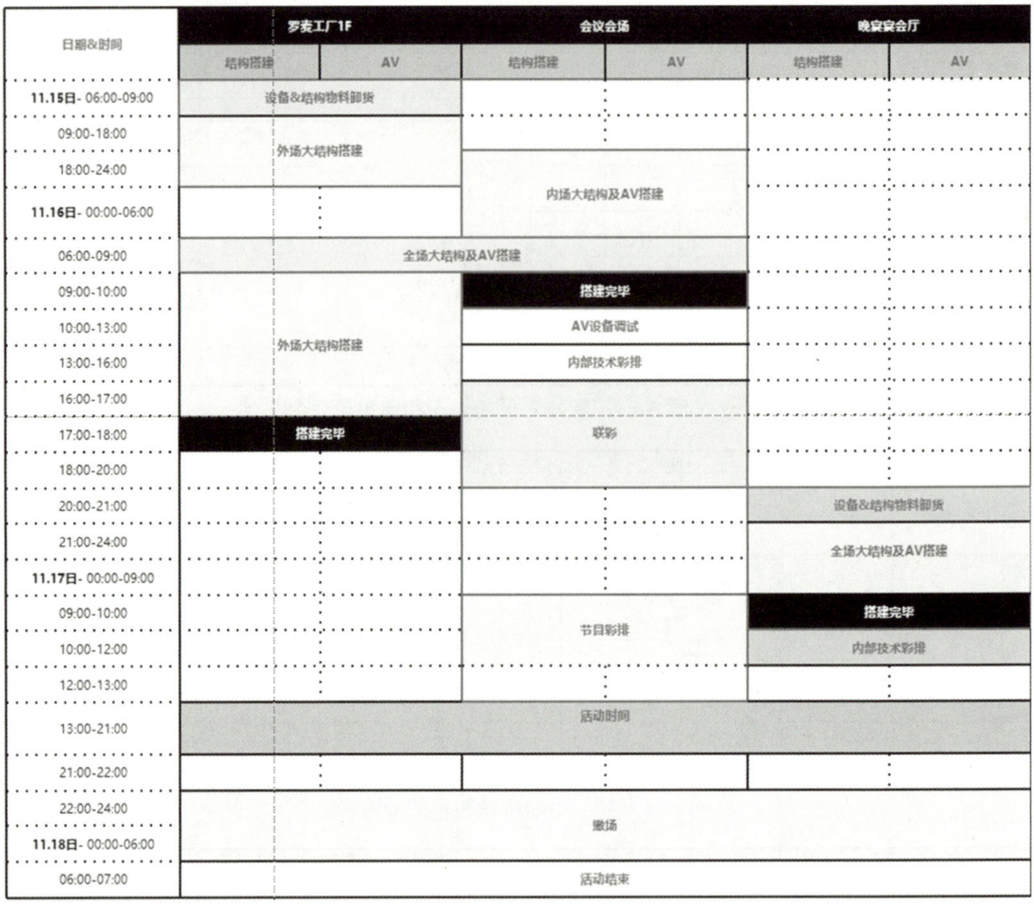

彩排				
日期	时间	项目	内容	负责人
11月16日	13:00-16:00	中青博联	会议--内部彩排	
11月16日	16:00-20:00	客户	会议--联彩	
11月17日	9:00-11:00	客户	会议--节目彩排	
11月17日	13:30-17:00	客户	会议--活动时间	
11月17日	10:00-12:00	中青博联	晚宴--内部彩排	
11月17日	18:00-21:00	客户	晚宴--活动时间	

图 5－13　搭建计划表和彩排计划表

序号	区域	类别	物料	制作要求	尺寸	数量	状态
1	8日星友晚宴	制作	嘉宾桌卡	三角桌卡	A5三折	TBD	
2			主持人手卡	250G铜版纸印刷	9cm*14cm	50	
3			麦克风Logo盒	KT板裱写真画面喷绘	5cm*8cm	TBD	
4			桌牌	1-26号，KT板双面，4不要	直径15cm	26	
5			晚宴指示牌	油画架+KT板，文字内容晚宴	60cm*90cm	3	
6			晚宴签到臂贴	A4贴纸	直径5cm	250	
7			签到桌卡	三角桌卡	A4三折	1	
8			晚宴座位图	油画架+KT板，文字内容晚宴座位图	60cm*90cm	1	
9			菜单	250G铜版纸印刷，覆亚膜	20cm*20cm	20	
10			VIP室门牌	油画架+KT板，文字内容VIP室门牌	60cm*90cm	1	
11		采买	蛋糕	定制打印logo	1.2m*0.6m	1	
12			厨师帽子	领导上菜道具		10	
13			蛋糕刀丝带	蛋糕刀丝带		3	
14			红酒杯+红酒托盘	酒店提供		1	

图 5－14　物资清单（Material List）

物资出货记录表						
出货日期		物资 A	物资 B	物资 C	物资 D	物资 E
	仓库 1	100	100	100	100	100
	仓库 1	107	100	97	107	101
×月×日						
				−10		
			−3			−6
×月×日库存		107	97	87	107	95

图 5 - 15 物资出库单

×××项目名称											
编号	名称	规格	数量	制作物-箱数	采购物-箱数	箱贴编号	交接人	接收人	交接日期	交接地点	备注
1	物资 A	黑色	1000	1000	/	1					
2	物资 B	白色	100	/	100	2					
3	物资 C	4m＊0.7m	816	400	416	3					
4	物资 D	/	145000	/	/						

图 5 - 16 物资交接单

××项目紧急情况处理报告

记录时间		记录人	
客人姓名	客人团号	客人报名确认码	客人联系方式
事件情况说明			
发生时间		发生地点	
事件处理方案			
处理时间		处理人	
事件处理记录			
记录		记录人	记录时间
1.			
2.			
3.			
4.			
事件处理结果及跟进			
解决时间		记录人	

××项目紧急事件汇总

序号	类别	日期	团号	客人姓名	问题	处理	结果	后续跟进	相关文档/文件/照片
1									
2									
3									
4									
5									

图 5 - 17 紧急情况记录表和汇总表

××项目失物招领登记表													
序号	物品名称及特征	拾物地点时间	失主团号及姓名	失主电话	失主团号及姓名	失物地点时间	失主电话	领取人	领取时间	邮寄地址	邮寄时间	快递单号	备注

图 5 - 18 失物招领登记表

任务工单 3

任务名称	完成活动组的执行表单
地　　点	
日　　期	
任务目的	根据项目需求，学会制作一场晚宴的活动现场流程规划表或者人员规划表。
任务内容	某大公司年会将举办一场庆祝晚宴，针对全体晚宴请你们团队制作流程表，即活动现场流程规划表或者人员规划表。公司名字可自拟。
建议学时	2～3 学时
操作提示	两个表单，任选其一完成即可。
任务实操	(1) 组内讨论，参考工单 1 的案例信息，自行假设晚宴的细节需求； (2) 根据晚宴需求，确定任务，组内分工； (3) 合并汇总； (4) 组内讨论表单的可行性和合理性，进行优化，最终定稿； (5) 各组展示分享，描述思路，并进行师生答疑。

引申资源

现场执行方案到底写什么?

执行方案是该选择 PPT 还是 Word?

如果客户没有明确要求，建议还是使用 Word，执行方案主要是将项目各个环节的详细细节阐述清楚，文字会比较多，Word 更有利于展示。

执行方案中应包含哪些板块?

完整的执行方案应体现项目筹备期、项目进行期及项目延续期的所有内容。项目筹备期是指双方签订合同后，乙方组建项目小组开始全面筹备，体现在执行案中，有项目分工表、进度推进表、物料筹备清单；项目进行期是活动现场的执行管理方案及应急预案；项目延续期是项目完成后的总结分析、效果评测及后续的媒体报道方案。

接下来，依次说说每个部分的内容应该写什么。

一、活动概述

1. 活动信息。简明罗列活动名称、主题、时间、地点、活动思路、活动形式等，一般不超过 1 页篇幅。

2. 活动分项说明。这是针对大型活动而言的，可能整个项目是分阶段、分场地、分人群进行简单分项说明。

3. 活动现场规划。这部分在策划方案中已经涉及了，不过从策划方案到执行案，依据双方的不断沟通或许会有一些变化，需展示新的现场规划布局图。

二、项目分工管理及时间进度

1. 甲乙双方分工总表。概要说明在项目中甲乙双方的分工协作内容，比如政府举办的一次跨年音乐节，甲方主要负责项目立项、场地确定、政府各部门的相关协调及活动期间的安保、消防、医疗保障等；乙方主要负责策划、设计、执行方案的撰写、演艺人员的邀约、广告招商、现场布置搭建、活动现场秩序管理等。

下图是策划阶段的甲乙分工说明，执行案里可依据进一步的沟通做相应的调整，并写上甲乙双方项目负责人的电话，方便进行项目沟通。

政府部门	××公司
√ 项目立案，提供项目专项资金（不低于50万元）； √ 审定××公司所呈报的项目方案，并最终确定； √ 提供活动场地； √ 审批相关活动手续； √ 负责活动的整体宣传； √ 负责向本土相关单位征集节目； √ 为××公司的招商工作提供支持； √ 负责活动期间的安保、消防、医疗保障。	√ 撰写本次项目的整体方案，包括内容规划、氛围设计及费用估算等； √ 进行演艺人员的相关邀约； √ 成立项目协调组，进行活动现场搭建布置以及活动物料的筹备； √ 在市人民政府的许可下，进行项目广告招商，筹备项目资金； √ 负责整块活动的现场管理执行工作。

2. 项目小组分工管理（乙方）。按双方约定的内容组建项目小组，并明确各个小组的负责人及工作内容。

3. 项目时间进度表。重点体现在项目筹备期间各项筹备工作的时间进度。

三、物料、人员及设计清单

1. 物料清单。项目中所需物料总表，包括硬件包装及外场物料，需详细说明规格、材质、数量及用途。

2. 人员清单。罗列项目中所需人员数量及职责，包括但不限于主持人、演艺人员、设备操作师、摄影摄像师、礼仪人员、现场执行人员、安保人员、医疗人员和参会领导名单等，演讲嘉宾名单也可放在此部分。

3. 设计清单。罗列项目中需设计的物料，如推广类设计（海报、展板、路牌等）、活动现场包装设计（门头、指示牌、签到板、主舞台、围挡等）、其他辅助物料（邀请函、门票、手提袋、嘉宾名牌、工作证等）、现场规划设计（领导进退场路线图、观众席座次图等），需详细说明设计风格要求、物料尺寸及制作材质，且用附件的方式列出每种设计物料上的文字内容。

××公司年会活动执行计划及推进流程

四、现场执行方案

1. 现场执行台本。清晰列明活动中每个环节，对应的舞台背景画面、背景音乐、灯光配合、所需物料、涉及人员及负责人；活动中有互动游戏环节的需说明组织规则；有特殊活动环节的需说明操作规则（如现场摇号等）。

大型联盟义演活动执行方案

2. 现场人员分工。详细列明活动现场每个环节、每个区域、每个事项的负责小组的工作职责及负责人。

五、现场应急预案

预先设想活动现场可能出现的各种突发情况，应分别采取什么样的应对措施。

××项目活动具体执行方案

六、消防及安保方案

标注现场的安保点位，落实安保负责人，现场嘉宾进退场路线规划及现场应急疏散路线。

七、项目延续期工作内容

包含项目决算、项目总结的提交时间及方式，以及后续媒体报道的跟进等内容。

八、项目预算

执行方案是由文字、表格及设计图组成的。巧用表格可使执行方案看起来更清晰明了。内容复杂、篇幅较大的表格如项目预算可用文件附件的方式放在方案的最后。

任务二 沙盘推演

学习目标	
知识目标	了解沙盘预演在活动项目中的作用和价值； 明确执行前的倒推演练； 掌握现场模拟流程。
能力目标	学会项目倒推演练的重要节点并可以梳理关键内容； 能够完成活动现场模拟执行的流程。
素养目标	养成整体大局意识和逻辑思维能力； 养成在实践中总结归纳经验和机会点的能力； 提升风险意识和防范能力。

任务描述

沙盘预演是为了项目可以顺利有效实施而进行的试运行过程，旨在通过预演，确定流程、发现问题、规避风险，从而最大程度保障活动效果。活动项目执行前的预演，即沙盘推演，基本可以分为两个场景：出发前和目的地现场。

实施提示

严格按照既定计划和流程去执行预演，同时要关注预演过程中的每个关键环节，遇到问题不能忽略和掩藏，预演中发现的问题越多，现场实际执行中可能产生的风险就越少，执行效果也就越好。

业务流程

- 沙盘推演
  - 场景一：出发前、办公室
    - 按照执行计划核对现场工作内容
    - 交叉互检
    - 梳理物资物料
    - 模拟突发事件，完善风险预案
  - 场景二：活动执行现场
    - 现场走位，模拟执行
    - 查缺补漏，临时调整
    - 现场工作团队确定分工、内容及标准

知识补给站

一、沙盘推演的概念

沙盘，是指根据地形图、航空相片或实地地形，按照一定的比例关系，用泥沙、兵棋和其他材料堆制的模型。活动项目使用“沙盘”一词，是借用了军事概念中的意义，模拟实际中的场景，按照既定的流程和步骤进行预演练习的过程。目的就是提前发现方案中的问题和风险，进行及时调整或者补充。

沙盘推演，是指活动正式实施前由项目经理主持，项目组的核心成员全体参加进行活动的排练和模拟实施。根据活动执行的时间顺序，从抵达现场开始，按照每一天的维度，把每一个点位的工作都理一遍。预演中会发现各个工作组的交叉事项，也是查缺补漏的环节，同时，要假设和预判各种可能的风险点，做好应对措施，梳理成预案，以便现场应急之用。

二、活动预演的环节和步骤（见表 5-3）

表 5-3 活动预演的环节和步骤

预演前的准备工作	现场预演
1. 确认执行计划和方案细节； 2. 召集现场执行团队进行倒推演习； 3. 讨论预案中的风险点并明确应对措施； 4. 梳理物资物料和相应方案。	1. 确定现场实际点位，明确各点位工作细节； 2. 各点位之间的衔接与查缺补漏； 3. 明确现场工作流程、汇报机制、总控中心工作机制。

任务实施

一、确定预演计划

无论哪种活动类型，现场执行都会涉及不同的板块或小组，每个板块或小组都有自己的工作内容和重点以及制订的相应规划，各组看不到、很难兼顾或者很难考虑到其他板块小组的工作。但是，活动项目本身是一个整体，最终活动的实现要靠各个板块或小组间的密切配合、无缝衔接才能做到，这就是项目管理中“1+1>2”的意义所在。

（一）召开会议，明确分工

首先，第一项工作就是召集核心成员会议，项目成员共同确定活动现场各个板块或小组的工作计划和相关表单，从而发现其中的漏点或者冲突，并进行调整和修改。有个几乎所有活动项目中都会出现的冲突，那就是各个板块之间的衔接矛盾，可能体现为：

（1）究竟应该板块 A 做还是板块 B 做，出现推诿现象；

（2）板块 A 的工作计划与板块 B 的有矛盾，即满足 A 就不能满足 B；

（3）板块 A 的要求与板块 B 的正相反。

这样的局面在活动项目中是非常正常的，因此需要项目经理从整体大局出发去考量，最终决定该如何分工、如何判定或者如何放弃。

（二）达成共识，形成“沙盘”计划

一旦项目经理做出决策、成员达成共识，所有板块负责人就必须按照共识去执行。

各个板块的工作内容达成共识后，项目经理需要完成一份集合版的工作计划，当作现场的指挥图，也就是活动项目中所说的“沙盘”。

二、倒推演习会议

项目执行前的倒推演习，一般以集中会议和现场点位彩排的形式进行。集中会议即项目经理召集现场各个板块的核心负责人参加，如果活动规模不大，也可以召集现场所有工作人员一同参加，建议会议人数控制在 20 人以内，避免会议耗时过长。倒推演习会议的内容，主要有 5 个部分。

（一）现场人员的工作预演

工作人员在完成集合版的工作计划后，就要对其进行逐一的核实和沟通。这个工作计划一般按照时间顺序，即从项目现场执行前先遣工作组抵达开始，一般会提前 3～4 天，

进行梳理，具体可以根据活动难度、目的地情况、人员情况而定。从先遣组抵达第一天开始工作起，每个点位、每项工作，参会人员逐一达成共识，如有问题，随时打断提出、当场解决。这个过程，就相当于把现场执行的细节提前演练，虽然是假设场景，但是具有非常重要的意义，如果项目经理或者核心成员经验较为丰富，则演练的效果更佳、更会符合现场实际。

（二）现场物资物料的梳理和规划预演

活动现场的物资物料也是非常关键的要素，是所谓的“人、财、物”中的30%重要组成部分。筹备期所做的物资物料的管理和执行文件，必须在预演的会议上进行全员沟通并达成共识，各板块人员必须了解在整个活动过程中涉及的与己相关的物资物料的存储、运输、发放、回收等要求和细节。

（三）明确现场工作人员管理/后勤板块的工作安排

倒推演习还需要安排好团队成员和工作组的后勤才能有底气、有支撑地为客户提供更贴心的服务。所以，倒推会议上一定要有一个环节是后勤板块的工作计划沟通，让团队成员都清晰地了解现场工作人员的相关安排并达成共识。

（四）再次梳理、沟通风险点并明确应对措施

活动执行前需要对风险预案进行预演，逐一分析可能产生的风险点，沟通风险的可能性、影响的范围和程度，应对措施是否得当，相关汇报和沟通机制是否畅通等。特别是针对风险点中可以规避或者转移的类型，要先做出相应的措施尽量规避，比如购买必备药品、安排安保人员等都可以提前防控。

（五）总控中心工作机制、现场沟通汇报线达成共识

在倒推会议上，所有成员都要非常清晰总控中心的构成、职责、沟通机制、汇报机制，明确活动现场汇报线的构成。例如向谁汇报、哪一种汇报流程，明确最终决策人，确定总控中心日常工作流程和紧急事件的工作流程等。现场工作节奏往往异常紧张，提前明确好沟通机制会提升现场工作的效率并保障项目执行的最终效果。

视野窗

倒推演习会议的关键

1. 倒推演习会议的主持人至关重要，一般由项目经理担任。项目经理的主控、引导和授权是起决定性作用的。

2. 核心成员必须参与才能确保各个板块都有专人进行思考和评估，项目经理才能汇总最全面的信息，从而做出判断和决策。

3.. 召开会议最好能够集中留出一整天或者两整天的时间进行，正所谓“磨刀不误砍柴工”，在这个部分所花费的一点时间，可能会为项目现场节省大量的人力物力。

4. 提前准备。会议前要提醒所有成员准备好工作流程、表单，带着思考来参会，不然会议效率大打折扣。另外，也要考虑到大家的接受强度，适时安排好中场休息，避免因审美疲劳而带来效率低下，使倒推演习变得形式化。

任务工单 1

任务名称	开展一次有效的活动项目倒推会议
地　　点	
日　　期	
任务目的	学会组织团队成员，根据之前所做的执行计划进行倒推演习。
任务内容	参考如下情境资料，结合任务一“制订现场执行计划”中各板块工作计划，汇总工作内容，组内召开项目倒推会议，完成本任务“倒推演习会议”五大部分中的两部分内容，其中“现场人员的工作预演”为必选，其余4项任选其一完成即可。 **情境资料：** （1）活动类型：某企业境外激励表彰活动。 （2）人数：1 500人。 （3）时间：6天5晚。 （4）目的地：境外某地，可自行指定。 （5）活动主体需求： 1）1 500人出入境手续办理、大交通的安排； 2）1 500人境外住宿，标间，2～3家酒店为佳； 3）全体大会一天，安排茶歇和会议酒店自助午餐； 4）晚宴一次，需要整体方案规划、设计、舞美、搭建、布置、相关物料、外请节目推荐等； 5）全体人员团建一次，半天为宜，要求统一服装、统一布置，要有相关物料； 6）当地游览行程安排，要有体验感； 7）全程用餐安排，要求一次特色餐； 8）每人每天1份小礼品推荐，入住当日小礼品连同欢迎信一起放入房间； 9）活动传播方案及执行。
建议学时	6～8学时
操作提示	（1）倒推演习前，一定要完成各板块的执行计划并进行汇总； （2）参考头脑风暴会议的模式，对每一项工作进行充分讨论，最终形成决策意见。
任务实操	（1）分组进行，每组约10人； （2）每人完成自己所负责板块的工作计划； （3）组长负责将组员的工作计划合并成整体执行计划； （4）大家沟通商议确定倒推会议的内容（完成可选项目的确定）； （5）确定会议时间，并提前做好相关安排； （6）进行情境模拟； （7）会上充分讨论沟通，完善各自计划已经补充交叉部分的漏点； （8）涉及冲突之处，要从项目大局和整体效果出发，做出更好的决策； （9）根据讨论结果，完善整体执行计划； （10）团队成员与总负责人会后总评。

三、现场点位彩排

现场点位彩排，就是活动执行前项目组成员抵达活动场地后，通过实际踩点走位来明确工作内容和交叉环节、查缺补漏。在模拟中发现问题，一是为了做好执行前查缺补漏，二是保障活动的流畅性、衔接的紧密性。

（一）彩排的内容

活动彩排的内容主要从 5 个方面着手，如图 5－19 所示。

图 5－19　活动彩排的内容

（二）彩排的具体步骤

（1）项目组核心成员组成不同的考察小组，根据现场实际分工，由点位的具体负责工作人员直接汇报流程、模拟操作，其他成员提出问题和疑点，现场解决。

（2）反复多次技术彩排，直到基本上可以排除项目执行前因为流程、环节不完善所带来的问题。这样，现场实施时工作人员基本可以聚焦到临时突发状况的解决和处理上。

（3）组织彩排走台。如果有使用舞台的活动，最好对所有节目进行提前排练，以便演员熟悉位置并适应表演环境，同时，检查节口的衔接、灯光布景、扩音器等的连接，提前在排练期间解决演出中可能出现的问题。活动嘉宾彩排流程安排可参见表 5－4。

表 5－4　活动嘉宾彩排表

<table>
<tr><td colspan="12">提醒：所有流程彩排 3 遍以上，以使相关负责人对这个活动的流程非常熟悉，如搭建方、主持人、控台方、兼职负责人、礼仪负责人等的参与者，要让对方知道自己负责的环节大概的时间节点，以及知道有问题找谁。</td></tr>
<tr><td colspan="12">彩排负责人：×××　　彩排时间：×××　　彩排时长：12 小时　　彩排地点：××酒店</td></tr>
<tr><td>时间</td><td>嘉宾 A</td><td>嘉宾 B</td><td>嘉宾 C</td><td>嘉宾 D</td><td>嘉宾 E</td><td>嘉宾 F</td><td>嘉宾 G</td><td>嘉宾 H</td><td>嘉宾 K</td><td>嘉宾 L</td><td>嘉宾 M</td></tr>
<tr><td>00:00—00:00</td><td colspan="11">技术彩排＋灯光＋音响＋大屏</td></tr>
<tr><td>00:00—00:00</td><td colspan="3" rowspan="3">00:00—00:00
嘉宾 A、嘉宾 B、嘉宾 C</td><td></td><td></td><td></td><td rowspan="6"></td><td rowspan="6"></td><td rowspan="6"></td><td rowspan="6"></td><td rowspan="6"></td></tr>
<tr><td>00:00—00:00</td><td></td><td></td><td></td></tr>
<tr><td>00:00—00:00</td><td></td><td></td><td></td></tr>
<tr><td>00:00—00:00</td><td colspan="3"></td><td colspan="2" rowspan="2">00:00—00:00
嘉宾 D 和嘉宾 E</td><td></td></tr>
<tr><td>00:00—00:00</td><td colspan="3" rowspan="2"></td><td rowspan="2">00:00—
00:00
嘉宾 F</td></tr>
<tr><td>00:00—00:00</td><td colspan="2"></td></tr>
</table>

续表

00:00—00:00							00:00—00:00				
00:00—00:00											
00:00—00:00								00:00—00:00			
00:00—00:00											
00:00—00:00									00:00—00:00		
00:00—00:00											
00:00—00:00										00:00—00:00	00:00—00:00
00:00—00:00											
00:00—00:00	第二次联排										
00:00—00:00	全场休息时间										
00:00—00:00	全场联合彩排，模拟直播流程，中间不停										
00:00—00:00	次日：活动正式开始										
彩排注意事项：											

注：时间根据具体情况填写。

任务工单 2

任务名称	现场模拟彩排
地　点	
日　期	
任务目的	通过现场考察过程，完善计划，锻炼每个人在现场发现问题、解决问题的能力。
任务内容	针对本任务工单 1 中最后确定的现场计划，模拟考察现场并彩排： （1）可以完全虚拟现场环境和条件，也可以利用外出实习的机会进行现场模拟； （2）采取个人讲述和他人补充的方式完善执行计划。
建议学时	4 学时
操作提示	如果完全虚拟现场，尽量选择多数人去过的地方，以增强互动性。
任务实操	（1）确定现场环境和条件/选择实际现场替代； （2）由每个点位的工作人员（组内成员担当）自行讲述每一项工作安排，其他组员提供问题和意见； （3）每个点位的工作人员根据其他组员的意见进行调整和补充； （4）最后完善现场执行计划。

引申资源

大型晚会策划活动怎么安排彩排

晚会活动环节多、节目复杂，不重视彩排很难呈现出想要的效果，甚至会使活动半生不熟，上台冷场或中断。组织活动彩排主要起到熟悉节目衔接、熟悉演出场地、熟悉保障环节、熟悉演出进程 4 个作用。如何安排大型晚会的彩排工作呢？

1. 组织舞台工作人员，熟悉演出场地情况。舞台工作人员主要有舞台总控、后台主任、催场员、司幕员（包括拉幕、跟幕人员）以及灯光、布景等。

北京世园会中国馆下行扶梯故障停运演练脚本

2. 最好在活动现场召开领队会，明确舞台工作人员职责、节目顺序、舞台情况等。

3. 组织彩排走台，以便熟悉位置以适应演出环境。

如果使用舞台方便，最好组织所有节目彩排走台，也就是“预演”，以便演员熟悉位置、适应演出环境；同时检查节口的衔接、灯光布景、司幕、扩音等配合协调情况等，使演出中可能出现的问题在走台彩排中提前得到解决。

4. 彩排各个创造性元素的过渡点。

不要只排练创造性的元素，也要彩排各个创造性元素的过渡。准备做怎样的安排，改变怎样的一些布置，怎样安置演员表等，在这期间灯光要怎样安排，是不是需要一些像键盘的演奏声或者安静中带些和弦的音符，找出一个最有效并且困难最少的方法进行演出，避免在不灵活的过渡中失掉节奏。

5. 为每一个人彩排，确保每个人都知道自己的角色。

排练是需要每个人的，整个创造队伍需要为盛大的演出彩排灯光、音效、视频，台上的每个人员都需要知道他们在表演中该怎么做并且要有时间排练。

6. 像正式演出般进行彩排。

经常会发现一些演出没有做到最好，其原因就是没有进行全面的彩排，所以彩排时要像正式演出一样进行。

视频：彩排现场舞台工作人员布置道具

7. 要进行有层次的彩排。

大多数的演出需要分成几个阶段并且单独排练，最后一起彩排。大家开始先各自单独彩排，然后将各个部分串起来，怎样入场、站哪个位置、怎样出场以及要做什么都进行彩排，这样晚会活动策划者就可以看看他们的想法是否起作用了。下一个步骤就是半服装彩排，可能的话穿上服装，拿上道具、装置等，当这些都完成的时候，所有人员进行整体彩排几次并且在当天再彩排一次。全服装的彩排包括演出中的舞台转换。

8. 彩排需要预留足够的时长。

当我们要彩排的时候，彩排安排必须要写下来，足够的时间决定一切。

任务三 现场工作人员管理

学习目标	
知识目标	了解现场工作人员的类型； 熟悉现场工作人员管理的内容； 明确志愿者招聘、培训的方式和现场管理计划。
能力目标	能够规划安排现场工作人员； 能够进行现场工作人员的后勤安排； 能够制订志愿者管理计划。
素养目标	具备娴熟的职业沟通协调能力、高效管理能力； 养成服务意识、团队合作意识； 养成劳动光荣、技能宝贵的时代风尚。

任务描述

活动项目中“人”的因素极为重要，现场中各个岗位执行人员的全力配合是活动圆满成功的保证，活动方对各个岗位的执行人员实行有效的管理很有必要。同时，工作人员人力资源管理、后勤保障管理等也需要做好规划和保障措施。本任务将一一进行指导。

实施提示

本任务中，工作人员管理和志愿者管理工作实际在活动项目筹备阶段就开始了，实施中应根据活动需要增减岗位和人数，这里重点掌握现场执行阶段的工作，同时简单了解前期工作内容。

业务流程

配置现场工作岗位及人员	明确现场人员分工及职责	实施各岗位工作
1	2	3

知识补给站

一、现场工作人员类型

现场工作人员主要有以下类型，见表5－5。

表5－5 现场工作人员类型

大 类	小 类
技术人员（舞台相关人员等）	灯光设计、灯光操作、音响设计、音响制作、视频设计、视频操作、前台管理等
管理和服务人员	场地管理人员、服务接待人员、后勤管理人员、餐饮管理人员、清洁和垃圾处理人员等
临聘人员	在国内，临聘人员的来源主要是学校实习生、志愿者、社会待业人员等，尤其是志愿者，他们已经成为活动现场中不可缺少的重要部分。 安排的岗位有引座员、礼仪员、记时员、裁判员、各种协调员（如媒体协调员、交通协调员、信息协调员、后勤协调员等）、急救员、公共关系助理、安保员等

二、现场工作内容

各职能岗位的现场工作人员，应按照人力资源规划方案，通过各部门管理者进行统一协调与监管，协助解决各种现场出现的问题。现场大略有以下一些工作内容，依活动的大小决定工作内容的多少和繁简，根据需要安排工作人员。

(1) 观众登记注册和服务；
(2) 各方现场联络和工作服务；
(3) 媒体接待与采访；
(4) 公关和重要接待活动；
(5) 现场安保工作；
(6) 相关活动的协调管理；
(7) 现场清洁；
(8) 知识产权保护工作；
(9) 相关信息的收集与整理；
(10) 与场地部门结算；
(11) 商谈下一届活动的合作、代理事宜（以展览、节事活动为主）；
(12) 为下一届活动招商招展。

任务实施

活动现场执行阶段，筹备期的工作人员在服务功能上会有所转变。对于部分岗位需要重新进行合理分配。以展览为例，前期的招展人员，在现场就变为参展商服务人员；前期的媒介人员，在现场变成了新闻单位接待人员等。

一、现场工作人员配置与职责分工

（一）配置现场执行团队

现场执行团队人员通常分工如表 5-6 所示。

表 5-6 现场执行团队

序号	现场执行团队
1	总控中心（Commend Center）
2	注册接待人员（Reception）
3	活动组（Event）
4	媒宣组（Media）
5	风险应急组（Emergency）
6	物资组（Materials）
7	后勤保障组（Support）

通常，项目管理人员会根据执行架构确定现场各服务工作点位的人员数量及分工，可参考表 5-7 执行。

表 5-7 现场执行各点位人员配置及工作内容

编号	板块/小组	场地	岗位	工作描述	项目组人数	合作方人数	上岗时间	撤岗时间	天数
1									
2									
3									
4									

1. 总控中心（Commend Center）

活动开幕后，就进入活动的现场工作阶段。现场应设立最高指挥中心，也就是现场办公机构，全权处理活动期间相关事项，通过现场调度、管制、指挥等方式，收集信息，发布各种命令，保证现场一切正常。

总控中心是活动类项目一般所必备的，即便因为条件所限而没有专门的固定场所，也会有概念上的“总控中心”。大型项目应配置固定的总控中心。总控中心一般专门设立在活动现场，或是设立在 VIP 所在的或客人人数最多的酒店，最好有独立的办公区域，有相应的办公设备。总控中心的指挥人员由活动最高管理者、活动策划师、场地负责人、现场相关业务组等 2～3 名核心人员组成。总控中心的主要职能如图 5-20 所示。

图 5-20　总控中心主要职能

其工作安排及职责为：①机动巡查（4～5 人）。②活动电话总台（2 人）。③处理活动突发性特殊事件并给予调解。指挥人员应频繁地巡逻现场各区域，重点实施对客流高峰、开闭幕式、重要嘉宾接待、重要活动等的统筹。④需要争取资源条件，搭建现代信息化监控运行、协同指挥和通讯保障系统，实现通信、医疗、气象等部门的互联和协同，为活动指挥和领导决策提供有效支撑。

2. 注册接待人员（Reception）

不同类型的活动，接待工作所占的比重不同。如果是会议或者奖励旅游类型的活动，接待组是整体活动组织架构中的核心板块之一，人员占比也较大；如果是展览展示类的活动，接待组占比较小。

对接待工作人员要做岗前培训，明确职责，制作书面工作指南和行为规范。配备注册工作的人员要充足，如果需要可指定后备人员。

一般情况下，大型活动的接待组现场执行架构可以参考图 5-21（以旅游活动为例）：

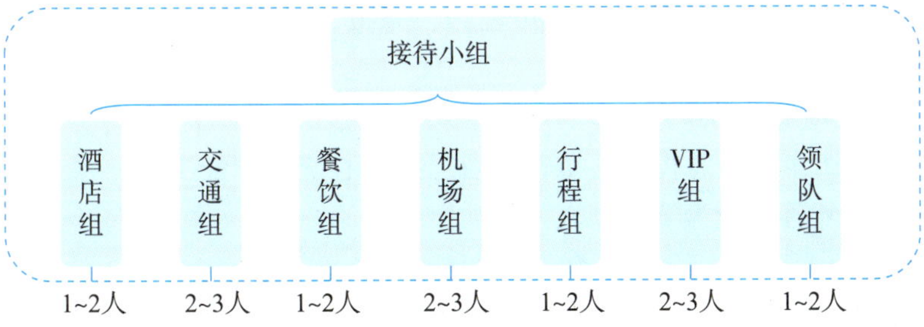

接待组岗位分工设置具体内容

图 5-21　大型活动接待组现场执行架构

接待组的岗位分工及设置应根据活动性质而增减，通常人员配置及分工请扫二维码。

3. 活动组（Event）

项目实施期的人员组织这一阶段最大的特点是各项活动几乎同时在各个地方进行，参与人员众多、职能各异，组织机构急剧膨胀，因此这一阶段的关键组织要求是分门别类、分工协作、各负其责。活动组主要负责项目中的会议、宴会、开闭幕式、发布会等。现有的活动类型中，不论哪种，都会有活动组的功能存在。

活动组人员及工作内容大致可以参考如图 5－22 所示的架构图。

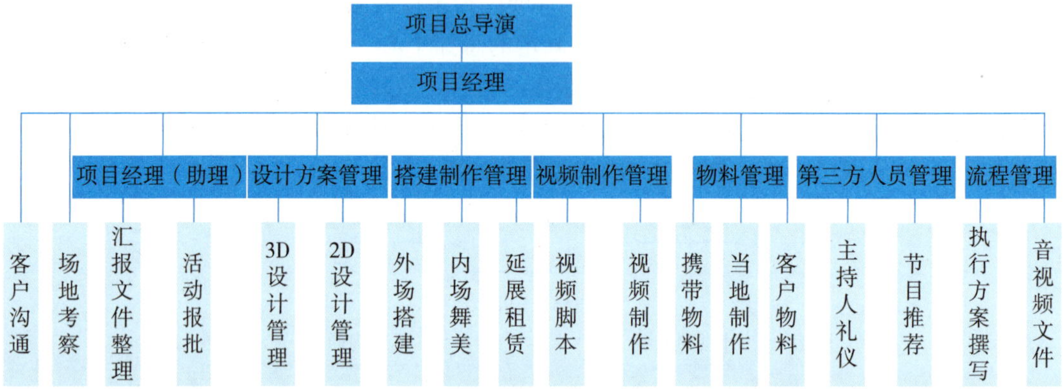

图 5－22　现场活动组工作人员分工架构

现场活动组重点应安排好各点位人员：

（1）导引人员。每个主要出入口处安排 1～2 名工作人员。场馆周边出入的主要通道、其他同期现场工作内容等可适当安排流动的导引人员派发门票、传单，吸引人流。

（2）咨询服务人员。在观众入口大厅处要设总服务台，在各活动区域问询处设现场工作人员。总服务台办公时间与活动总体时间安排相同，人员配置按照区域大小分配人数。

（3）特殊服务人员。配备与观众服务有关的特殊服务人员 1～2 名，负责医疗和紧急救助，儿童、残疾人和老人护理，失物招领，抱怨和投诉接待，信息中心，现场广播，神秘顾客等。

现场活动组人员特别注意两点：一是要做密集的信息沟通，要有清晰的报告关系；二是一旦发生紧急情况，部门之间要协同和应急响应。

4. 媒宣组（Media）

根据不同活动的要求，一般配置媒宣 2～5 人，主要负责活动整体的传播推广，传播形式包括新闻、专题、专栏、微信推文、短视频、海报、H5、宣传片、主题曲、网上直播、户外广告、移动交通、媒体广告等。

5. 风险应急组（Emergency）

严格来讲，应急组隶属于总控中心范畴，由总控中心统一调配工作。根据活动规模和难度，应急组的人员配备一般为 2～10 人。

6. 物资组（Materials）

物资组根据需要设置负责人 1 名，必要时可配备 1～2 名助理。

7. 后勤保障组（Support）

后勤保障组一般配置 2～5 人，负责的是整个项目组各方工作人员的相关安排，包括住宿、用餐、交通、考勤、物料、应急管理和心理疏导等，属于项目的基础保障部分，比如翻译和记者工作有时会出现疲劳，影响活动质量的效果，注意提前准备一个简单、方便且可供休息的地方。

做好演艺类大型活动现场工作人员岗位职责分配

（二）明确现场工作人员的主要职责

首先，应制订现场人员规章，这是人力资源计划战略的一个组成部分，而且还涉及健康、安全、行为不端、工作表现低劣和违反安全措施等方面的内容。这些规章应清晰简要地制订出来，公示给正式员工和志愿者。其次，明确划定各个岗位工作人员的主要职责范围。

（三）落实活动执行前工作人员必做的几件事

（1）划分活动执行角色。要注意角色的独立性、工作的系统性和联系性、明确性。明确各个活动运营人员的工作职能，如监督、控制、沟通、处理、汇报等职能。

（2）活动执行人员的管理。在筹备期的角色管理仍以活动现场角色划分为基础，分别展开与之相关的筹备工作，并且承担活动现场的相同工作，如此将会更加顺利高效。

（3）现场执行的机动管理。现场最好能有一名机动人员和一名活动督查，要有充分和备用工作人员。

（4）工作人员内部后勤保障。如果活动时间跨度较长，组织方需要做好员工的基础保障工作。

任务工单 1

任务名称	实地考察活动现场管理岗位
地　　点	
日　　期	
任务目的	深入理解活动现场人员岗位安排。
任务内容	调研近期举办的大型活动现场管理岗位类型、工作内容并分析，提出合理建议。
建议学时	4 学时
操作提示	进行现场调查，需事先和活动组织方联系、协调，收集信息。
任务实操	以近期某一大型活动为对象，团队小组参观活动的所有现场管理岗位，了解类型和位置，根据实地参观调研，选取不少于 2 个岗位进行分析说明，填写活动现场管理岗位调研汇总表（见下表），并对岗位职责和内容提出合理建议。

现场管理岗位调研汇总表

岗位名称	楼层及位置	岗位内容	工作人员数量	现场物料准备	图片展示

任务工单 2

任务名称	分析现场工作人员管理岗位
地　　点	
日　　期	
任务目的	熟悉现场岗位分配和内容，提高职责意识。
任务内容	调研学校里可容纳 200 人的活动场所及分布特点，假如举办一场校园大型活动，可以是比赛或晚会、展览，请根据场地平面图，设计活动的现场组织架构，在平面图上标出现场管理的岗位和人数，做出各岗位的职责分析。
建议学时	2～3 学时
操作提示	（1）各团队最好选择熟悉或经历过的活动进行实操； （2）内容力求合理。
任务实操	（1）全班学生分成小组，命名团队，并选出队长； （2）校园内实地考察活动场地，记录场地特点，分析可举办活动的类型； （3）会议室内各团队进行头脑风暴，选定举办的活动类型及规模； （4）绘制拟举办活动的场地平面图，包括背景、配色等，手工或电脑制作，推荐电脑绘制，最后截图展示； （5）设计拟举办活动的现场组织架构，务求完整、周全； （6）在平面图上标出现场管理的岗位和所需人数，根据活动规模和现场实际岗位需求标示，注意预留机动人员； （7）做出各岗位的职责分析，且各团队进行全面的 PPT 汇报； （8）全体团队和教师评比打分，选出最优团队并奖励。

任务工单 3

任务名称	根据架构确定现场各点位人员
地　　点	
日　　期	
任务目的	掌握现场工作点位的人员排布及分工，达到人员安排的最高性价比。
任务内容	一年一度的校园文化艺术节即将到来，前期策划、筹备工作已经完成，进入到艺术节现场阶段，请你列出项目执行架构，并在此基础上完成以下工作： （1）根据每个板块的功能拆分具体工作岗位； （2）给各个岗位配备合理的工作人员； （3）明确每个岗位、每个工作人员的工作职责。
建议学时	4 学时
操作提示	（1）组内分工合作，可以每个人负责一个板块，再交叉互检； （2）人数匹配要考虑到成本，不可过多。
任务实操	（1）根据任务工单 1 中的分组安排，各组内确定分工； （2）根据任务工单 1 中确定的组织架构和岗位职责，进行各层级工作岗位的拆分； （3）针对不同级别、不同内容的岗位，明确职责和要求； （4）针对职责和工作内容，确定各个岗位所需的人员数量； （5）组内完成点位确定后，组内各板块进行交叉互相检查，最大程度实现人员的分享和复用； （6）各组 PPT 分享结果并进行互评。

二、志愿者管理

对于许多活动来说，志愿者是维系活动生命的血液。事实上，绝大部分的大型活动完全依赖志愿者的推动，能否有效地招募、培训和奖励志愿者成为许多活动组织管理运作中十分重要的内容。

（一）志愿者角色划分

志愿者通常参与的工作包括：引座员、礼仪员、记时员、成绩记录协调员、裁判员、行政人员、媒体协调员、礼仪/公共关系助理、后勤协调员、交通运输员、信息员、客户关系官员、急救员、理疗家/医疗工作者、场地监控/保安员、工服/鉴定员、安全员。

（二）志愿者应具备的素质

组委会或项目经理人看重志愿者的素质主要有：

（1）志愿者能像正式员工一样努力工作和提供服务；

（2）工作自觉、热情、准时并可靠，对组织工作信心坚定；

（3）对组委会忠诚并能虚心接受批评；

（4）能够清晰和开诚布公地进行沟通。

大型博览会志愿者培训

（三）开展志愿者管理工作

从空间结构上看，大型活动需要志愿者数量众多，对志愿者的管理过程应当包括以下几个环节，如图 5－23 所示。

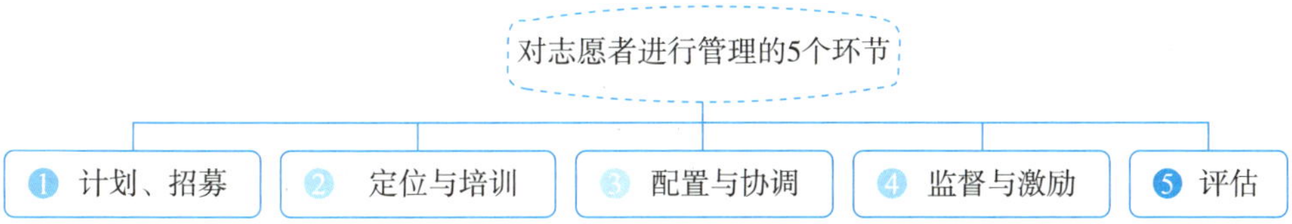

图 5－23　对志愿者进行管理的 5 个环节

在对志愿者进行管理过程中，需要重点做以下几项工作。

1. 制订志愿者计划

首先根据活动的整体规划，分析和预测志愿者的需求和志愿者的供给情况，决不能把志愿者视为活动的“配角”和“辅助人员”。应采取多种手段制订志愿者资源与大型活动筹办需求相适应的综合性发展计划，内容包括：目标体系和组织结构的确立以及服务岗位分析。

2. 招募志愿者

（1）发布招募信息。包括活动所需的志愿者的类型、数量、专业领域，招募的具体办法、时间安排、咨询事宜等。

（2）选择适当的招募方式。与团组织或相关机构联系。

（3）招募程序。一般通过资格条件审查、笔试、面试等程序。

3. 培训志愿者

岗前定位培训主要是通过多种方式使志愿者了解大型活动志愿者服务的政策、程序，以及可能面临的日常事务的处理。培训的内容主要是相关基础知识与服务技能。分为必要的一般培训和志愿者从事的具体服务工作的分类培训两种。志愿者培训的主要原则有：

（1）志愿者有权被视为共同工作者，应当了解行业组织的目的和工作程序；

（2）他们应被分配适当的任务或工作以及合适的工具及材料；

（3）他们应该得到工作岗位的再教育及良好的指导和指示、各种提升与锻炼机会；

（4）他们的要求应得到倾听并有权提出建议；

（5）他们必须得到相应的保险；

（6）在活动项目结束之后，他们应该得到项目行业组织的推荐。

例：某大型博览会岗前一周培训计划安排如表 5－8 所示。

表 5－8　志愿者场馆培训课程安排

<table>
<tr><td colspan="9">编制原则：贵宾接待主管、接待员（四馆）、外语讲解员、保洁（含主管和执行人员）等人员学习</td></tr>
<tr><td>序号</td><td>受训人</td><td>培训人数</td><td colspan="2">培训日期</td><td>培训时间</td><td>课程名称</td><td>培训地点</td><td>培训教室</td></tr>
<tr><td>1</td><td rowspan="13">全体板块人员</td><td>全员</td><td>4 月 1 日</td><td>全天</td><td>8:30—18:00</td><td>全员到岗，集体亮相。分发衣物，场地踏勘。</td><td>活动场地</td><td></td></tr>
<tr><td>2</td><td rowspan="12">场馆一般接待（505 人）</td><td rowspan="2">4 月 2 日</td><td>上午</td><td>8:30—11:30</td><td>实地培训—岗位布点与场馆熟悉</td><td>活动场地</td><td rowspan="12"></td></tr>
<tr><td>3</td><td>下午</td><td>14:00—18:00</td><td>岗中培训、演练等</td><td>教室</td></tr>
<tr><td rowspan="2">4</td><td rowspan="2">4 月 3 日</td><td>上午</td><td>8:30—11:30</td><td>本活动概况和运营知识</td><td>活动场地</td></tr>
<tr><td>下午</td><td>14:00—18:00</td><td>场馆概况详细介绍</td><td rowspan="6">教室</td></tr>
<tr><td>5</td><td>4 月 4 日</td><td>全天</td><td>8:30—18:00</td><td>一般接待手册</td></tr>
<tr><td rowspan="2">6</td><td rowspan="2">4 月 5 日</td><td>上午</td><td>8:30—11:30</td><td>管理制度培训</td></tr>
<tr><td>下午</td><td>14:00—18:00</td><td>应急</td></tr>
<tr><td>7</td><td rowspan="2">4 月 6 日</td><td>上午</td><td>8:30—11:30</td><td>一般接待礼仪</td></tr>
<tr><td>8</td><td>下午</td><td>14:00—18:00</td><td>投诉处理</td></tr>
<tr><td>9</td><td>4 月 7 日</td><td>全天</td><td>8:30—18:00</td><td>岗位布点与场馆熟悉、场地踏勘</td><td rowspan="3">活动场地</td></tr>
<tr><td rowspan="2">10</td><td rowspan="2">4 月 8 日</td><td>上午</td><td>8:30—11:30</td><td>工作实习</td></tr>
<tr><td>下午</td><td>14:00—18:00</td><td>消防应急演练</td></tr>
</table>

4. 配置与协调志愿者

根据大型活动举办工作的需求以及志愿者的供给状况，组织方将志愿者分配到各个岗位上，并随时根据实际需要重新分配使用。应当遵循以下原则：

（1）协同性原则。活动的志愿者队伍庞大，通过合理的分工合作，形成一种大于个体分力之和的整体合力。

（2）柔性化原则。岗位配置不仅要周详，还要留有适当的弹性空间。在遇到紧急任务时能够在有限的时间内，动员充足的志愿者。

（3）集权与分权的协调。既要赋予志愿者一定的自主权，又要保证他们按照预定的目标开展工作，同时要在特定的环境中，把赋予他们的权力收回来。

5. 激励志愿者

大型活动志愿者的激励就是要设法让志愿者将个人需要与会展需要和社会需要联系在一起，使其处于一种互动状态，既满足个人需要，同时也可以实现大型活动的总体目标。激励的办法很多，如划分等级、增加奖励等。

任务工单 4

任务名称	志愿者岗位分配和管理
地　　点	
日　　期	
任务目的	掌握志愿者管理的相关技能。
任务内容	**情境资料：** **北京将有 20 万人次志愿者服务冬奥会及冬残奥会** 2022 年 2 月 2 日，2022 北京新闻中心举行第二场新闻发布会，介绍北京冬奥会城市志愿服务有关情况。北京冬奥会城市志愿者指挥部执行指挥领导在发布会上介绍说，截至目前，超过 4 万名城市志愿者已经上岗服务，加上后续上岗服务的志愿者，累计上岗 20 万人次。 赛会志愿者将为北京冬奥会和冬残奥会开闭幕式以及各项比赛提供志愿服务，分布于北京赛区、延庆赛区、张家口赛区及其他场所、设施等地服务，服务类别包括 12 类：对外联络服务、竞赛运行服务、媒体运行与转播服务、场馆运行服务、市场开发服务、人力资源服务、技术运行服务、文化展示服务、赛会综合服务、安保服务、交通服务、其他。 2021 年 8 月，北京冬奥会城市志愿者指挥部正式成立，758 个站点全部“开门迎客”，持续至冬奥会和冬残奥会活动结束。城市志愿服务站点是“双奥之城”的重要体现之一。本次冬奥会延续 2008 年夏奥运会城市站点“蓝立方”的成功经验，聚焦冬奥会“五区四线三周边”，发布城市志愿服务站点 758 个。其中，冬奥会场馆周边服务点位 16 个、城市志愿服务站 149 个、冬奥冰雪运动场所 9 个、重点社区（村）507 个、温馨家园及助残机构 39 个、公交地铁场站 37 个，以及 2022 北京新闻中心。赛后，将根据城市功能规划和市民需要，适当保留一些城市志愿服务站点，使其成为“双奥之城”的时代见证。 根据以上材料，完成任务： （1）列出上述培训志愿者的培训大纲； （2）制订一份提高志愿者对客户服务质量的激励方案。
建议学时	4 学时
操作提示	（1）文档排版规范，美观； （2）区分方案与提纲内容详略。方案详细，大纲简略。
任务实操	（1）复习志愿者管理的相关知识。 （2）根据情境资料对冬奥会的志愿岗位进行介绍，上网阅读相关知识，设计志愿者培训提纲。培训提纲主要分为以下几部分：①培训的目标和意义；②培训的方式；③培训要求和培训内容，可以分模块培训，如技能的培训、文化的培训；④考核评估等。 （3）制订激励志愿者的方案，目标着眼于提高工作质量和客户服务质量。 （4）分组合作，完成 Word 文档，并形成 PPT 简案，进行汇报。

任务四 场地空间布局与撤离

学习目标	
知识目标	明确活动现场布置的工作内容和注意事项； 明确如何进行场地区域划分； 了解活动场地清理与撤离的工作内容和注意事项。
能力目标	能够按照要求完成现场布置，营造恰当的活动氛围； 能够简单绘制现场平面图； 能够按照要求完成活动场地的清理与撤离。
素养目标	引导学生养成吃苦耐劳、踏实肯干的工作作风； 遵守活动现场搭建、布置与拆除的安全生产规范； 提升规范意识、标准意识，树立团队精神。

任务描述
活动场地是举办一次特殊活动的基础硬件之一，一个与活动匹配度高的场地无疑会让活动本身增色不少。那么，如何布置活动现场？怎样根据活动的不同类型、性质、来宾构成、活动规模等因素进行合理的区域划分？活动结束后怎样清理与撤离场地？这些都是本任务聚焦的内容。

实施提示
场地空间布局需要结合具体的活动性质进行布置和安排，涉及舞台搭建的需要专业的搭建公司完成，保障场地的安全和运营高效。

业务流程
❶ 场地空间功能分区 → ❷ 绘制场地平面效果图 → ❸ 现场环境布置和施工搭建 → ❹ 使用场地安全检查 → ❺ 撤离场地

知识补给站

一、场地管理工作程序

从时间上看，活动场地空间布局是主办方进入活动场地的第一项工作。通常，场地管理工作从活动前期策划就开始了，大致包括 4 个阶段：选择场地和开展勘察、分析活动场地条件、实施现场布置及活动结束后井然有序撤离活动场地，其中前两个阶段在活动策划和筹备期完成，后两个阶段属于现场执行工作内容。本任务重点介绍后两个阶段。

二、场地空间布局/现场布置的内容

一般来说，活动场地布置应与活动类型、活动目标、活动气氛相符，能够体现活动主题和活动要求。活动开始前应布置好现场，主要工作内容如表 5－9 所示。

表 5-9 活动现场布置主要工作内容

编号	工作内容	具体描述
1	到管理部门办理手续	分别办理工商、消防、安全保卫、海关等的相关报批和备案手续
2	与场馆方协调沟通	与场馆方联系确认现场布置的相关要求，按要求准备并办理相关手续
3	特殊地设计审核	审核参展商提交的特装展位效果图、平面图和所用材料防火证明等
4	与主场搭建商沟通协调	确认和协商场馆公共区域布置方案等事宜，明确搭建商的工作职责
5	场地布局画线	根据租用的场地位置和面积，画好每一个占位的地域范围，确定每一个占位的具体位置
6	场馆地毯铺设	场馆公共区域、标准占位等地铺设地毯，要安全美观，易于通行
7	现场施工协调	与主场搭建商和展位承建商沟通解决施工过程中的各种问题
8	现场管理和验收	专人驻场进行施工监督管理，如用电、用火安全，地面承重控制等，查验各个展位的配置，避免施工现场出现秩序混乱和安全隐患
9	功能区域布置	场地搭建完毕后，布置开幕现场、序幕大厅、观众登记处、服务网点等各功能区域
10	消防和安全检查	全部搭建完成后，消防及安保部门要进行全面检查，以便及时发现和处理安全隐患
11	场馆清洁工作	及时处理活动举行期间的大量垃圾

小贴士：为活动参加者提供一个创意与独特的活动环境非常有助于提升活动的体验效果。如今利用公共空间作为活动场地成为一种新趋势。装潢师需要采用一些新式的环境装饰道具去代替原本的平面广告、横幅广告、壁画及其他传统的场景装饰工具。然而，打造创意无限、标新立异的活动需确保在场地、停车、布置、预算与空间利用等方面的决策是合乎逻辑并且是可行的。

任务实施

完整的活动现场工作从场地空间布局和设计开始，到活动结束撤离完毕，现场空间区域划分和环境布置需要多方面的沟通协调，任何一个环节出了问题都可能影响活动的正常进行。场地工作主要围绕以下 3 项内容进行。

一、设计场地布局

（一）场地空间功能分区

功能分区是指对活动现场空间进行分割，划分出不同的空间区域，满足不同的功能需要，实现对空间的有效利用。规模较大的活动，功能分区意味着对整个场地进行空间规划，使每一个具体的活动内容能在特定的空间里落地实施。各个空间的功能设置符合参加人员的活动规律，整个空间利用有序、高效。

1. 设置场地区域

一般来说，空间细部的功能设置区域有迎宾区、安检区、娱乐区或活动区、舞台区、餐饮区、购物区、疏散区、停车区、休息区等。空间规划还需要结合道路交通、设施设备、环艺景观等条件综合考量。例如某届青岛啤酒节，其功能空间按照“一主、三辅、六区、全域”的理念布局，主办方为现场运营新开了 3 条线路，优化调整了 14 条线路，设置 18 处停车场，以提高场地的交通便利程度。

2. 确定场地布局模式

这里主要介绍几种安排座位的模式：包括剧院式、宴会式、教室式、体育馆式、T 形台式、U 形台式与马蹄形式等。

3. 布置主席台与舞台

主席台因用途的不同，其布置形式有很大的不同，要既能使用又能突出活动的主题，吸引观众的视线。舞台设计应考虑到舞美与灯光及特技效果的搭配。

任务工单 1

任务名称	现场功能分区
地　　点	
日　　期	
任务目的	通过本任务，了解现场各功能区域的布置。
任务内容	参观一个大型活动，可以是展览、会议或节事活动，仔细观察现场各功能分区的设置，有哪些标识，它们有什么功能，做好拍摄和记录工作，写一份现场布局的调研记录，并提出你的见解和改善建议。
建议学时	2～3 学时
操作提示	本任务单最好现场实地考察，结合所学对布局进行客观分析。
任务实操	(1) 小组合作形式，3～5 人一组，选出组长，确定各组考察的对象； (2) 组长统筹，合理分工，组员合作完成现场调研和记录； (3) 课堂上全班分组以 PPT 形式进行汇报，师生共评并选出最优的一组。

(二) 制作场地效果平面图

场地效果图是在分析场地各项内容和因素的基础上，根据需要绘制的，是对场地布局的直观解析，包括功能分区的划分、人流动线的设计、环境气氛的装饰、人员位置的安排、车辆路线的规划、出入口的设置等。某创意市集场地规划如图 5-24 所示。

公司开业庆典
现场布置图

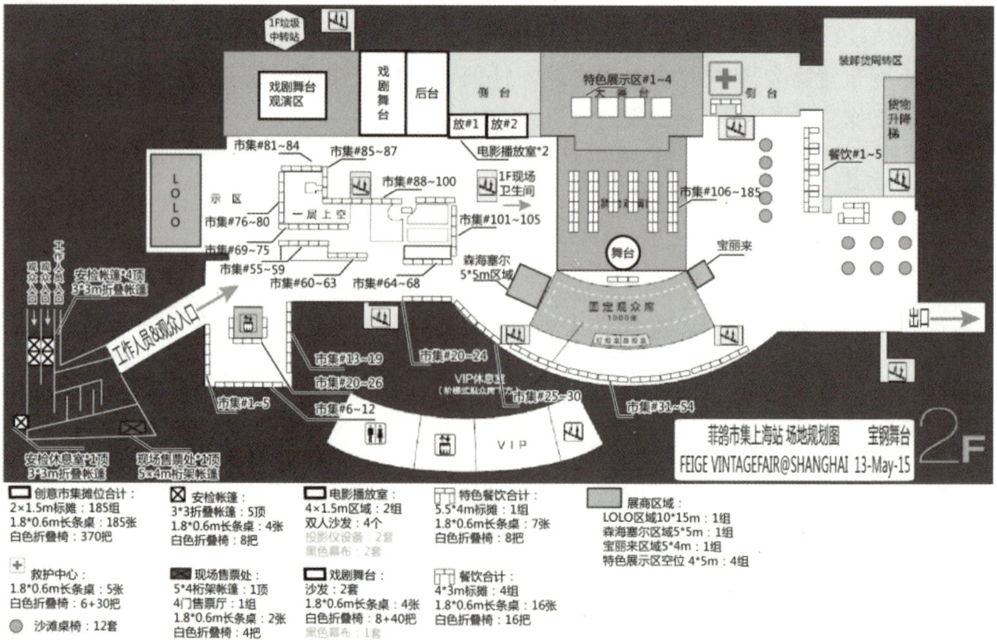

图 5-24　某创意市集场地规划图

任务工单 2

任务名称	绘制活动场地效果图
地　　点	
日　　期	
任务目的	能独立绘制场地效果图。
任务内容	今年是学校建校 65 周年，为此，学校准备秋季学期举行校庆活动，庆典开幕式拟在学校文化广场举办，请你为此绘制场地效果图，要求每人独立完成，手绘或电脑绘制都可以。
建议学时	1～2 学时
操作提示	绘制时尽量突出全面性、可实施性。
任务实操	（1）参考活动效果图示例 2～3 幅，拓展思路； （2）学生与教师共同分析场地空间布局要素和环境氛围营造，针对不同类型的活动展现不同的效果； （3）学生独立操作，利用平面设计软件或三维空间展示设计软件进行绘制，也可以手绘，学生根据自身掌握软件的水平和程度自行选择合适的方式进行操作； （4）完成后保存为图片格式，并清晰命名文件； （5）依次上台展示作品，讲解思路和创意； （6）全体评比，选出优秀作品 5 幅发布到学院公众号上以供大家欣赏。

二、现场布置与搭建

对于主办方而言，现场空间布局就是场地布置，包括对活动现场环境和设备进行布置，对活动场馆和外围区域进行合理功能分区，对参展商、搭建商、赞助商、运输商等有关工作进行协调和管理，从而为活动的正式开幕做好准备。

活动现场布局工作一般在活动开幕前几天举行，时间长短要根据活动的性质和规模而定。以展览会为例，大型汽车展或机械展等往往需要三四天甚至一个星期的时间，而以消费品或珠宝首饰等为主题的展览会通常只需要一两天的时间。

（一）现场的环境营造

现场环境营造要注意的事项见图 5-25。

01 环境营造包括设计与装饰，主要任务是将场地改造为具有主题特色和意境的适用空间。

02 环境营造不仅要强调主办方的意图，还要尊重观众和参加者的认知规律和体验观感，综合调动视觉、听觉、触觉、嗅觉、味觉五种感官，尽量做到使人看后眼前一亮，以调动人们的兴趣和情绪。

03 项目团队和设计人员要从气氛烘托、主题展示、成本控制、搭建许可、安全保障等方面要求出发，提出专门的设计方案。

04 环境营造常用的物品有舞台、背景板、电子显示屏、拱门、鲜花、植物造景、摆件、彩带、横幅、灯光等。

图 5-25　现场环境营造要注意的事项

（二）舞台灯光

现场的灯光作为舞美的重要元素尤为重要，它是对气氛环境的渲染。活动人员最好能了解常见的灯光器材以及灯光周边设备。舞台灯光有人物光、背景光、效果光，由专门的灯光师负责，他需要准确掌握演出场地和舞台所需的灯光数量、灯具的负荷量以及灯光的布置位置，并在最后排练阶段参加演员的着装走台排练，检查灯光设计不合理之处，直至最终确定活动的灯光方案。

舞台灯光的规划受场地、供电量等因素的影响，务必确认好场地的供电量和长宽高后告知灯光供应商准备相应的灯具、灯光架，以及相应长度的电缆信号线等，不要让热光源的灯具与易燃的幕布距离太近，防止发生火灾。

（三）布置展会现场

1. 布置范围

展会现场是展览的外在体现，展会现场的布置需要从区域划分、气氛营造、标识设计布置、展台搭建等方面着手进行，包括展览活动的会标牌、门楼、观众入口处、指示系统、动力系统、开闭幕式工作等布置工作以及一些参展商特殊用电、用气、用水方面的需求。展会现场的布置一般是由主办方进行总体设计，主场搭建商协助设计并负责施工，主办方和场馆方进行协调和监督。展台搭建施工管理内容如图 5-26 所示。

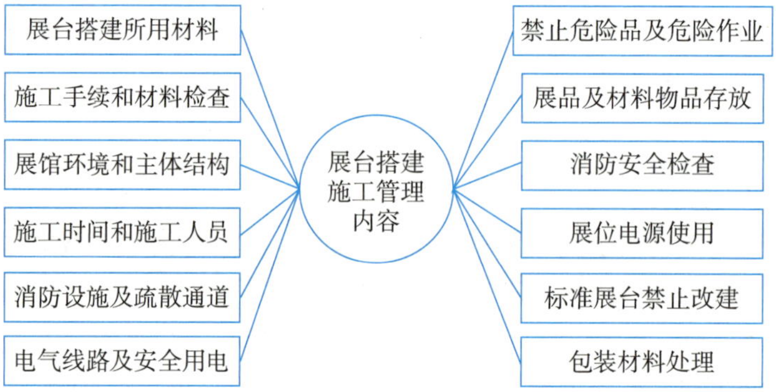

图 5-26 展台搭建施工管理内容

2. 标准展位和特装展位的设计和布置

（1）标准展位的搭建一般是由与主办方合作的主场搭建商完成。主办方主要是监督主场搭建商依照所签订的合同要求，按时保质地完成标准展位的搭建。

（2）特装展位的设计方案须事先征得展会主办机构的认可，主办方一般会要求主场搭建商和场馆方一起对特装展位的搭建工作进行管理、监督。设计应该满足《参展商手册》中对展台高度、负载、设施、建材、安全、环保等各方面的规定。

（3）特装展位设计制作搭建的操作流程：①项目接洽阶段；②设计阶段；③签约阶段；④制作阶段；⑤现场施工阶段；⑥展会期间及撤场阶段；⑦后续跟踪服务。

任务工单 3

任务名称	现场搭建流程
地　　点	
日　　期	
任务目的	通过本任务，了解特装展位设计制作搭建的正确流程。
任务内容	请将下列序号按特装展位设计制作搭建的正确流程进行排序： A. 展会期间及撤场阶段 B. 现场施工阶段 C. 制作阶段 D. 项目接洽阶段 E. 后续跟踪服务 F. 签约阶段 G. 设计阶段
建议学时	0.2 学时
操作提示	活动现场特别是展览现场的搭建要求非常规范。
任务实操	（1）复习特装展位搭建流程的相关知识点。 （2）熟悉流程，将各阶段的工作内容按照顺序分别填入下面的空格中。 □□□□□□□ （3）师生总结。

（四）布置会议现场

会议现场布置要求能反映会议的中心内容，布置时注意以下几点：

（1）从场地区域上讲，会场一般划分为主席台、听众区、发言区、媒体区、音像工作区等；

（2）布置范围主要包括背景墙、会标牌、主席台、贵宾席、代表席、记者席、接待处和休息处等的布置；

（3）从形式上讲，可采用剧院式、课堂式、宴会式、鸡尾酒式、U 字形、回字形等形式；

（4）从设计上讲，背景墙、会标牌设计制作必须严格按照会展形象视觉识别系统的要求进行，标志、标准字、标准色等基本要素不能随意更改；

（5）主席台的布置要根据台上人数的多少而定，需放置席牌、话筒等；

（6）贵宾席一般安排在会场前面中央区域，记者席可安排在会场的侧后区域，其他区域可安排代表席；

（7）接待处一般安排在会场主入口处，标识醒目，放置签到桌和资料发放台；

（8）会议现场装饰还可以进行恰当的绿化布置用以烘托会场氛围。

（五）布置公关活动现场

这类活动非常多，一般在场地布置上需关注以下方面：

（1）活动场地一般分为外场、内场。外场最为核心的就是签到区，一般从道具形式创新去思考，但前提是要兼顾落地可行性和预算；内场布置主要有舞台区域、观众和参与者区域、设施设备管理区域和服务区域，最为核心是舞台区。

启动仪式的创意布置非常重要，可以用实体道具去触发，如常见的摸启动球、敲碎冰雕、拉杆、按钮等，或是电子形式的视频互动、电子传感等。

（2）在区域的划分和舞台的设置上既要满足表演者的需要，又要便于观众观赏和参与，使观众视线不被阻挡，能和场上表演者近距离地接触。

（3）场地的布置和装饰都必须围绕整个活动的主题而展开，用灯光、音响和特殊效果烘托活动气氛，灯光的变换和强度、座位的数量和舒适度都要使观众满意，引导观众全身心地投入活动。

活动的部分场地示例图见图 5－27 和图 5－28。

图 5－27　会场内

图 5－28　活动门头、通道

（六）开幕仪式现场布置

开幕仪式可以在室内，也可以在室外举行，不管在哪里、用何种形式，开幕仪式的人群密度极高，在场地布置上要特别注意以下几个方面：

（1）保障安全。参加开幕式和闭幕式的嘉宾一般包括高级别的政府官员、商业巨头、业界精英等重量级的人物，需要舞台与观看人群之间有足够的空间，重点做好安全保障。

（2）合理划分场地。进行场地空间规划时需考虑主席台位置、嘉宾席位置、礼仪人员等候区、礼炮放置区域及朝向、舞狮队和乐队位置、观礼群众位置、安保人员的部署、场地出入口、安全通道特别是贵宾通道，等等。设计的位置和活动标识都要醒目，方便有关人员有序到位。

（3）搭建舞台。舞台搭建一定要稳固牢靠，注意承重能力，避免坍塌。

（4）配置影音设备。若仪式在室外进行，在布置场地时要考虑音响的功率，保证声音能够传递到每位参加者的耳中。同样，如采用视频转播，也需要屏幕足够大，或者在多个地方安置屏幕。

（5）有创意。现场布置和装饰应有创意，有一定的艺术性。

总之，活动场地的现场布置，需要从环保、安全、经济、服务特色等方面综合考虑，确保活动的顺利有序进行。

（七）场地布置验收

1. 场地布置验收范围

通常可以按照场地布置验收表依次检查，可按照流程制作验收表：①列出需要检查验收的区域；②梳理各区域需要验收的清单（硬件、软件）；③最好能列出验收标准。场地布置验收表如表 5-10 所示。

表 5-10　场地布置验收表

区域	检查清单	验收标准	验收负责人
场外			
场外	条幅		
	门头		
序厅			
指引区			
签到区	签到背板		
	签到二维码	扫码测试无误	
	签到系统	测试顺畅	
	参会证	VIP 证 10 个 媒体证 10 个 嘉宾证 200 个	
合影区	拍照背板		
	物料	1. 签字笔 2. 合影道具	
展示区	易拉宝		
	展示台		
场内			
舞台	视听系统	1. 音频无杂音 2. PPT 显示无变形	
	演讲相关	1. 话筒数量及测试 2. 耳麦数量及测试 3. 提词器、翻页器	
	品牌展示	台前 Logo	
座席区	摆台	1. 桌椅数量核验 2. 台布椅套颜色确认	
	座席物料	1. 桌牌人名核验 2. 物料核验：纸笔水、资料	

2. 检查搭建现场的安全

活动搭建现场的安全工作是重中之重，为此应设定安全措施和安全检查，工作如下：

（1）落实搭建工程中的安全工作方案和安全责任制度，向施工方明确安全措施、安全工作人员岗位职责；

（2）保障临时搭建的设施、建筑物的安全，消除安全隐患；

（3）按照负责许可的公安机关的要求，配备必要的安全检查设备，落实医疗救护、灭火、应急疏散等应急救援措施并组织演练；

（4）及时制止妨碍活动安全的搭建行为，发现违法犯罪行为及时向公安机关报告；

（5）配备专业保安等安全工作人员，为活动搭建的安全工作提供必要的保障；

（6）场馆、主办方、主场搭建商工作人员应对搭建工作进行安全巡查，确保现场搭建和布置工作按照预定计划和标准进行。

（八）场景模拟系统软件的应用

为了便于活动策划与设计，一款实践功能强大的活动场景模拟实训系统广泛应用于教学中。软件操作灵活便捷，学生可以通过软件平台置入的素材模型库，快速模拟设计各类活动场景。其核心功能主要有：活动场景空间创建与设计、资源信息备注功能、实验考核闭环功能、实验操作步骤录播回放功能、动态人物轨迹设置功能、动态视频贴图功能、大数据监测功能、VR体验及空间讲解功能。场景模拟系统软件是活动策划、活动项目管理的有效教学辅助软件（见图5-29至图5-31）。

图5-29　应用软件平台盛典场景实训案例

图 5-30　应用软件平台户外游乐园空间实训案例

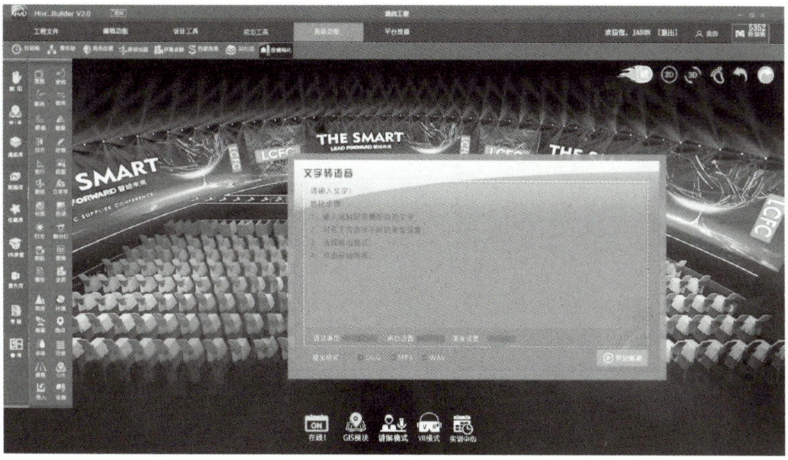

图 5-31　应用软件平台智能语音转换功能

图片来源：宙斯赫北京科技有限公司。

三、撤离活动现场

活动正式结束之后，主办方应提醒活动人员尽快离场并将活动物品撤离，恢复活动场地原貌，主要工作内容如表 5-11 所示。

表 5-11　场地拆除期间的主要工作内容

序号	工作内容	具体内容
1	拆除临搭建筑	督促搭建商和活动商安全拆除，恢复场地原貌
2	活动商退还用具	协助活动商及时、顺利退还租用用具
3	处理物品	协助活动商妥善处理物品
4	物品出馆管理	向活动商发放出门证，物品出馆由保安人员检查放行
5	场地清洁	及时清扫和处理场地拆除所产生的垃圾
6	安全管理	加强安全与消防保卫工作，及时消除各种安全隐患

任务工单 4

任务名称	活动场地布置与撤离
地　　点	
日　　期	
任务目的	通过本任务，学会根据现场布置方案完成活动现场布置及撤离，总结工作中的经验教训，提出改进方案，提高分析问题和解决问题的能力。
任务内容	选择一个校园活动，可以是展览、会议或节事活动，为此活动进行模拟现场布置及撤离。
建议学时	2～4 学时
操作提示	活动的类型、规模不限，熟悉活动现场布置及撤离的工作流程及要求。
任务实操	(1) 小组合作形式，3～5 人一组，选出组长，确定各组待布置的活动场地及工作方案； (2) 组长统筹，合理分工，组员合作完成现场模拟搭建及撤离，运用头脑风暴、对比分析等方法讨论分析工作完成情况； (3) 总结活动模拟现场布置及撤离工作中的经验及教训，同时完成 PPT，每组选 2 名代表在全班进行汇报。

引申资源

迷塔城文旅元宇宙 IP 发布会现场酷极了

由北京世集文旅主办，路书科技与世集迷塔协办的“迷塔城文旅元宇宙 IP 发布暨迷塔城 1933 上海元宇宙文旅科技展开幕仪式”在上海 1933 老场坊隆重举行。当天的活动由时空展参观、迷塔城文旅元宇宙 IP 发布、迷塔城 1933 开幕剪彩、迷塔城简介和元宇宙业态展望、嘉宾致辞等环节组成。

宝马 X7 中国首发派对现场精心设计

宝马 X7 中国首发派对在上海市中心的哥伦比亚公园举办，活动将现场打造成了宝马“X7 公馆”，引入了花样游泳队的“水上表演”，在场馆中心的游泳池周围精心设计搭建了灯光装置，为 X7 打造了一场完美的展示。

商务会议的位次排列

某展览会特装展位搭建须知

首届湖南旅游发展大会开幕式暨文化旅游推介会大型活动

视频：活动现场实施注意事项

视频：实景活动现场搭建

任务五 活动接待服务

学习目标	
知识目标	认识礼仪服务内容； 了解接站报到等服务内容； 熟悉接待工作的内容、流程和注意事项； 学会做接待经费预算。
能力目标	掌握活动接待服务工作要点及技巧； 掌握接待服务礼仪； 能够制定并实施接待方案。
素养目标	培养和锻炼思维的缜密性； 具备热情周到的职业精神。
任务描述	
活动接待服务是对来宾的迎送和吃、住、行、游等方面的招待，是整个活动的有机组成部分，也是主办方对外宣传、树立良好形象的最好机会。活动接待工作包括：邀请来宾、接站安排、现场报到引导、餐饮安排、住宿安排、参观旅游交通服务、人员分工、经费预算等。在制定接待方案时需要考虑经费预算及各种突发情况，并能够应对突发情况。	
实施提示	
接待工作涉及面广，贯穿活动始终，礼仪性和服务性很强，工作时要特别注重细节。	
业务流程	

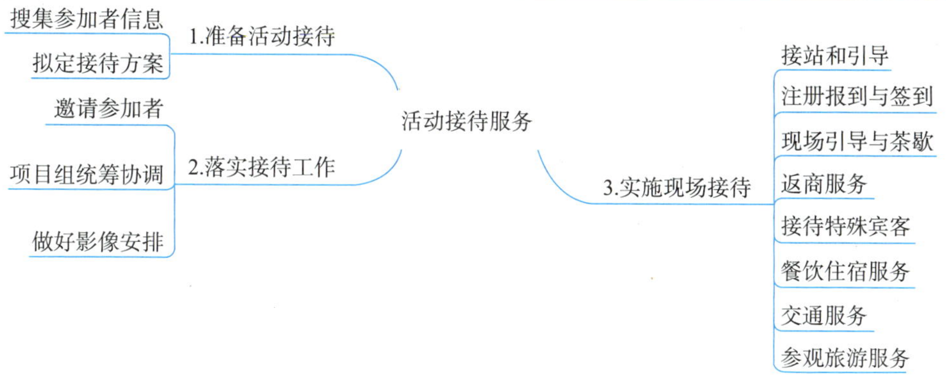

知识补给站

一、活动接待

活动接待是围绕活动来宾的迎送和吃、住、行、游、娱等方面所做的安排和服务，是整个活动组织实施工作的有机组成部分。接待的过程是主办者对外宣传、树立良好形象的有利时机，对活动成功与否至关重要。

二、活动接待礼仪

随着社会的发展，人们对活动礼仪提出了更高的要求，活动礼仪是活动业发展的润滑剂和催化剂，不同性质和不同内容的活动对礼仪的重视和要求各有侧重。接待人员在接待中需表现出良好的品质、修养和素质，包括穿着、交往、言谈、沟通、情商等内容，如图 5-32 所示。

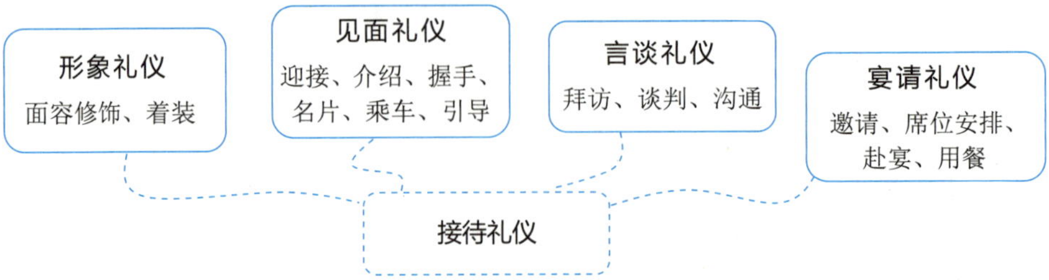

图 5-32 接待礼仪

礼仪策划的程序包括准备工作、拟订方案、邀请嘉宾、组织实施 4 个阶段。

策划的原则包括：把握开幕式、闭幕式与具体活动相结合的原则，注意国际惯例与民族风俗相结合，诚实守信，一律平等。在进行活动接待时，做到热情友好、细致周到、平等对待、确保安全。

任务实施

一、活动接待的准备工作

（一）收集参加者的情况

1. 收集背景资料

（1）掌握活动参加人员，尤其是嘉宾的基本情况，如国别、地区，所代表的组织机构、人数、姓名、性别、年龄、身份、职务、民族、宗教信仰、生活习俗、健康状况等。

（2）通过多种途径了解参加者参加活动的目的、意图和背景，针对性地做好接待工作。

（3）掌握来宾的抵离时间以及乘坐的交通工具和车次（航班）。

2. 收集活动参加者情况的途径与方法

常用的有以下几种，如图 5-33 所示。

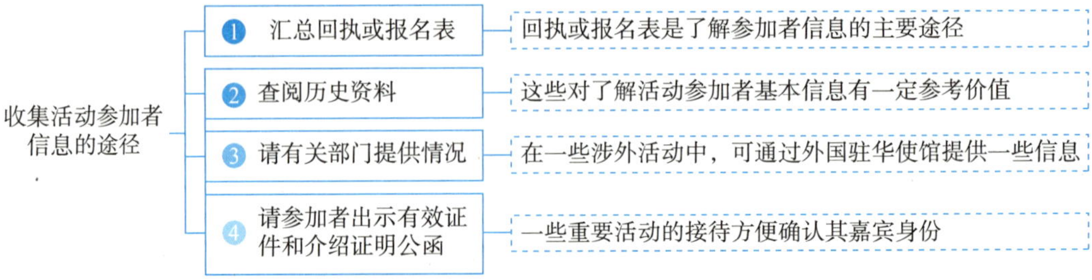

图 5-33 获取活动参加者信息的途径

（二）拟订接待方案

对于重要的活动接待，组织机构应当事先拟订接待方案，或以活动预案的附件形式提交有关领导审批。方案批准后就成为活动接待工作的依据。接待方案一般包含以下内容，见表 5-12。

表 5-12 接待方案的结构和内容

结　构	内　容
1. 标题	由活动名称加“接待方案”组成。
2. 正文	结构安排上一般采用序号加小标题的结构体例。开头写明接待的对象、缘由、目的、意义；主体部分写明接待的方针、规格、内容、日程、责任和经费等内容，力求准确、翔实。 (1) 接待方针及接待规格 接待的核心环节首先是确定接待规格。接待规格分为高规格接待、对等接待和低规格接待，对等接待就是主办方最高接待人与来宾身份对等，高规格接待则是主办方最高接待人比来宾身份高，这都是从主陪人角度而言。接待规格往往体现主办方对来宾的重视和欢迎程度。 (2) 接待内容 接站安排、餐饮安排、住宿安排、参观旅游交通服务、人员分工安排、经费预算等。 (3) 接待日程 接待活动的时间安排应当同活动日程安排一起综合考虑，并在活动日程表中反映出来，以便来宾了解和掌握。 (4) 接待职责分工 写清楚各项接待工作的责任部门及人员的具体责任，接待责任必须分解并且落实到人。可以在日程表的基础上加上每项工作的责任部门和人员。 (5) 接待经费 接待经费是整个活动经费的构成部分，主要用于安排食宿、交通等。经费预算表内容要详细，如餐费要写清每桌价格，共几桌，或者自助餐每人的标准，共多少人、几次，等等。
3. 落款	提交方案的工作机构和提交方案的时间。

任务工单 1

任务名称	注册报到工作
地　　点	
日　　期	
任务目的	通过本任务，学生能够理解接待工作的细致性，需要提前安排。
任务内容	**情境资料：** 某大型国企在北京举办全国下属各分公司负责人会议，报到时间是 8 月 1 日下午 1 点，8 月 2 日正式开会。会务组人员认为 1 日上午到宾馆准备也来得及，谁知，7 月 31 日下午就陆续有人到了，会务组赶紧派人前往接待，由于准备工作没做好很尴尬。正式报到日有几百人集中到场，会务组人手不足，现场一片混乱。 请分析： (1) 会务组接待人员有何过错？ (2) 应如何做好报到工作？ (3) 报到注册时应注意哪些问题？
建议学时	0.5 学时
操作提示	对接待时间进行细致安排。
任务实操	根据所学知识全班讨论并回答问题。

二、落实接待安排

(一) 邀请参加者

活动邀请不同于一般的宾客邀请，应本着实事求是、讲求效益的宗旨，不可无视自己的财力、物力而随意邀请。邀请可以是计划性的或临时性的。

1. 活动邀请的形式和途径

一般情况下，邀请有正式和非正式之分。正式的邀请讲究礼仪，多采用书面形式，如请柬、书信、传真等，适用于正式的商务交往如宴会、舞会、纪念会、庆祝会、发布会、开业仪式等。例如给著名人士寄发请柬和组委会主席亲笔签名邀请函。

非正式的邀请通常是口头形式，如当面邀请、托人邀请以及电话邀请等，多适用于商界人士之间的非正式接触。

活动邀请的途径可以选择官方网站公开邀请、媒体邀请、内部销售渠道邀请、企业自由邀请、第三方数据公司邀请等。

2. 成功邀请的要点

恰当的邀请可以为活动的顺利举办奠定基础。做好这项工作，首先应建立联络工作组，及时收集嘉宾联络信息并进行跟踪、统筹嘉宾信息、管理问题清单及答疑等，然后开展邀请工作，主要工作内容和邀请要点如图 5 - 34 和图 5 - 35 所示。

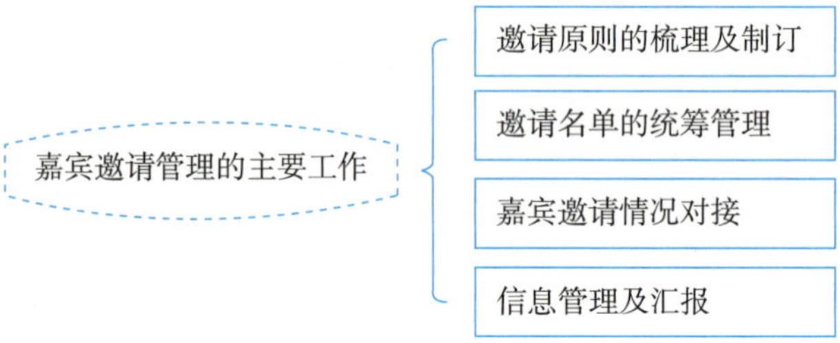

图 5 - 34　嘉宾邀请管理主要工作

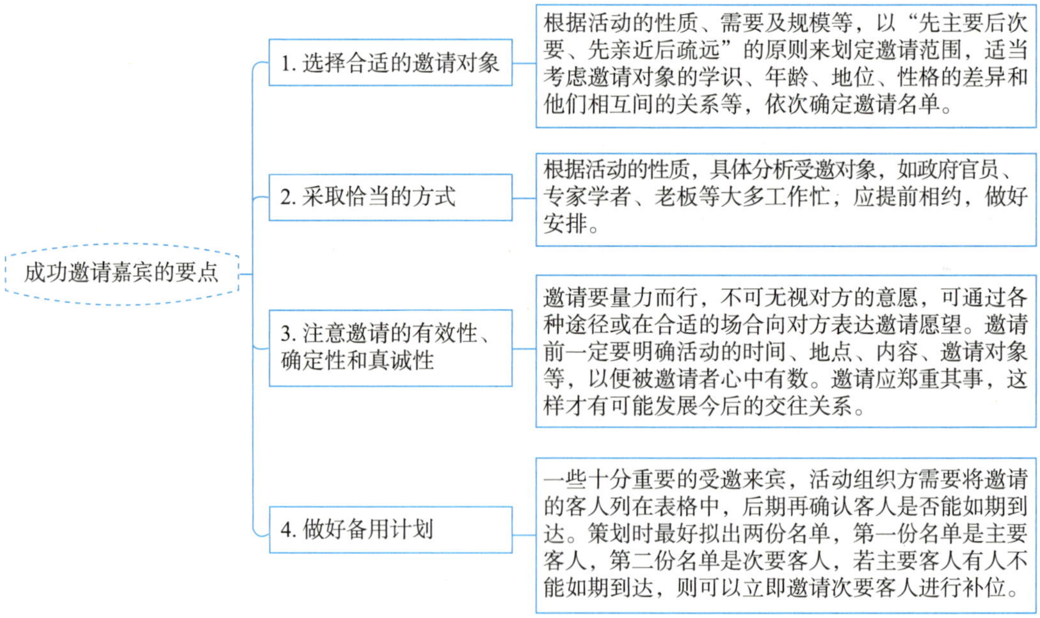

图 5 - 35　成功邀请参加者的要点

3. 邀请对象的差异化对待

参加者出席活动的动因主要包括节目吸引、猎奇心理，寻找合作伙伴，了解行业动态、进行技术交流等。因此，活动能吸引到多少参加者直接影响到活动的规模和影响力。通常情况下，活动方会针对不同的参加者进行邀请与组织，同时，做一份嘉宾邀请管理表和重要嘉宾接待表，便于掌握情况，安排接待，如表 5 - 13 和表 5 - 14 所示。

表 5－13 嘉宾邀请管理表

嘉宾姓名	微信	电话	紧急或助理联系人	紧急或助理联系电话	交通方式	高铁/飞机班次	到达站	到站时间	返程时间	返程班次	住宿酒店及房号	到场时间	访谈时间	彩排时间	演讲PPT收集
张先生	……	……	……	……	开车	……	……	……	……	……	不住宿	18:00	……	19:00	✓
王先生	……	……	……	……	高铁	……	……	……	……	……	……	16:30	……	19:30	……

表 5－14 重要嘉宾接待表（如 VIP）

负责人：　　　　　　活动时间：　　　　　　活动地点：

日期	时间	项目	具体内容	物料	负责人
		行车	路线清晰：与司机沟通路线	路线图	……
12 日	中午	停车管理	停车位指定：如果有车位可随便停，或停在酒店区旁边的地下停车场	VIP 停车位指示	……
	下午	住宿	房间落实：是否能领到房卡，房间内瓶装水、毛巾、用纸、礼品到位	伴手礼、会务通知	……
	18:00—20:30	与政府代表用餐	准时带入包房：帮助取餐，正确入座，提示明天活动	活动流程单 餐单 VIP 行动计划表	……
13 日	7:30—8:30	与政府代表早餐会	准时带入包房：全日餐厅屏风区，协助取餐，正确入座，翻译 1 名	隔挡：屏风、绿植	……
	8:00—8:30	VIP 室管理	接待：茶水、饮料、点心仪表整理；催场提醒；和大会负责人联系确定入场时间，引领工作；第一时间帮助领导解决一切突发事件	1. VIP 室指示牌 2. VIP 室门口电子水牌（含视频文件） 3. 大桌花 4. 饮料：咖啡、茶等 5. 茶点（酒店预备） 6. 笔、纸、纸巾、热毛巾、湿巾 7. 沙发摆位（用酒店的即可） 8. 网络（Wifi 密码）或者 USB 网卡	……

（1）邀请一般参加者。参与者的多少和质量的高低直接关系到活动的成败。可以通过以下方式进行邀请：

1）媒体宣传邀请；

2）根据数据库的客户资料直接发函；

3）利用行业协会的内部刊物分层次多次刊载相关活动信息以吸引参加者；

4）以电话及微信、邮件方式对重点目标参加者追踪邀请；

5）安排专人向相关客户邮寄资料、派送邀请函、请柬与入场券（中小型活动常采用）；

6）路牌广告、车体广告与张贴画等。

（2）邀请赞助商代表。这是一种活动主办方对赞助商的重要回报方式，往往还会邀请其领导为活动致辞或做相关发言。这项工作的接待服务水平直接影响着双方的合作关系。

（3）邀请演讲嘉宾。邀请演讲嘉宾从以下方面着手：

1）确定受邀嘉宾的名单。演讲嘉宾名单应由活动主办方召开会议研究决定，嘉宾人数不宜过多，然后由活动筹备组负责邀请，必要时需领导出面。

2）制作精美别致的请柬或邀请函。

3）注意邀请礼节。首先发函前可以通过电话沟通，得到对方允诺后再发，其次应尽量处理好不同嘉宾之间的关系，避免某些尴尬场面的发生。

4）多次沟通确认。活动开始前应与嘉宾保持联系并确认好接送的时间和地点，并安排专人负责接站、迎送工作。

（4）邀请媒体。

1）了解媒体的报道习惯，不同媒体对信息的报道有所侧重；

2）在考虑邀请新闻界人士时，必须有所选择、有所侧重，并且考虑有无必要；

3）主办方应协调好与新闻界人士的相互关系，更好地保证活动的成功；

第十七届中国国际会展文化节邀请函

4）要把新闻界人士当作真正的朋友，要尊重他们，更要坦诚相待；

5）要尽可能地向新闻界人士提供信息，注重信息的准确性、真实性与时效性；

6）邀请媒体也需有一份媒体管理表，如表 5－15 所示，便于掌握情况安排接待。

表 5－15　媒体管理表

媒体	名称	是否到场	到场人数	交通方式	是否需接送	是否住宿	邀请函发送	现场接待	采访安排	新闻稿对接	跟进发稿
电视台	××电视台										
	××卫视										
平面媒体	××日报										
	××商业周刊										
视频媒体	爱奇艺										
	腾讯视频										
	优酷										
网络媒体	腾讯网										
	新浪网										

(二)制发邀请函和证照

一般而言，邀请函是重要的活动宣传媒介。

（1）给嘉宾邀请信的内容包括活动名称、举办时间和地点，表达对邀请人的认可和邀请的原因以及他在这次活动中需要参与的环节和收获，最后写上公司联系人的名称和联系方式。附件需附上邀请函（带 CEO 手写签名最佳）及这次活动计划/往届活动的回顾，还可以附上此次活动的日程安排。

（2）设计活动邀请函需要明确设计目的，尽可能简约、现代，并体现活动特色。电子邀请函以低成本、炫酷、方便的优势广受人们的青睐。

（3）发送活动邀请函可以是电子版的，现在经常使用新媒体如 H5 方式制发。

（4）活动前联络嘉宾还有一项重要工作就是制发活动证件（见图 5-36），主要需做好 5 项工作：

1）制定证件管理方案；

2）拟定证件发放流程；

3）建立信息审批机制；

4）嘉宾背审信息提交；

5）参会证件分拣及发放。

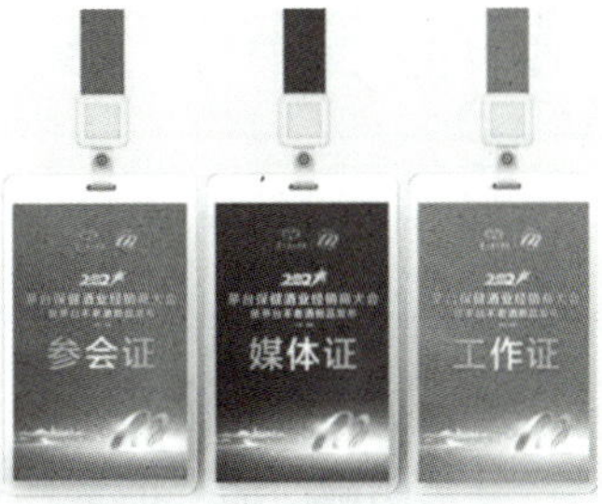

图 5-36 活动证件

（三）接待组与其他组人员统筹协调

大型的活动工作团队分工细致，接待组与其他板块之间需紧密配合，在活动现场实施前落实好各项事宜，及时沟通协作。提前进行彩排，发现问题做好危机预案。

（四）有序安排影像

在线下活动中，摄像必不可少。活动的照片可以留作永久纪念，有助于后期跟进业务和后期宣传。现在很多活动通过云摄影线上直播，嘉宾扫描二维码即可线上线下观看并下载分享。

1. 做好摄影师工作

如果活动聘用了摄影师，那么组织方就需要与他们协商影像的所有权等问题，并沟通不同环节、不同区域的拍摄重点和要求，如表 5-16 所示。

表 5-16 摄像培训/标准表

环节	区域	远景	中景	近景/特写	标准要求
8:00—8:30					
等待入场	场外	序厅整体搭建效果	签到台、合影墙、展位等	产品展示、胸牌	
	场内	会场、舞台远景	左中右不同角度的舞台	观众席	
8:30—9:30					
签到入场	签到台		体现有序签到的场景	签到、微笑服务	
	合影处			嘉宾拍照	
	互动区				
	序厅	展现活动盛况			
9:30—18:00					
主持开场	舞台		左中右不同角度的舞台	主持人、嘉宾	
	观众席	展现活动盛况	观众认真听讲场景	参会人记笔记、鼓掌的抓拍	
	会场	展现活动盛况			

续表

环节	区域	远景	中景	近景/特写	标准要求
主题分享	舞台				
	观众席				
	会场				
颁奖典礼	舞台				
	观众席				
	会场				
18：30—20:00					
晚宴					

聘请摄影师应注意：

（1）明确所需要的最佳摄影类型是传统型（造型照）还是新闻报道型（抓拍）；

（2）认真考虑所需摄影师的数量（例如，可能需要在中央位置安排两名摄影师，一个为嘉宾照特写，另一个拍摄活动的场面）；

（3）了解摄影师的专业水平，可考虑聘用专业摄影师。

2. 安排摄影

如果活动组织方有自己的摄影师，那么应该做好以下两项工作：

（1）活动拍摄的内容。主要集中在拍活动地点和场景、主题全景、人物特写、高光时刻的动态照片等。

（2）活动拍摄的技巧。活动正式开始前，宾客还未正式到场时需提前拍摄并发布，以吸引客户并宣传活动，例如桌上的饰物、房间布局的改造、食品展示等的特写。如果需要为特定客人照合影，那么就需指派熟悉客人的工作人员协助摄影师完成。

小贴士：

以会议活动为例，通常有9个场景不要去拍：

①会议场景没有主题的不拍；

②会议环境没有跟灯光师沟通前不拍；

③舞台效果有工作人员彩排时不拍；

④领导走下舞台的场景不拍；

⑤领导低头看稿时不拍；

⑥嘉宾PPT演讲背景诠释文字的时候不拍；

⑦嘉宾交流时的背后角度不拍；

⑧嘉宾区空座比较大的地方不拍；

⑨主办方领导和嘉宾合影时没有主题背景不拍。

如今很多活动利用小程序等软件辅助完成现场的各项接待工作，增强了参加者的体验感，如图5-37所示。

图5-37 观众接待手机端软件支持

三、活动接待的六大板块

（一）接站与报到

1. 编制接站计划

根据回执及沟通情况编制表格，要随时掌握并统计抵达来宾的名单和人数，特别要留意晚点抵达的嘉宾，避免漏接。接站安排表见表 5－17。

表 5－17　接站安排表

姓名	性别	单位	职务	联系方式	车次航班	到达时间	到达地点	接站人员	接站司机	接站车号	接站出发时间	接站出发地点

2. 安排人员和车辆

组织方安排足够的车辆和接站人员。提前进行礼仪等的各方面培训，必要时对接站司机进行简单培训或提出相应的要求。接站工作要统一指挥调度，人车要值班，指挥调度人员要有一份代表抵离时间表，所有车辆和人员要按时间、路线接送。

3. 其他必要接待事项

（1）掌握接站时间，树立接站标志，告知嘉宾详细路线。

（2）在机场、车站、码头等地组织一定规模的欢迎队伍。

（3）接站礼仪，包括与来宾热情握手、主动陪同和寒暄、安排乘坐车辆座次、对重要嘉宾注意献花礼仪等。

4. 注册报到

注册报到意为办理手续，获得某种资格。来宾一般可以通过网络等方式提前注册，现场只办理报到手续即可。线上注册可使用的方式有手机端的 H5 邀请函、微信公众号、活动 App，以及电脑端的 EMD 邀请函、PC 相关网站。

注册申请表样例

（1）接待报到的工作内容和时间。报到工作主要有：查验证件、登录信息、预收费用、安排住宿，发放文件资料、代表证、餐券等。

规模在 1 000 人以内的活动，注册报到可提前安排 1 天的时间；大于 1 000 人的活动最好提前安排 1.5～2 天的时间进行现场注册；少于 500 人的活动提前 0.5～1 天办理报到注册即可。

（2）报到地点的选择。注册报到处要有明显的活动标志，如活动标识、活动名称、举办时间等，还要有明显的路标。一般选择在活动现场的大堂或入口处，周围要有足够的空间，可以根据已注册代表的人数估算注册报到时可能需要的最大空间。

（3）接待报到工作重点。来宾都希望现场注册报到程序简单快速，因此组织方一定要做好 5 个方面的工作：一是注册材料的准备工作要充分；二是要尽可能早地让所有来宾了解现场注册的程序；三是保证足够大的注册报到空间；四是现场工作人员分工明确、经验丰富、人员充裕，保留机动人员；五是各项活动的组织和管理工作都是以现场报到时获得的各种数据为依据进行的，应该随时将这些数据提供给主办方的各个职能机构，用于修改预定的数据，安排餐饮、旅游等。

5. 签到

签到是为了及时了解参加活动的实际人数，确定活动规模。庆典仪式、纪念性活动的签到簿可以珍藏，留作永久纪念。有的活动签到的作用是通过受众的到场率，思考前期宣传的效果和所策划活动的吸引力程度，也方便现场管理和接待工作，为后续的活动安排提供参考。

注册报到工作人员“细”中见“大”

随着社会和科学技术的发展，签到的方式也发生了变化。根据签到载体的不同，活动签到主要有 3 种方式，即手写签到、电子签到和创意互动签到。

（1）手写签到。包括簿式签到、表式签到、名片签到、座次表签到。一些大型的线下活动使用签到墙签到的形式进行签到。

（2）电子签到。电子签到（见图 5 - 38）的形式也是多样化的，比较常见的有身份证签到、二维码签到、手机验证码签到、刷脸签到等。另外，AR 签到、3D 签到等也是基于新技术而出现的富有趣味性的签到方法。

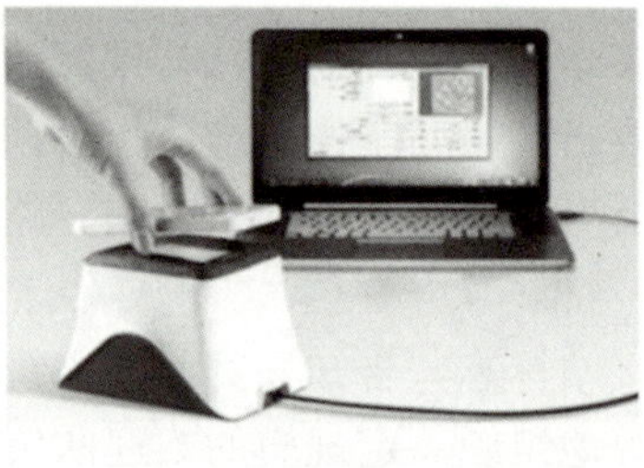

图 5 - 38　电子签到

（3）创意互动签到。创意互动签到，顾名思义，表现在“创意”“互动”两个方面，形式包括拍照签到、指纹签到、贴纸签到、点灯签到、唇印签到、拼图签到等。

任务工单 2

任务名称	制定活动接待方案
地　　点	
日　　期	
任务目的	通过本任务，学生能够学会撰写活动接待方案。
任务内容	**情境资料：** 某学院承办了××年全国会展专业技能大赛，会期为 5 月 19—21 日（周五—周日）。5 月 19 日报到，5 月 20 日为开幕式及策划比赛，5 月 21 日为设计比赛及颁奖仪式。抽签决定比赛顺序，因为有 16 支参赛队伍，上午 1—6 号，下午 7—16 号。 假如你们团队负责接待工作，请拟订一份接待方案。
建议学时	4 学时
操作提示	（1）接待内容要包括接站安排、报到注册、住宿方案、餐饮安排、交通安排、VIP 嘉宾接待等； （2）要考虑周到，并有应急预案； （3）接待经费预算要以表格形式呈现，要有明细。
任务实操	（1）小组合作形式，3～5 人一组。 （2）组长统筹，合理分工，组员合作完成。相关内容自拟，接待方案至少有以下几部分：接待方针、接待规格、接待内容、接待日程、接待人员分工、接待经费预算。 （3）形成 Word 版文字报告，同时完成汇报 PPT，每组选 2 名代表在全班进行汇报。

（二）现场引导与返离

1. 引导服务

引导是指活动期间工作人员为来宾指引会场、座位、展区、餐厅、住宿房间的位置。活动现场应提供必要的引导服务。

（1）进场引导和离场引导分流。室内接待人员要主动引导宾客入座，安排简单短小的文娱演出、播放暖场音乐等，等待活动正式开始；室外活动可以尝试适度提前开放入场时间，方便人们分时入场，同时增加暖场活动、互动体验项目，增加宾客的兴趣；活动散场时，说明各通道的方向及就近的目的地，尽量多提供大规模运输的公共交通，方便人群快速疏散。

（2）现场导引提示。一方面，在现场主要通道放置广告牌、引导牌和贴挂宣传标语以引导来宾接受宣传等；另一方面，现场设置正确的指示牌、安全通道、安全指示灯、广播播报等，如遇突发事件，启动应急处理程序，及时组织撤离。

（3）引导参与者有序地排队。组织方要尽量使用技术手段来分流或者提高通行效率。

（4）引导参与者有秩序地配合活动。主要指对线上线下活动现场控制气氛和活动顺序，如主持人引导参与者参与提问。

2. 茶歇服务

活动中间休息时可以提供咖啡、茶或其他饮料和一些甜品水果等。茶歇每天可以安排上、下午各一次，多在活动举行到一个半小时或两个小时的时候开始进行，时长一般为15～30分钟。饮料台可以分别设立在几处不同的地点，可以考虑每70～100人设立一个饮料台。

3. 返离服务

活动即将结束，工作人员要及时把预订的返程票交到来宾手里，确认无误，并做好返程送行的安排。同时要准确结算来宾各项费用，以及安排合影留念。如赠送礼物要注意合法合规，力求体现当地特色，尊重客人的习俗和爱好。

（三）特殊宾客接待

1. VIP贵宾接待

活动影响的大小往往取决于活动的规模的大小以及来宾身份的高低与数量的多少。主办方邀请的嘉宾主要有公司领导、行业领袖、政府主管领导、投资者、代言人、赞助商代表、评委、专家等，重量级的嘉宾可以增加活动的深度和含金量。

2. 媒体记者接待

有影响力的活动经常会有上百名记者现场采访。应提前落实媒体单位和记者。活动前一定要沟通各方需求，告知活动时间安排表，标记重点的采访时间。活动现场要做好媒体接待和指引工作，依次安排媒体进行一对一专访。活动后将媒体通稿和活动官方推广资料等传给媒体，确定发稿时间，表示谢意。发稿之后，若能转发至公众平台以示感谢更佳。

接待媒体记者的工作还包括：提供交通条件，现场设立媒体接待区，签到，发放记者证、资料袋等，提供现场办公条件和休息条件。

3. 特殊人士接待

活动现场要为特殊人士提供专门的设施设备，例如盲人、聋哑人等。在这类人群管理中要注意安排专人为他们提供服务或者协助，切实保障他们参加活动的正当权益。如特殊奥林匹克运动会上每名运动员都有 1 名志愿者陪同服务。

（四）餐饮住宿服务

1. 餐饮服务

活动的餐饮可分为早餐、茶歇、午餐、晚餐和招待会等。就餐方式应根据活动的规模和性质决定，提倡自助餐。组织方要事先与提供餐饮的单位确定时间和地点，事先设计和确定就餐凭证，要与饭店一起确定菜单，饮食干净、卫生、美味。注意给因服务工作耽误用餐的人员预留饭菜，做好饮水、饮料的供应。

餐饮安排应注意以下几点：

（1）根据经费预算和人员情况确定餐饮标准；

（2）食物选择充分照顾少数民族和外宾的饮食习惯；

（3）就餐的地点要尽量靠近会场或住宿的宾馆；

（4）采取严格的卫生措施，确保饮食安全。

2. 住宿服务

大型活动时间长，需要安排住宿，要提前根据活动人数、性别、身份及对方的要求制定方案，事先向酒店、宾馆预订房间，做到合理分配。

（1）住宿要相对集中，住宿地与会场距离要近。预订住宿地点的工作在时间上一定要预留充分。一般通过回执掌握来宾的数量和订房规格。

（2）住宿安排要细致。如果主办方支付费用，则需要按来宾职务安排住房；对长者、尊者、领导要给予适当照顾；要根据来宾职务、年龄、健康状况、性别、民族习惯和房间条件综合考虑；有时还要考虑地区集中，便于讨论；合理分配不同标准的房间，列出住宿表；预订的房间应略有富余。

（五）交通服务

交通服务主要是指现场的交通工具、停车场及线路的规划，如物品运输车辆、巴士（往返于地铁或机场与场馆之间）、出租车、停车场等。主要工作范围和注意事项如下。

1. 工作人员全面掌握有关信息

对于大型活动而言，现场交通服务管理的负责人至少应该掌握一份需要联系的人员名单、场地平面图、宾客抵达的时间、现场交通规划草图、车辆调用与配发计划、紧急情况应对计划、现场联络点，还有安保人员和志愿者名单。

2. 现场重点服务的事项

现场应根据日程安排落实好交通工具，对所配备的车辆进行安全监察，对司机进行相关培训，确保用车的安全。重点做好 4 项工作：

（1）制订交通保障计划；

（2）对车辆进行分级管理；

(3) 协调机场或车站进行机场礼宾等服务；

(4) 与安保人员配合做好活动期间的用车服务。

3. 合理安排车辆停放

在现场接待中，各种车辆停放的合理安排是不能忽视的问题。停车管理人员需要思考的问题包括：员工和观众的车能停在场馆附近吗？是否有便利的公共交通？如果有必要，能安排专门的区域供运输服务物品的车辆停靠吗？有专门的 VIP 和残疾人停车位吗？图 5-39为某次活动的停车管理规划。

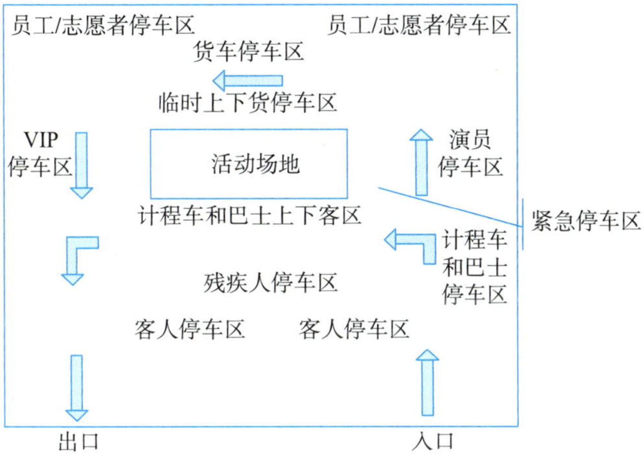

图 5-39　活动的停车管理规划

有效地疏导活动举办期间的大量人流、车流需要周密的计划，也需要当地警察、交通部门、活动组织方和志愿者的通力配合。

(六) 参观、旅游服务

联系落实好参观、游览、文艺演出、娱乐活动的时间、地点及相关事宜。相关的活动主要有两类：一类是商务考察；另一类是短线旅游。活动组织方可以找专业的旅游公司负责就近安排短期的游览参观路线。组织方仍要有专人全程陪同，负责必要的管理和沟通工作。

任务工单 3

<table>
<tr><td>任务名称</td><td>活动现场接待服务</td></tr>
<tr><td>地　　点</td><td></td></tr>
<tr><td>日　　期</td><td></td></tr>
<tr><td>任务目的</td><td>通过本任务，学生能够理解接待工作的细致性。</td></tr>
<tr><td>任务内容</td><td>某商场定于 6 月 28 日上午进行周年庆庆典活动，邀请相关领导（10 人）、文体人员（5 人）、供应商（20 人）、商场高级别客户（40 人）、社区关爱对象（20 人）、媒体（5 人）等参加，来宾约 100 人。
(1) 如果你是策划人员，你如何保障这次庆典活动的服务？
(2) 情景演练庆典开幕式现场的接待过程，主要是进场、离场两个情景，相关人员和内容自拟。</td></tr>
<tr><td>建议学时</td><td>2～3 学时</td></tr>
<tr><td>操作提示</td><td>对不同身份的人员进行保障服务，注意区分工作内容，需要提前安排到位。</td></tr>
<tr><td>任务实操</td><td>(1) 根据所学知识分组讨论并回答，填入表格中。
<table>
<tr><th>编号</th><th>项目</th><th>服务内容（或注意事项）</th></tr>
<tr><td>1</td><td>作为区域划分</td><td></td></tr>
<tr><td>2</td><td>领导</td><td></td></tr>
<tr><td>3</td><td>文体人员</td><td></td></tr>
<tr><td>4</td><td>供应商</td><td></td></tr>
<tr><td>5</td><td>客户</td><td></td></tr>
<tr><td>6</td><td>特殊人士</td><td></td></tr>
<tr><td>7</td><td>媒体</td><td></td></tr>
</table>
(2) 准备庆典道具、桌椅、背景音乐、手机、摄像机、场地等，制作相关证件，进行角色扮演，情景演练角色的台词等可通过网络查找。</td></tr>
</table>

引申资源

热情接待　周到服务

信瑞公司承办了一个行业协会的年会活动，主办方邀请了行业代表 300 余人参加。负责接待的工作人员根据回执统计了来宾的姓名、性别、年龄等信息，发现这次年会的来宾以年轻男性居多，其中还有 5 人是少数民族，2 人的生日正好在年会期间。

根据会议日程的具体情况，工作人员决定这次年会的餐饮形式采取自助餐与桌餐相结合的方式。上午和下午安排的会议比较紧凑，早餐和中餐就采用自助餐的形式；晚上时间充裕，年轻男士还可以喝点酒放松一下，增进一下友谊，所以采用桌餐的形式比较合适。

工作人员还根据年会的用餐标准提前与酒店餐厅商量了菜单，给来宾们准备了丰盛可口的饭菜，充足的酒水。整个年会期间，每当就餐时，会务组就安排专门人员到场张罗，询问饭菜是否可口，对代表的一些特别要求也尽力予以满足，实在不能满足的都耐心予以解释或提出适当的替代方案。

工作人员还给 5 名少数民族嘉宾提供了单独的饮食，还按照中国传统习俗在早餐时给过生日的嘉宾送上了长寿面和荷包蛋。过生日的代表都很意外，也很感动，纷纷称赞主办方太细心周到了！

年会结束后，在反馈评价表上，来宾都对接待工作给予了高度赞扬。

任务六　活动项目沟通

学习目标	
知识目标	了解沟通的方式与渠道； 掌握与观众、展商、媒体等客户沟通的内容； 明确建立项目团队的沟通计划与制度； 掌握沟通的方法与原则； 了解项目冲突的来源及解决的顺序和方法。
能力目标	能够准确、有效地与人进行沟通； 掌握项目团队内部的沟通方法； 能够搭建渠道、解决冲突，高效沟通； 能够合理有度地处理现场突发状况。
素养目标	具有准备严谨、翔实材料的意识； 培养真诚的沟通态度； 提升团队的合作意识和服务意识。
任务描述	
在活动管理中，沟通是进行项目各方面管理的纽带，良好的沟通和有效的冲突管理对于活动取得成功是必不可少的。为了做好每个阶段的工作，必须在项目部门内、部门与部门之间以及项目与外界之间建立沟通渠道，处理好与沟通对象之间的关系。那么如何做好与观众、客户、媒体之间的沟通呢？本任务将一一解答。	
实施提示	
活动中的沟通贯穿于从策划到组织实施的各个阶段，学习者本着服务的意识理顺与各方沟通对象的关系，制订好沟通计划，尤其要做好现场的沟通。	
业务流程	
明确沟通的需求、信息和沟通的责任 → 选择有效的沟通方式和渠道 → 有序、有策略地解决冲突	

知识补给站

一、项目沟通管理

（一）项目沟通的意义

项目沟通是确保项目信息合理收集、传输和处理所需实施的一系列过程，每一个活动项目周期的每一个阶段都是重要的。有效的沟通可以推动活动顺利进行，项目组织内以及项目组织者与参加者之间须建立沟通渠道，快速、准确地传递信息，以便各部门协调一致。通过大量的信息沟通，找出项目管理的问题，制订政策并控制评价结果。

（二）项目沟通的对象

在活动的全过程中，沟通工作不仅仅局限于项目团队之间，项目管理人员与活动参与者之间都有可能发生关系，还需要针对客户需求进行有效沟通。

因此，沟通发生在项目组织内和项目组织外。对内的沟通是领导（如项目经理）与被领导者（如项目成员）之间交换信息的过程；对外的沟通对象主要是活动的参加者，项目管理人员面对观众、供应商、服务商、媒体、参展商、政府官员时都会发生业务接触。项目组织外的沟通对象不仅指外部客户，也包括内部客户，即对项目相对熟悉，对项目信任度高，掌握内部信息的内部参与项目的人员。

（三）沟通的方式

一般包括：正式沟通与非正式沟通；上行沟通、下行沟通和平行沟通；单向沟通与双向沟通；书面沟通和口头沟通；言语沟通和体语沟通。

二、项目冲突管理

项目的冲突即项目中产生的矛盾，冲突是项目结构的必然产物，冲突也可以是有益的，项目经理常被描述成一个冲突经理。解决冲突是需要对冲突的发生原因有所了解的。

在项目实施的过程中，冲突可能来源于不同的方面。它可能来源于项目内部或者组织内的其他项目。常见的冲突来源可归纳如图 5-40 所示。实际上，项目中的人是最重要的因素，项目中人的利益、价值观、信息、权力、态度和动机都是冲突的主要因素。

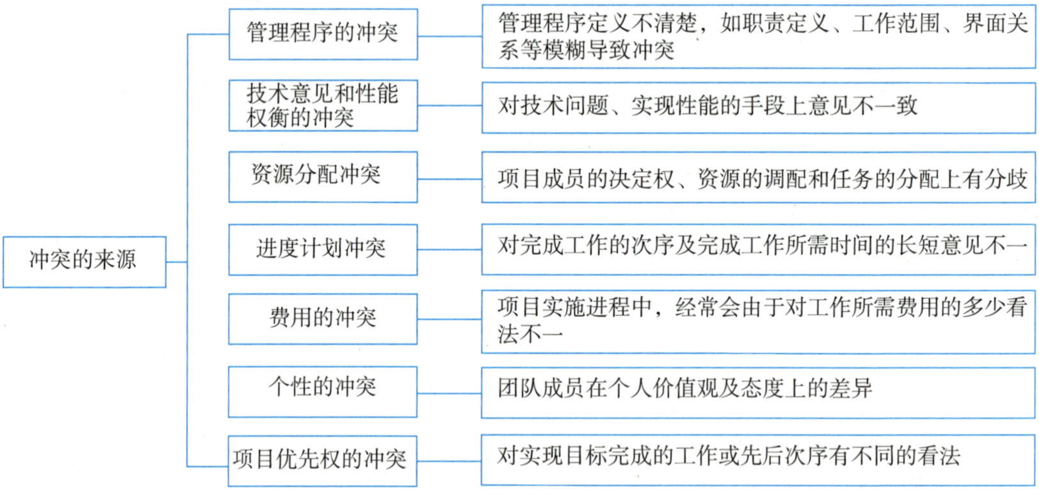

图 5-40　项目冲突的来源

任务实施

在一个活动中，项目组织内的沟通和项目组织外的沟通同等重要，项目经理通常花在这方面的时间应该占到全部工作时间的 75%～90%。良好的沟通交流能获取足够的信息，同时能够发现潜在的问题，从而能够控制好项目的各个方面。

一般而言，项目沟通的程序大致经历 3 个阶段：明确沟通的需求信息和沟通责任；选择有效的沟通渠道和方式；有序、有策略地解决冲突。

一、有效的项目团队沟通

（一）建立完整的沟通管理体系

一般而言，活动项目团队内部沟通，要建立比较完整的沟通管理体系。这个体系中应该包含以下 7 个方面的内容。

1. 识别项目干系人，分析沟通需求

活动项目的沟通应在分析沟通需求的基础上制订沟通的需求表或需求计划，以便有针对性地解决需求。项目干系人又称为项目利益相关者，是能够影响以及会被项目决策、活动、结果影响的个人、群体或组织等。项目干系人主要有：项目主办方、项目协办单位或部门、投资方或赞助方、政府等主管部门、场地场馆方、项目团队、服务供应商、参展商、观众等。

首先，项目管理人员需要根据项目章程识别出项目的所有干系人，并分析记录他们的需求、影响、参与度及重要性。获取项目干系人沟通需求的方式常用的有3种：

（1）举行会议，如工作例会；

（2）查阅资料，如项目内外的各种信息；

（3）人员访谈，如对项目活动有重要影响的关键干系人进行采访。

然后，概述要传达的消息（如公告、更新、变更等事项）的内容和风格，准备信息资料，例如联系人名单等。

2. 选择合适的沟通方式和通信设备

（1）选择最恰当的交流方式，如电话、面谈等；更主要的是用什么沟通介质，如图片、文字；还有用什么方式，如介绍、演示等。选择哪一种沟通方式往往根据沟通的内容和对象而定，有时几种沟通方式会同时并用，也会因项目时段不同而采取变换的方式。其最终目的都是活动顺利实施，最大限度地保障沟通顺畅，保持信息传播的真实状态。

（2）确定适合沟通的技术设备，如手机等。

3. 明确项目沟通责任

项目管理人员应组织安排有关工作人员，明确其沟通责任，针对不同岗位和业务的沟通要求及沟通策略做出相对清晰的责任说明。

4. 制订项目沟通计划

项目沟通计划是项目整体计划中的一部分，活动项目经理有必要检查整个项目的沟通计划，因为在沟通计划中描述了项目信息的收集和归档结构、信息的发布方式、信息的内容，每类沟通产生的进度计划、约定的沟通方式等，这样才能在此基础上熟悉项目的其他情况。

项目沟通计划的主要内容大致有以下方面：

（1）识别项目干系人信息及沟通需求；

（2）项目沟通信息的获取渠道；

（3）项目沟通频率及日程安排；

（4）项目信息的沟通方式；

（5）项目沟通工具及文档的模板；

（6）项目沟通工作的责任人及职责；

（7）不同类型活动沟通的工作规范与管理制度；

（8）沟通工作跟踪反馈机制。

5. 信息分发

将需要沟通的信息及时发送给项目干系人：谁需要什么信息，什么时候需要，怎样获得。在现场工作中有效实施。

确保活动工作人员间沟通的顺畅十分重要，信息沟通顺畅重点从两点着手：

（1）确认各相关工作人员之间有通畅的沟通渠道；

（2）确定统筹活动工作信息管理的人员或团队。

6. 绩效报告

绩效报告用于收集和传播所执行的信息，包括状况报告、进度报告和预测。

7. 项目管理收尾

管理收尾包含项目结果文档的形成，项目结果文档包括项目记录收集，对项目符合最终规范的文字保证，对项目的效果（成功或教训）的分析以及这些信息的存档（以备将来利用）。

任务工单 1

任务名称	编制项目沟通计划
地　　点	
日　　期	
任务目的	通过活动项目干系人建立整个活动的沟通体系。
任务内容	某活动公司即将承办一个大型商场的情人节促销活动，需要建立一个沟通体系。请完成以下两个任务： （1）罗列该活动的所有项目干系人； （2）编制沟通计划。
建议学时	2～3 学时
操作提示	（1）项目干系人罗列完整； （2）沟通计划完整、有效。
任务实操	（1）小组合作形式，3～5 人一组，选出组长作为项目负责人； （2）项目负责人统筹，合理分工，运用头脑风暴，罗列该活动的所有项目干系人，做成表格； （3）同时讨论活动沟通计划内容，在沟通计划中呈现该活动项目信息的收集和归档结构、信息的发布方式、信息的内容、每类沟通进度的计划、约定的沟通方式等； （4）小组完成汇报 PPT，项目负责人指定组员在全班进行汇报； （5）全班评比，选出最优的一组分享完成过程。

（二）解决冲突

项目通常处于冲突的环境中，冲突能将问题及早地暴露出来，如果处理得当就能极大地促进项目工作的完成。

1. 明确冲突的解决顺序

在项目冲突平均强度的比较中，项目进度冲突强度最大，成本费用冲突强度最小，如图5－41所示。据调查，这 7 种冲突在项目生命周期的不同阶段其强度也不尽相同，项目经理能及早了解并及时解决就很可能避免或者减少冲突潜在的有害方面。

图 5－41　项目冲突的平均强度图

2. 掌握解决冲突的基本策略

（1）解决冲突常见的 4 种方式。

1）在公司范围内建立冲突解决政策和程序；

2）在早期计划活动中建立项目冲突解决程序；

3）利用上级；

4）需要直接接触。

（2）解决冲突的基本策略。

解决各式各样的冲突，有一些常用的方法和基本的策略，如回避或撤出、竞争或强制、缓和或调停、妥协、正视等，面对不同环境和不同的活动现场情况选择合适的策略非常重要。针对不同项目周期的冲突，如何加强沟通与解决冲突有一些具体的建议，请扫二维码。

项目周期各阶段冲突来源及建议

二、活动项目客户沟通

（一）获取客户沟通的需求信息

项目工作人员可以运用电话、邮件访问、访谈、召开会议等方式获取客户的沟通需求信息，并对其沟通需求进行划分，具体内容如图 5－42 所示。

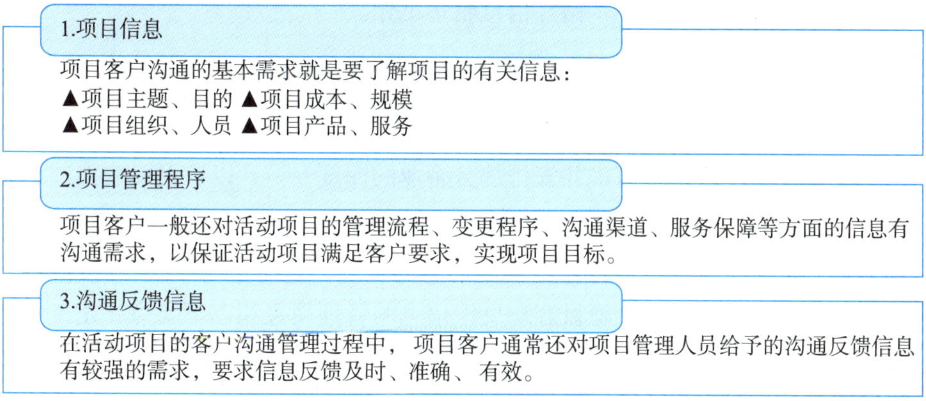

图 5－42 项目客户沟通需求的主要内容

（二）明确项目客户沟通责任

为了实现活动项目的有效客户沟通，项目经理首先要明确团队成员的沟通责任。项目团队中客户沟通管理的主要岗位及职责主要有以下几种，如图 5－43 所示。

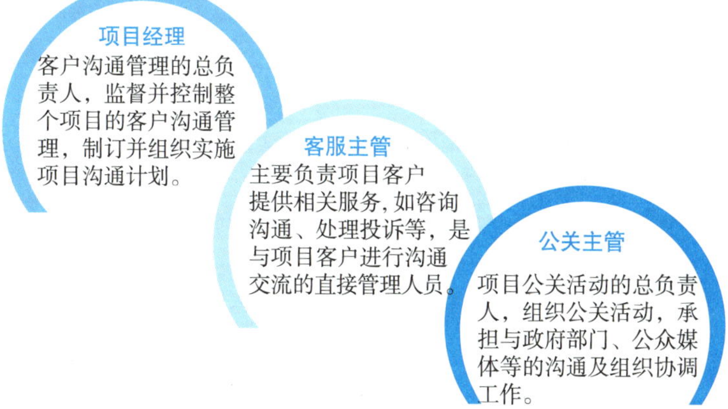

图 5－43 活动项目客户沟通的主要岗位及职责

(三) 现场针对不同客户的沟通

1. 与观众的沟通

(1) 活动现场资料发放。资料袋等材料的准备体现着主办方对参加者的态度。

(2) 现场咨询服务。现场设置咨询台，工作人员应该培训上岗，做到遇有突发状况迅速做出反应。

(3) 对观众意见进行调查。主动做好信息收集工作，体现出诚恳的沟通态度。

2. 与参展商、服务商等客户的沟通

(1) 搭建期间的沟通。主要包括审批主场搭建的申请，搭建与协调，现场施工管理与验收，现场办公服务，预展，物流等。比如活动服务商自己的搭建要与主场的搭建针对是否符合施工要求以及用电、用水、消防等方面的问题进行充分的沟通。主办方要及时跟进监督沟通，确保最终搭建符合各项要求。尤其是要注意沟通协调场馆与参展商在场地、用地以及将活动物品如展品运抵现场时，可能遇到的开馆时间以及地面负荷限制等矛盾。

(2) 设立现场控制中心，及时跟进沟通，处理各种突发状况。

(3) 对参展商进行意见调查，做好信息收集工作。

3. 与媒体的沟通

(1) 现场新闻实时通报，是各新闻媒体报道活动情况的主要依据和参考资料，在报道内容上要求严谨、翔实，并尽可能提供具体、丰富的资讯。

(2) 引导媒体深度跟踪报道，并安排部分企业的深度专访，以扩大影响力。

(四) 注重客户反馈信息管理

活动项目人员还应重视对项目客户反馈信息的管理，定时适时收集、处理反馈信息，提高客户沟通效率。一般来说，项目客户反馈信息的管理须关注以下要点：定期搜集客户反馈信息并整理分析；设置专门的部门或人员负责处理客户反馈意见；定期回访重要客户；及时整理反馈信息资料文件，做好保管归档。

沟通管理通常被认定为活动中人力资源管理的范畴，在实际活动运营中，有关信息沟通的软件及其实际操作，学习者可自学，例如可视化信息操作系统的使用等。

任务工单 2

任务名称	解决活动现场沟通问题
地　　点	
日　　期	
任务目的	能够创设情境，解决冲突。
任务内容	**情境资料：** 在校园展会中，一位展商因想使用自己公司的帐篷，拒绝使用统一赞助的公司帐篷而与现场管理人员发生争执。 请问：管理中可能在哪些环节出现问题？你该如何通过沟通去解决？
建议学时	1～1.5 学时
操作提示	注意：可从仪容、仪表、仪态和交流的重点以及突发事件应变策略等方面考虑。
任务实操	(1) 全班分组，3～6 人一组，角色分工明确； (2) 各小组各自讨论，设置一个现场管理工作人员在展会现场与展商交流的场景，并将设计的沟通过程通过小品的方式在班级表演； (3) 师生互评，总结经验。

引申资源

研发部的梁经理

研发部梁经理才进公司不到一年，工作表现颇受主管赞赏，在他的缜密规划之下，研发部一些延宕已久的项目都在积极推进当中。

后来部门主管李副总发现，梁经理几乎每天加班。他经常第 2 天来看到梁经理电子邮件的发送时间是前一天晚上 10 点多。这个部门下班时总是梁经理最晚离开，上班时第一个到。平常也难见到梁经理和他的部属或是同级主管进行沟通。

李副总对梁经理怎么和其他同事、部属沟通感到好奇，开始观察他的沟通方式。原来，梁经理都是以电子邮件的方式交代部属工作。他的属下除非必要，也以电子邮件回复工作进度及提出问题，很少找他当面报告或讨论。对其他同事也是如此，电子邮件似乎被梁经理当作和同事们合作的最佳沟通工具。

但是，最近大家似乎开始对梁经理这样的沟通方式反应不佳。李副总发现，梁经理的下属对部门逐渐没有向心力，除了不配合加班外，还只执行交办的工作，不太主动提出企划或问题。而其他部门主管，也不主动到他办公室聊聊，大家见了面只是客气地点个头。大家觉得梁经理似乎比较希望用电子邮件讨论工作，而不是当面沟通，有同事曾试着找梁经理当面沟通，梁经理不是很短时间就结束谈话就是眼睛一直盯着计算机屏幕，让同事不得不赶紧离开。

了解这些情形后，李副总找了梁经理，梁经理觉得效率应该是最需要追求的目标，所以他希望用最节省时间的方式达到工作要求。李副总以自己的经验告诉梁经理，工作效率重要，但良好的沟通绝对会让工作进行顺畅许多。

沟通看似小事情，实则意义重大！忽视沟通，工作效率势必下降。

工作人员现场沟通技巧

活动项目客户信息沟通制度

任务七 活动保障与控制

学习目标	
知识目标	了解活动保障的范畴； 掌握活动物流管理的内涵与要求； 掌握活动交通服务的工作内容； 明确活动设施设备保障的注意事项； 明确活动安保工作的注意事项。
能力目标	能够根据活动物流管理的要求完成现场物流服务； 能够根据活动特点制定交通服务方案； 能够按照要求完成活动现场设施设备保障工作； 能够按照要求完成活动现场安保工作。
素养目标	学生养成认真细致、精益求精的工作作风； 了解并遵守活动现场保障的工作规范； 树立团队精神，进一步提升细节决定成败的质量意识。
任务描述	
活动保障服务是活动现场执行的重要一环，关系着活动是否能够安全、顺利地举行。那么，如何进行活动现场物流管理？交通服务如何开展？对设施设备如何进行保障服务？现场安保工作怎样确保万无一失？本任务将带领你穿过迷雾，一一解决。	
实施提示	
活动保障服务是一项艰巨而细致的工作，涵盖了活动现场物流管理、交通服务、设施设备保障、安保工作等诸多内容。现场管理、控制和协调的内容十分庞杂，如果处理不当就可能引发大问题，所以，主办方需要不断提高服务水平，用优质的服务来回报活动的各方参与人。	
业务流程	
① 制定服务方案 ② 明确人员安排 ③ 保障与控制现场各项工作 ④ 现场安全检查与控制	

知识补给站

活动保障是一系列后勤保障管理的统称，是活动现场执行的中心任务之一，完善的活动保障服务能够推动活动顺利举办，赢得良好的口碑，培育忠诚的活动参与者。

活动现场保障服务做得好不好很考验现场团队对活动的驾驭和操作能力。高质量的保障工作能稳定现场环境、维护参与者权益、营造恰如其分的活动气氛，提高活动品牌效力。

活动保障与控制是活动现场工作中极为重要的一环，贯穿活动现场工作的始终，应遵循 3 项要求：

（1）以参与者为中心；

（2）服务细致入微、热情周到，细节决定成败；

（3）安全第一。

任务实施

活动保障服务必须遵照一定的工作程序，具体包括以下几个方面。

一、熟悉保障工作范围

从业务程序来说，在活动筹备后期即将进入现场执行阶段时，策划组和现场保障组应一起结合活动的类型、目的、规模等，制定相应的活动保障服务方案，对现场各项工作的具体安排做好准备。

保障服务与管理主要涉及人和物两方面工作，“人”的因素在本项目的工作人员管理、接待服务、沟通管理等任务中已详述，本任务重点了解“物”的方面。现场保障工作的内容主要包括五大板块，见图 5-44，这些都是保障现场万无一失的关键组成部分。

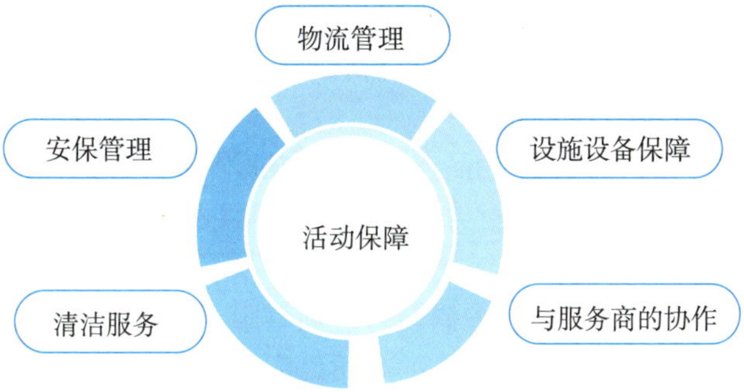

图 5-44　活动现场保障服务的工作内容

二、明确保障人员安排

根据活动保障服务方案中的不同工作岗位，进行人员分工和严格的业务培训，并提前进入工作岗位，熟悉岗位环境，履行工作职责并遵守岗位服务规章，确保服务质量。

三、现场各项工作保障与服务

活动现场保障事务很多，需要各板块成员彼此协调配合，某一方面的工作疏忽和失误都有可能对活动造成严重的影响，必须非常重视。活动的种类和规模不同，现场保障与控制的重点也会有所差异。

（一）把握物流工作要点

在整个活动流程中，物流管理是一项重要而且专业性很强的工作，包括对活动辅助设施和产品的运输、保管、配送、包装、拆卸、搬运、回收及相关信息处理等，做到安全、快捷、准确、低耗地进行活动物流管理。

1. 熟悉活动的物流工作程序

物流服务范围很广，有国内的，也有国际的。如果是大型活动，主办方通常会寻找专业的代理服务商承包这项业务。工作流程如图 5-45 所示。

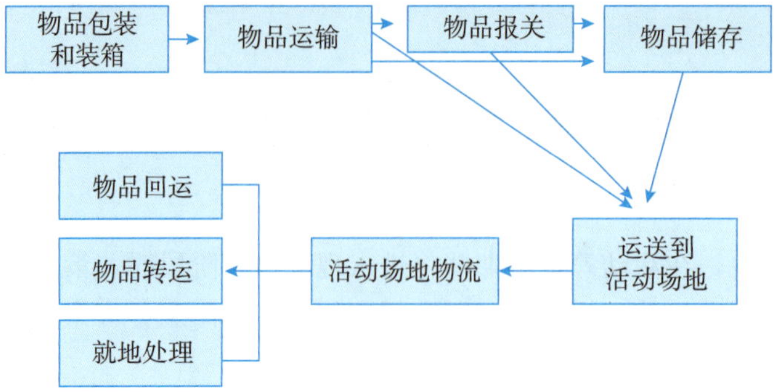

图 5-45　物流服务流程

2. 科学、高效地规划供应链

活动物流管理要从活动需求出发，在时间和空间上对供应链进行科学的整体规划，提高整个供应链的运行速度、效益和附加值，实现对活动现场动态信息的迅速反应和运作。

3. 成本优先

在活动物流管理中，成本是活动物品在实体运动过程中的运输、装卸、仓储、配送、加工等各个环节所支出的人力、物力和财力的总和，应把握成本优先，提高经济效益。

4. 质量第一

对活动物流管理整个过程的质量控制与管理须着眼于细处，对每个细节进行指标性控制，从而保证整个物流环节的高质量完成。

物流服务
精心安排

5. 绿色物流

在物流过程中，通过对运输、仓储、包装、加工等物流环节的绿色化改造，实现对环境的最小影响和对资源的最充分利用。

任务工单 1

任务名称	制定物流管理方案
地　　点	
日　　期	
任务目的	学会根据活动需要有针对性地设计物流管理方案，了解现场物流管理的工作内容和程序，提高分析问题和解决问题的能力。
任务内容	选择一个校园活动，并为此活动制定物流管理方案。
建议学时	2～4 学时
操作提示	(1) 活动类型、规模不限，根据需求自行拟定； (2) 熟悉活动现场物流管理工作要求； (3) 会做图表，并将其插入 PPT，操作熟练。
任务实操	(1) 小组合作形式，3～5 人一组，选出组长，确定各组的活动选题； (2) 组长统筹，合理分工，组员运用网络查找、头脑风暴、对比分析等方法进行讨论，制定物流管理方案； (3) 借助相关分析软件或小程序绘制图表，形成 Word 版物流管理方案，同时完成汇报 PPT，每组选 2 名代表在全班进行汇报。

(二)合理配置设施设备

活动现场的设施设备众多，活动现场管理人员应就场馆、会议室的配套设施的规格、性能及使用方法和维护知识提前与场馆管理人员进行沟通，索要场馆各类设施的配置信息，明确场馆现有设施的种类、数量、分布、走向等信息。配置设施设备的基本程序主要包括 4 步，如图 5-46 所示。

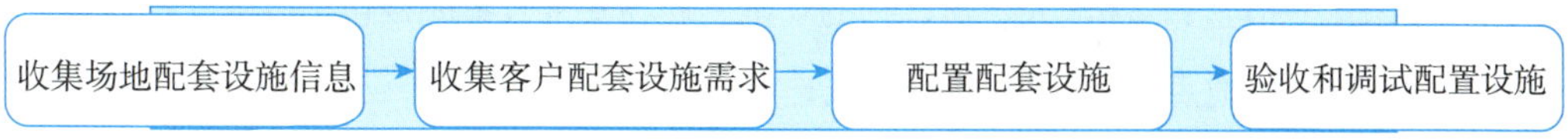

图 5-46 配置设施设备的基本程序

工作要点如下：

(1) 提前调查和测试设备。活动所需的相关专业设备，如投影仪、幕布、招贴支架、音响、话筒、激光笔、照明设备、多媒体设备、户外展览器具、办公自动化设备、对讲机和手提电脑等，都需要配备专业的服务人员，在现场对各种设备进行调查和测试，及时高效地提供优质服务。

(2) 提前考察活动场地外围周边的环境配置和服务。考察范围包括购物场所、城市交通、休闲场所、旅游景点、市容环境、商务服务设施、商业氛围、公共服务、货运代理服务等。

(3) 安全使用活动现场技术设备。包括电视监控系统、安全报警装置、自动灭火系统、通讯联络系统、场所的门禁系统等。

(三)与供应商/服务商的协作

作为活动组织者，选择好的供应商是非常重要的，观众注意不到的现场设施和服务内容都需要活动方提前做好安排，所以供应商的管理和协作需要重点做好以下工作。

(1) 确定产品和服务种类。活动越大，现场所需的服务种类就越多，比如一个球赛可能会与 30 多类供应商/服务商打交道。

(2) 提前沟通，详细说明彼此的权利和义务。

(3) 保证物品保质保量、按期到达。

(四)清洁服务

现场卫生清洁需要注意的事项有：

(1) 做好前期准备工作，组织人力、物力有针对性和主动地做好清洁工作，加大保洁力度，完成活动中安排的临时保洁工作；

(2) 必要时可根据现场需求增派保洁人员协助，或从其他项目调动人员协助；

(3) 保洁部门与主要负责人应与活动方做好事项安排，协调清洁工作；

(4) 详细了解活动的时间、日程、场地安排等具体要求，着手各项清洁准备工作；

(5) 合理且有计划地配备保洁工具，有序增量保洁短缺用品，保证保洁服务正常开展；

(6) 严格按照业务流程进行保洁业务培训，定点、定岗、定人、定路线，设立现场保洁指挥点；

(7) 熟悉各类保洁工具的使用，如吸尘器、洗地机、清洁剂、去污剂等。

现场保障服务包含的工作内容非常多，除以上所述外还有医疗健康、公安执法、法律咨询等服务，这些都需要提前做好应急安排和处置措施。

四、现场安全检查与控制

（一）现场安全管理工作程序

（1）制定安全方案/预案。主办方应在活动前制定安全方案，提前彩排和预演，以保证现场安全管理工作有序进行，保证人、财、物的安全。现场安全方案应该包括以下 8 项内容：

1）活动时间、地点、内容及组织方式；
2）安全风险预期或者安全风险评估报告、现场平面图、安全标识等；
3）安全工作负责人、联系人，安全工作人员的数量、岗位的设置；
4）活动场所可容纳的人员数量及活动预计人数，消防安全措施；
5）票证管理方案，包括票证种类、样式、总数、防伪说明、查验措施等；
6）预计活动的车辆数，停车场的布局、位置、容量及停放、管理、疏导措施；
7）现场安检办法，秩序维护、人员疏导措施；
8）现场火、电、人等应急预案。

（2）全员宣传，提高安保意识。

（3）活动中随时检查，完善安全防范措施。

（4）现场应急处理。应急处理的主要工作包括 9 项内容：

1）协调各部门的相关任务，特别是交叉性任务的指派；
2）控制活动现场进行的程序；
3）调配现场相关管理人员与服务人员；
4）对现场各类突发事件做出处理决定；
5）重要工作内容通知下达；
6）接待各保障部门的咨询意见并做出反馈；
7）处理其他部门不能决策的事务；
8）检查各保障部门实际工作情况；
9）公布活动现场重大变化情况。

在面对各项保障服务工作中出现的突发状况时，项目经理和现场运营负责人要快速处理或启动安全应急预案，通过调度、调节、管制、指挥等方式进行快速响应。要遵循既定的严格流程，及时上报现场安全事故和危机事件，争取有关部门的指导和支持。事件处理完成后，安全主管负责处理相关善后事宜，并将事情全部处理过程以书面形式上报活动主管。

如何处理活动现场的安全事故

展场管理使用指引及各种服务收费标准

第五届进博会交通精准保障、运行有序

（二）安保外包管理

近些年，很多活动主办方选择购买服务商外包安保业务以有效转移安保内部管理的风险。一般来说，规模小的活动主办方自身有足够的人力物力安排安保服务工作；对于大型活动，主办方则需要找专业的服务公司，购买专业服务，确保活动高质量举行，从而降低主办方的经营成本，减少活动现场各方的财产损失等。

1. 安保外包业务类型

安保外包服务业务类型包括：安全策划、保镖特卫、临时安保、安全技术防范、物业安保、防火防盗防爆等安全防范、安全咨询等。

2. 安保外包服务要点

（1）主办方应配置专人负责与外包公司对接，随时就活动情况进行沟通协调；
（2）双方必须提前掌握活动信息，提前进入现场勘察并进行部署；
（3）服务公司提前进行风险评估，做好应急管理工作；
（4）保障安保队伍人员、数量的稳定；
（5）服务公司制定完善的服务方案。

五、控制现场活动节奏

对于一场活动而言，现场保障集中于活动节奏的控制，因为活动的节奏会直接影响活动的效果，尤其是社交商务活动。节奏太快，受众跟不上；节奏太慢，受众等不及，也会离开活动现场。合适的节奏才能增强活动效果。

（一）控制时间节奏

任何一种包含时间和空间两个方面的立体艺术，例如活动，其起始、高潮和落幕 3 个点最容易被观众记住。因此，现场人员要善于控制活动的时间节奏，在活动的关键节点将表现活动目的的关键内容呈现出来。这时候，主持人应该发挥主要的作用。

（二）控制氛围节奏

控制氛围节奏的方式在活动中十分重要，通常都是营造一种激发参与者极大兴趣的情境和氛围，或者运用“饥饿营销”的方法引起参与者强烈购买意愿的氛围，再激发参与者主动沟通、洽谈、体验、消费和抢购。

（三）控制流程节奏

活动流程一般在活动筹备期就已经制订好了，到了活动执行前夕，再次确认活动流程表是确保活动顺利进行的最后一个环节。因此，活动策划者对这一工作必须确保落实，一些大型的现场活动，甚至会在活动开始前进行数次彩排预演来确保活动流程的顺畅无误。现场活动中按照流程表有序进行时，也会根据实际情况做一定的微调，活动小组各司其职，有效把控各项事宜，指挥中心动态发出指令，使活动顺利实施。

任务工单 2

任务名称	制定安全工作方案
地　　点	
日　　期	
任务目的	学会根据活动需要有针对性地设计安保工作方案，了解现场安保工作的工作内容和工作程序，提高分析问题和解决问题的能力。
任务内容	以下任务二选一完成。 任务 1：选择一个校园活动，可以是展览、会议、比赛、演出或节事活动，为此活动制定安全工作方案。 任务 2：某集团计划于 9 月 6 日举办一次答谢晚宴，现场人员较多，活动场所为室内，安全出口 6 个，作为后勤安保组的工作人员，该如何考虑工作的有序安排与运作？
建议学时	2～3 学时
操作提示	（1）熟悉活动现场安保工作要求； （2）汇报 PPT 中适当插入图表，操作熟练。
任务实操	（1）小组合作形式，3～5 人一组，选出组长，确定各组的活动选题； （2）组长统筹，合理分工，组员运用网络查找、头脑风暴、对比分析等方法进行讨论，制定安保工作方案； （3）借助相关分析软件或小程序绘制图表，形成 Word 版安保工作方案，同时完成汇报 PPT，每组选 2 名代表在全班进行汇报。

任务工单 3

任务名称	安保外包服务
地　　点	
日　　期	
任务目的	了解安保外包服务的工作内容和程序，提高分析问题和解决问题的能力。
任务内容	为了配合北京草莓音乐节的顺利举办，主办方将部分现场安全保障及清洁事宜委托一家有经验的会务公司负责。作为公司成员，在接到委托后该如何做好此项工作？
建议学时	2～3 学时
操作提示	（1）熟悉活动现场安保工作要求； （2）汇报 PPT 中适当插入图表，操作熟练。
任务实操	（1）小组合作形式，3～5 人一组，形成安保项目团队； （2）团队召开讨论会，合理分工，列出安保工作服务要点和安保工作的程序； （3）形成安保工作方案并呈现给主办方，同时完成汇报 PPT，每组选 2 名成员在全班进行汇报。

引申资源

现场安保无小事

事件 1 201×年 5 月 21 日，世园会现场售票系统升级，导致现场售票出现一小时无法交易状态。售票员提交交易后，系统提示“提交失败，订单系统通信异常”或者“订单系统超时”，售票业务无法正常进行。导致已购票游客无法入园，引发游客抱怨。

处理： 世园会组委会第一时间加派了工作人员进行人工检票，保证了顾客顺利入园。总结复盘项目时，相关人员做了检讨，组委会要求全体服务团队认真总结经验，确保服务保障安全高效。

事件 2 在一家上市公司的新品发布会上，CEO 讲话环节，观众席中有一个人将手中不明物体掷向 CEO。如何处理？

处理： 若活动现场发生意外事件，在保护领导安全的同时，尽量遮挡以避免 CEO 被拍照。靠近生事者的工作人员勇于上前制止，将其尽快带离现场。若 CEO 无大碍，可稍作冷静后，由主持人或 CEO 幽默地带过，活动继续进行；如果袭击导致实际影响（CEO 受伤或衣服被弄脏），可暂停或终止活动。与媒体沟通，尽量淡化处理，同时表现公司和领导的大度和宽容。进行媒体监测，发现问题及时沟通并正面引导。

活动现场舞台及观众席安全标准

大型活动报批的时候，应该向当地公安机关报备详细的舞台、观众席搭建的安全标准。同时可参考以下要点：

1. 设固定坐席的封闭式场所举办大型活动，所售门票最多不得超过核定容量的80%。封闭场所包括：剧院、室内体育场等相对封闭的演出地点。当观众达到一千人以上时，需预留座位的20%供公安、工作人员使用。

2. 不设座椅的大型活动，按照现场人均不低于1.2~2平方米的标准核定人数。核定容量的计算面积为活动场地总面积减去现场各类设施所占用的面积。

3. 临时性座椅，其横向的座位不宜超过20排，纵向的座位不宜超过22列、同排座椅之间应加以固定。当前后排座椅距离大于等于0.9米时，可增至50列；仅一侧有纵向走道时，行数和列数均应减半。

4. 体育场和综合性球场的看台同样按照上述方式排位。当前排椅与后排椅距离大于等于0.9米时，可使用长排法。一般看台椅的尺寸为：0.42m×0.45m。如看台梯上无固定座椅，可按照每人0.5米（宽）计算。

5. 舞台高度不超过1.5米时，舞台与临时摆放座椅之间的距离不得小于8米；舞台高度为1.5米以上时，第一排座位与舞台之间的距离应增加超出高度的10倍（如舞台高度是1.6米，那么第一排座椅与舞台的距离不得少于9米）。舞台属T型台的，T型两侧与观众距离不得小于2米。临时搭建的舞台，其后侧应留安全通道。在观众区域搭建有灯光棚、摄像台、音控台等临时设施的，其与周边观众的距离不得小于3米。

6. 临时座位区域应根据安全出口的位置合理设置安全通道，通道的宽度应按照每100人不小于0.6米计算，但最小净宽不得小于1米。边走道宽度不得小于0.8米。

任务八 活动风险识别与控制

<table>
<tr><th colspan="2">学习目标</th></tr>
<tr><td>知识目标</td><td>了解项目风险管控的流程；
了解活动项目中的不确定性；
理解活动中风险管理的理念——预防为主；
识别活动中风险的来源；
学会制订项目风险应对策略。</td></tr>
<tr><td>能力目标</td><td>能够识别不同种类的活动风险，并编制风险记录手册；
具备为活动项目制订风险应对策略的能力。</td></tr>
<tr><td>素养目标</td><td>培养规范意识、标准意识、质量意识、安全意识；
提高处理突发事件的意识和能力；
培养明辨是非、爱岗敬业的职业精神。</td></tr>
<tr><th colspan="2">任务描述</th></tr>
<tr><td colspan="2">在活动的举办过程中，会出现各种各样的风险危机，这些风险是客观存在的，那么针对这些可控或不可控的风险，我们应该如何识别？如何处理？对于一些可预知的风险我们又该如何防范？</td></tr>
<tr><th colspan="2">实施提示</th></tr>
<tr><td colspan="2">活动风险在立项策划阶段就已经开始了，一直贯穿到活动现场阶段。在活动中应对风险主要有两个目的：一是防范；二是干预。在风险出现的时候做出有效的控制，使其对举办的活动造成的影响降到最低。</td></tr>
<tr><th colspan="2">业务流程</th></tr>
<tr><td colspan="2">风险因素识别预测 → 风险评估分析 → 风险管控应对策略 → 风险应急管理</td></tr>
</table>

知识补给站

一、感知活动风险

近几年，由于活动外部环境的变化和内部管理的不善，引发各种各样的危机事件，这些事件和现象都归为活动风险。活动风险指的就是在活动的筹备、组织及收尾过程中所遇到的不同类别的、影响活动进行的事件。

在大众传播以及自媒体时代，任何事件会迅速成为公众关注的焦点。有的活动风险类事件突然发生，爆发时往往导致意想不到的结局，其潜在性的特征使得组织者一开始难以把握，难以做出防范。所以，活动组织者应充分认识风险的特点，尽可能提早做出防范和应对。活动风险有如下特点，如图 5-47 所示。

图 5-47 活动风险的特点

二、风险因素的来源

把活动项目的风险要素归类并分层查找出来就是识别风险。探究活动风险的类别，其目的是通过探索风险事件的起因从而干预时间的发生与演化的方式，对风险类事件进行细致化的分析可以提高风险防控管控的效率。

（一）活动风险的类别

（1）按照活动项目发生风险的阶段可将风险划分为概念阶段风险、开发阶段风险、实施阶段风险和收尾阶段风险；

（2）按照表现形式可将风险划分为信用风险、生产风险、市场风险、完工风险、金融风险、政治风险、环境风险；

（3）按照项目的投入要素可将风险分为人员风险、时间风险、资金风险、技术风险等；

（4）按照风险的可控制性可将风险划分为项目的核心风险和环境风险。

（二）活动风险的来源

活动风险的来源包括政治文化风险、经营风险、财务风险、人员风险、安保风险、不可抗拒风险等多个方面。其中，人员健康风险、财务风险等都是比较受关注的，自然灾害、战争、疫情等不可抗拒风险也时有发生。

三、风险管理原则

（1）有准备的原则：为了避免危机发生尽到一切努力；

（2）最小化的原则：限制风险的发生并将所发生的风险损害降到最低程度；

（3）有反应的原则：为了保护参会者、展览和财产，选择最恰当的行动或不行动的方式；

（4）有报告的原则：为该危机制订报告，并记录危机的详细情况。

任务实施

一、识别和预测活动风险

活动项目管理人员在策划和筹备阶段就应对活动项目的可能风险来源进行识别和预测，有针对性地进行项目风险管理规划。对风险因素进行预测的方法常用的有以下几种。

（1）德尔菲法。这种方法非常有效、客观，但比较耗时，预测的基本步骤如图 5－48 所示。

步骤1	确定参加项目风险识别的人员，并让每个人独立提出自己的意见
步骤2	汇总每个人的识别结果，并对所有结果进行分类、整理和再汇总，再将第一次识别结果告知每一位参与人员，但不提示意见是谁提出的
步骤3	参与风险识别的人员在阅读处理过的汇总意见后，重新对可能发生的项目风险进行识别，并第二次提出自己的看法
步骤4	汇总第二次识别结果，并进行分类、整理和在会中重复步骤2和步骤3
步骤5	重复上述过程直至所有人员意见基本趋于一致，最终识别出活动项目的风险因素

图 5－48　德尔菲法识别项目风险因素的步骤

（2）头脑风暴法。集合不同项目部门的管理人员集思广益，分析全面和贴近实际。

（3）情景分析法。这是一种直观的风险定性预测方法，可以对活动实施的发展做出种种设想或预计。

（4）核对表法。项目管理人员基于类似历史项目的风险信息及其他相关信息编制风险识别核对图表，设计并利用核对表，分析不同风险来源的资料，识别预测项目风险因素。

二、评估和分析活动风险

活动项目管理人员确定各项目风险可能发生的概率与影响程度叫风险评估。通常根据活动的大小，记录相应的风险考察鉴别内容，填写相应的风险记录表，如表 5－18 所示，最后累计成册。

表 5－18　风险记录表

风险名称	风险识别者	风险责任人	风险事件驱动器	风险事件可能性	风险影响	风险影响驱动器	影响可能性	风险损失值	期望损失值	拟采取的措施
设备不能正常使用	会务组	王×（会务组组长）	投影仪、话筒、屏幕、电脑等设备不正常	20%（根据以往承办会议的经验）	会议推迟或中断	没有调试设备、没有备用设备	100%	—	—	派专人负责调试设备并负责保管好设备

在分析风险影响程度的大小时，可引入风险值的概念。风险值是风险评估的重要参数，可用风险影响与风险概率来进行计算。

$$风险值=风险影响\times风险概率$$

如某一风险事件发生的概率是 20%，而一旦发生会导致项目计划延长 5 周，因此，

$$风险值=5\ 周\times20\%=1\ 周$$

三、控制和转移活动风险

（一）应对风险的策略

对于组织者来说，有些活动中遇到或潜在的风险是不可避免的，风险监控（包括风险监督与风险控制两个层面）是项目实施过程中的重要工作之一。综合“风险性质”及“决策主体对风险的承受能力”两方面因素，风险的应对策略可分为以下六大类，每类策略均有其适用范围。如表 5－19 所示。

表 5－19　风险应对策略类型与适用范围

风险应对策略	适用范围
风险规避	（1）风险发生的可能性很大，且后果很严重； （2）通过风险管理，无法减轻风险，也无法转移风险。 该策略的弊端：丢掉了机会，压制了创造力。
风险转嫁	（1）风险发生概率小，但是造成的损失可能很大； （2）项目组织机构很难控制该类项目风险。
风险减轻	（1）不愿放弃项目，也不愿转移风险（转移成本）； （2）面对无预警信息项目的风险时，具有针对性的应对措施。

续表

风险应对策略	适用范围
风险接受	(1) 采取其他风险管理方法的成本超过风险本身带来的损失; (2) 因主观或客观原因没有对风险进行事前控制，被动承担风险损失，而且损失数额不大，对利益相关者产生的影响很小。
风险预防	事先从制度、文化、决策、组织和控制上，从培育核心能力上防御活动风险。
应变计划	项目进行期间发生的已识别的活动风险，采取相应的应变策略。

(二) 风险转移工具

除了有效的风险预防与管控外，利用合理的风险转移工具规避风险也是保护权益的重要方法。

1. 合同

合同是约束双方的准则，不管是与赞助商、供应商、合作商，还是与活动参与者、活动执行合作方签订的相关合同，都会是一个具有法律效力的风险规避工具。

2. 保险

活动的组织者一般都会购买相关保险，作为风险事件的预防性工作之一，所购买的险种也是围绕着活动举办所涉及的事宜选择的，为了规避活动风险所选的保险种类见表 5－20。

表 5－20 保险的种类

保险的种类		
财产保险 商业一般责任险 参展商责任险 犯罪保险 活动取消险 伞覆式保险	主办方供酒责任险 火灾责任险 医疗责任险 承包商责任险 产品责任险 重要文件/记录险 现场办公险	现场盗抢险 展品险 员工责任险 旅游保险 参会者不足险 现金保障险 其他险

四、完善风险应急管理

(一) 组建风险管理团队

成立风险管理团队是第一步，要明确职责任务，保证一场活动的人、物的安全性以及活动的正常开展。组建风险管理团队应遵循如下两项原则。

(1) 确保管理层领导的支持，从上而下的支持可以给风险管理团队赋能，体现为授权;

(2) 风险管理团队内部成员之间要积极沟通。

(二) 明确活动现场风险应急程序

(1) 组建危机管理团队，并将关键供应商、顾问和利益相关者添加到团队。

(2) 确定紧急情景并确定其优先顺序和潜在的响应机制。

(3) 向领导、管理团队、主要官员，医疗、安全相关人员通报内部沟通计划和现场信息。

(4) 创建可操作的、全面可靠的危机活动项目前、中、后的风险报告系统。

（5）准备针对场地的地理位置，事件发生时间，有争议的发言人或其他风险暴露可能引起的情况的回应。

（6）在员工开业前进行应急响应培训。

（7）审查保险范围的充分性。仔细考虑可能导致取消或推迟活动的情况，如发生情况可以咨询法律和保险顾问，然后再采取取消或推迟的行动。

（8）制订风险应急工作清单。从各业务板块入手，梳理各项业务的具体任务，编制整体业务的 WBS 工作计划表和所有管理人员均梳理出的个人的 WBS 表，落实各项工作实施标准及进度。同时，现场执行的应急工作清单，如相关机构信息表（包括但不限于医院、使馆、警局/派出所等）、保险相关文件和表单、紧急情况记录表和汇总表等都是必备的工作清单。样表可参看项目五任务一相关内容。

（三）编制风险应急预案

项目管理人员应针对项目可能发生的危机事件，制订具有针对性的、重点突出的项目风险应急预案。一般风险应急预案主要包括如图 5－49 所示的 3 个方面的内容：

- 针对项目各种风险的特点、表现，提出应采取的措施和所需资源；
- 应急人员组织和协调相关事宜，确定岗位职责、工作流程、对外联络名单及资料等；
- 明确项目风险预防方案、危机处理的步骤、危机公关策略、财务及法律事宜等。

图 5－49　一般风险应急预案

任务工单 1

任务名称	编制风险应急预案
地　　点	
日　　期	
任务目的	学会与团队合作完成风险预案的撰写，并明确可能产生的风险及处理流程。
任务内容	（1）根据本任务的风险管理相关知识点，梳理风险点； （2）完成应急预案及相关表单的制作。
建议学时	2 学时
操作提示	（1）可以查阅奖励旅游相关要素信息，有助于分析客户诉求； （2）对于目的地的情况要有充分了解，有助于后面任务的达成。
任务实操	（1）组内讨论，梳理可能发生的风险点； （2）风险点归类，组内分工进行风险点的分析和编制应对流程； （3）收集相关现场资源类信息，包括但不限于医院、使馆、派出所等； （4）完成应急预案； （5）制作现场记录表单； （6）整套方案和表单汇总，组内确定； （7）各组分享。

（四）采取风险应急措施

针对活动的特性以及风险的管理经验和依据同发风险时间的发生过程、性质和机理，积极应对和控制活动风险。

1. 政治文化风险

（1）特点：复杂的国际国内环境、社会、经济、文化、军事等变化带来的风险；

（2）显著特征：威胁性、破坏性、不确定性、扩散性。

（3）应对原则：生命第一位、考虑国家立场、及时上报、果断采取行动防止事态扩散。

（4）主要措施：

1）组织方安保部：第一时间出警制止暴力，避免人员伤亡，并疏散游客；

2）游客服务中心：若现场情况严重，可暂停活动或临时关闭；

3）医务中心：对受伤人员实施紧急救护治疗并送医；

4）通报参展国负责人及大使馆，协调并进一步处理和恢复事宜。

2. 经营风险

（1）特点：发生频率较高，形成原因比较复杂。有些由于管理或经营不当，有些由于不可抗拒外力因素，需要灵活谨慎处理，如投诉纠纷类。

（2）显著特征：不确定性、公开性。

（3）应对原则：全方法多角度考虑问题，灵活应变，加强组织内部管理，防止因风险积累而爆发大危机，加强媒体受众沟通。

（4）主要措施：

1）安抚情绪：对于投诉纠纷类事件，首先对投诉者进行情绪安抚，有时候投诉者只是需要一个情绪的发泄窗口；

2）合理商议：针对投诉者提出的问题做出合理性商议，在不违反原则的情况下，酌情满足投诉者的需求或耐心解释；

3）部门联动：有的时候投诉者投诉的问题并非本条线工作，但是本着解决问题的理念，进行条线部门联动，积极解决问题。

3. 安保风险

（1）特点（以踩踏事故为例）：多数人为因素，危机发生概率较大，发生频率较高，不确定性较大；一旦处理不当，极有可能产生更大危机。

（2）显著特征：破坏性、突发性、急迫性、不确定性、隐蔽性。

（3）应对原则：预防为首、做好危机预警、设想最坏事态、防止危机扩散。

（4）主要措施：

1）加强教育：通过公益宣传片、广播等形式加强对文明参与者的安全教育。

2）合理设施：充分考虑活动热门区域的人员数量，留出足够空地，并安排工作人员做好引导工作，安排必要的避暑装置。

3）进行疏导：做好分散人流工作。

4）紧急措施：一旦发现排队人员超标，应引起重视或建立应急预案。可临时加开排队通道，或对排队人员进行分层阻隔。

4. 财务风险

做好活动财务管理工作能够对活动资金的流向、投入产出的比例和预算控制产生直接的积极作用。尤其是大型活动，主办方应及早预防财务风险。

（1）风险种类：比如投入与产出的负数比例、利润率与利息的负数比例以及由货币汇率变化和国际国内金融风险带来的不确定因素。

（2）应对措施：合理制订财务目标和财务预算，做好预算的执行和控制等。

5. 人员风险

人员风险主要有两类：一是现场人身安全；二是团队领导和团队成员缺位。

（1）应对人身安全的措施。

任何活动，其人身安全是第一位的，所以在考察场地时第一步是制订安全计划；第二步是确保公司和参与者购买足够的保险，从而在碰到失窃、自然灾害以及其他一些可保险的情况时，能够得到足够的理赔；第三步是建立一个全面综合的登记系统，监控所有参加活动人员的出入情况；第四步是制订计划，确保参与者的人身安全。

国际大型活动管理协会的大型活动行业，其人身/安全指导方针提供了一个很好的参考。

（2）应对团队人员缺位的措施。

举办大型活动时，为了保证筹备期间和现场实施期间，团队工作人员因特殊原因不能继续完成岗位工作而又没有替补人员，由此可能会造成项目中途停工，影响极大，为此，组织方一般从两方面加以预防：

1）组建团队初期时配备足够的人员，重要岗位配备正副两人负责，以满足补位需求；

2）组建团队初期，组织方制定规章制度和职责分工，在制度和政策层面予以保障。

6. 不可抗拒风险

（1）特点：不可抗力，只可缩减危机带来的损害，如自然灾害；或爆发前有征兆，需加以重视，如公共卫生差造成食物中毒、疫情等。

（2）显著特征：破坏性、突发性、急迫性、隐蔽性、扩散性。

（3）应对原则：准确预报、考虑周全做好预防、快速反应；把握初期对策不失误，设想最坏事态出现，如实反映危机情况。

（4）主要措施：

1）提前预防。对于自然灾害，应关注天气预报，设立醒目提示标志。对于可能给社会公共健康造成重大损害的事件，如疫情、食物中毒等，一定要在活动筹备期提前做好预防。

赛事现场
安全是第一

2）提供解决方案。迅速反应，上报相关政府部门，给予公众必要的沟通；安全第一，迅速组织专项小组人员进行处理，且相关部门负责人第一时间亲临现场处理突发事件。

3）加强一线工作人员的培训。面对游客抱怨不满时，尽量以礼貌平和的语气说明真实原因，并告之处理方案，尽可能取得谅解。

任务工单 2

任务名称	分析活动风险的种类，采取应对措施
地　　点	
日　　期	
任务目的	提高对不同活动风险事故的辨别和处理能力。
任务内容	**情境资料：** 2019 年 5 月，世园会运营期间，延庆地区发生暴雨、冰雹天气，导致新植树木被吹倒和建筑物倒塌现象，出现了游客受伤事件。部分场馆临时性关闭或关闭部分设施，从而引发游客不满或要求退票事件。 （1）阅读上述材料，分析该类风险事件的种类，并写出这类风险事件的特点及如何进行应急处理； （2）进一步讨论，活动的组织者在面对材料中所提到的问题时应该如何操作？
建议学时	0.4 学时
操作提示	注意换位思考、情境代入，想活动主办方之所想。
任务实操	（1）根据所学业务知识进行课堂讨论； （2）各抒己见，学生总结归纳主要观点和应采取的应对措施； （3）在此基础上个人深入思考，从项目管理角度阐述并在全班分享。

任务工单 3

任务名称	现场安保工作有章可循
地　　点	
日　　期	
任务目的	通过业务情景材料，明确现场安全的重要性。
任务内容	阅读本任务引申资源，请你根据材料信息指出环湖体育馆大型活动紧急疏散预案中有哪些成功之处，重点分析现场观众工作的内容有哪些。
建议学时	0.2 学时
操作提示	（1）对于赛事来说，了解如何进行安全管理，建立应急预案，明确赛事观众情绪失控的预防措施，重点掌握避免出现群体性事件的技巧； （2）正确制订安全防范和紧急应对措施，降低群体事件发生的概率； （3）正确做好善后事宜。
任务实操	（1）根据所学业务知识进行课堂讨论； （2）学生各抒己见，总结归纳主要观点和应采取的应对措施； （3）根据活动性质，具体分析现场观众安保工作的要点有哪些。

（五）危机公关及媒体沟通

在活动进行的过程中，媒体在处理风险事件中发挥着不可替代的作用，可以为组织者提供智力帮助又可引导公众情绪，帮助组织者进行正确的舆论引导，共同促进风险事件的解决。与媒体沟通应遵循一定的原则，如图 5－50 所示。

危机公关时与媒体沟通的原则

- 1 建立单位新闻发言人制度——通过新闻发布会的形式经由媒体告知公众风险事件的起因、后果以及组织者的应对措施和工作进展情况，用以澄清事实，避免恐慌，同时争取公众对风险事件的理解和配合。
- 2 把话题拉回到自己圈定的内容上——组织者在面对媒体提问的时候和与媒体进行沟通合作时并非要“全盘托出”，对于假设性、猜想性问题应礼貌拒绝。
- 3 坦诚谈论事实而非观点——针对出现的风险事件依照事实进行讲述，不使用观点性语句，更不能夹杂个人意见。还原事件的真实性，发言人言辞需严谨，表情严肃。
- 4 切实遵循“五不要”沟通原则——不要臆测；不说虚假信息；不要说“无可奉告”；不要责备第三方；不要同媒体发生冲突。组织方与媒体不能是对立关系，媒体掌握着话语权，双方应该在共通的原则下处理问题。

图 5－50 危机公关时与媒体沟通的原则

任务工单 4

任务名称	应对危机事件并制定现场危机管理方案
地　　点	
日　　期	
任务目的	通过情境资料，深入理解与媒体沟通的意义，指导活动策划者在遇到风险类事件时能更好地应对媒体。
任务内容	**情境资料：** **某汽车品牌车展遇女子维权** 某届国际汽车工业展览会在国家会展中心正式启动，在某汽车品牌展台却出现了车主维权的一幕。 有两位身穿印有“刹车失灵”和某汽车品牌标志的白色 T 恤的年轻女子在某汽车品牌展位前维权。其中一位女子爬到展车上高声呼喊“刹车失灵”。值得注意的是，该女子神情激动，随后被工作人员带离现场。 从现场照片和视频来看，该维权女子被带离时，遇到了推搡行为并摔倒，并且现场有人高呼“打人了”。 该汽车品牌展台围起来一大圈警戒线，并有 10 余名保安在现场维持秩序。不久，警戒线撤去，展台恢复了开放。 （1）课堂讨论，分析该风险事件发生后作为组织者应该如何应对，写出应对步骤； （2）如果作为活动组织者发言人，此时面对媒体应该做出怎样回应，试着写一篇发言稿。
建议学时	1～1.5 学时
操作提示	注意换位思考、情境代入，想活动主办方之所想。
任务实操	（1）全班分组，讨论分析风险事件类型及应对措施； （2）网络查找媒体发言稿，结合本题材料，讨论发言稿内容； （3）讨论结果形成文档，排版，小组代表在全班汇报分享； （4）情景再现，小组成员分角色模拟事件过程，并设计面对媒体答记者问环节； （5）师生总结评价。

引申资源

环湖体育馆大型活动紧急疏散预案（节选）

为了做好在环湖体育馆举办各大型活动期间观众及工作人员的安全工作，维持现场秩序，确保大型活动安全、有序地进行，特制订以下控制预案。

一、成立紧急疏散工作小组

现场总指挥：环湖体育馆馆长（1 名）。

副总指挥：环湖体育馆场地总监（1 名）及主办方指定的现场安全负责人 1 名。

安全疏导成员：体育馆值班主任（2 名），工程部当天值班工作人员 1 名，主办方安全工作人员 2 名。

二、大型活动期间保安人员配备情况

（一）环湖体育馆保安人员（20 人）负责场馆外围区域的秩序及安全，具体人员配置为：

(1) 观众入口前广场范围区域配置 2 人，负责广场区域人员的秩序及安全。

(2) 一楼和二楼平面区域分别配置 3 人，负责通道入口前面广场的治安工作。

(3) 负一楼停车场区域配置 3 人，负责活动期间的车辆停放调度及安全。

(4) 环湖体育馆门前市政路区域配置 3 人，负责活动期间车辆停放调度及人员上下车的安全。

(5) 其余 6 名保安人员作为机动。

（二）活动期间工作人员（体育馆及主办方共计 25 人）的主要职责为：负责引导观众入场就座；活动结束后观众人流的疏散；遇突发事件时人流疏散及指引工作。具体人员配置为：

一楼平面区域配置 5 人；二楼平面区域配置 9 人；三楼平面区域配置 4 人；若使用负三楼区域则配置 3 人。其余 4 名工作人员作为机动。

（三）由主办方负责活动区域的秩序及安全（安保人员至少约 30 人），具体人员配置为：

(1) 一楼平面区域配置 9 人，负责进入主场馆场地人员的秩序及引导。

(2) 二楼平面区域配置 8 人，负责二楼观众入口入场及散场人员分流及秩序。

(3) 三楼平面区域配置 4 人，负责三楼观众的分流引导，保持出入场秩序。

(4) 若使用负三楼区域则配置 3 人。

(5) 其余 6 名安保人员作为机动。

大型园艺博览会执行层应急培训事件处置流程

考核评价

评价说明：在完成项目中的每个任务后，由任课教师主导采用多维评价指标，构建立体多元的评价模式，包括自我评价、组内评价、组间互评及教师评价 4 种方式，按照比例权重计算出学生个人本任务的考核评价分。

<table>
<tr><th colspan="6">任务完成考核评价表</th></tr>
<tr><td>任务名称</td><td colspan="2"></td><td>学生姓名</td><td colspan="2"></td></tr>
<tr><td>评价方式</td><td colspan="2">评价内容</td><td>分值权重</td><td>单项成绩</td><td>总成绩</td></tr>
<tr><td>自我评价</td><td colspan="2">任务工单××的完成情况；
对知识技能的掌握程度；
我胜任了小组内的工作。</td><td>10</td><td></td><td rowspan="6"></td></tr>
<tr><td rowspan="3">组内评价</td><td>组员评组长</td><td>本任务完成的质量；
组织分工；
工作态度；
团队合作。</td><td>20</td><td></td></tr>
<tr><td>组长评组员</td><td>个人本任务完成的质量；
个人参与小组活动的态度；
个人的合作精神和沟通能力；
小组成员参与度、贡献度。</td><td>20</td><td></td></tr>
<tr><td>个人评小组</td><td>本小组本任务完成量；
小组作品的质量。</td><td>10</td><td></td></tr>
<tr><td>组间互评</td><td colspan="2">本任务其他小组完成的质量；
小组间沟通合作。</td><td>10</td><td></td></tr>
<tr><td>教师评价</td><td colspan="2">任务完成的质量；
工作态度；
参与贡献度；
合作沟通能力。</td><td>30</td><td></td></tr>
<tr><td colspan="6">总评＝自我评价 10％＋组内评价 50％（组长组员互评 40％＋个人评小组 10％）＋组间互评 10％＋教师评价 30％。</td></tr>
</table>

活动结束了吗

案例指引

"双碳"时代下重启增长引擎，第××届中国环博会荣耀闭幕

202×年4月22日，亚洲旗舰环保展——第××届中国环博会在上海新国际博览中心顺利闭幕，近10万环保人共同见证了"双碳"时代下中国生态环境产业的加速变革。本届展会覆盖了18万平方米（比上年增加了20%），共有2 157家参展商和81 957名参观者。

"双碳"时代到来 和合共生方能众行致远

中国生态环境产业迎来拐点。本届展会吸引了2 157家各具资源与技术优势的央企国企、外企、民企同台展示新产品、新技术、新材料和新战略，产业链上下游互通有无，达成产业协同合作共赢。

国内治污需求强劲 观众专业度更上一层楼

为期3天的展会共接待了来自全国市政、工业、农业领域的81 957名专业观众，寻找解决方案、了解技术趋势。

多位院士出席同期大会 热点话题前沿趋势全解析

同期4天的202×中国环境技术大会，邀请到了中国工程院3位院士以及550位业界领袖、技术专家、科研学者，开展了46场高品质、高规格行业论坛。

生态的力量熠熠生辉 行业IP搭建聚会平台

各企业的展台采用了更国际化、更具美感、更高品质的设计搭建风格。不少展商借势在展会期间举办新品发布、经销商大会、客商晚宴等活动，大量的行业媒体、社团机构、科研单位也举办行业聚会、云端直播、公益跑团等各种借势活动。

中国环博会将携手环保企业，共同书写生态保护和绿色发展的新篇章！

资料来源：根据中国环博会官网展后报告整理.

问题思考：

（1）第××届中国环博会展后报告包括哪些内容？

（2）展后报告对于主办方、参展商和观众有什么价值？

项目概览

一场活动的谢幕，同样是活动不可缺少的重要环节。只有做好后续的有关工作才有利于大家更了解活动，认识活动的具体成果。本项目将从活动后续服务及再利用和评估总结等方面详细介绍活动执行后期应该做的工作。

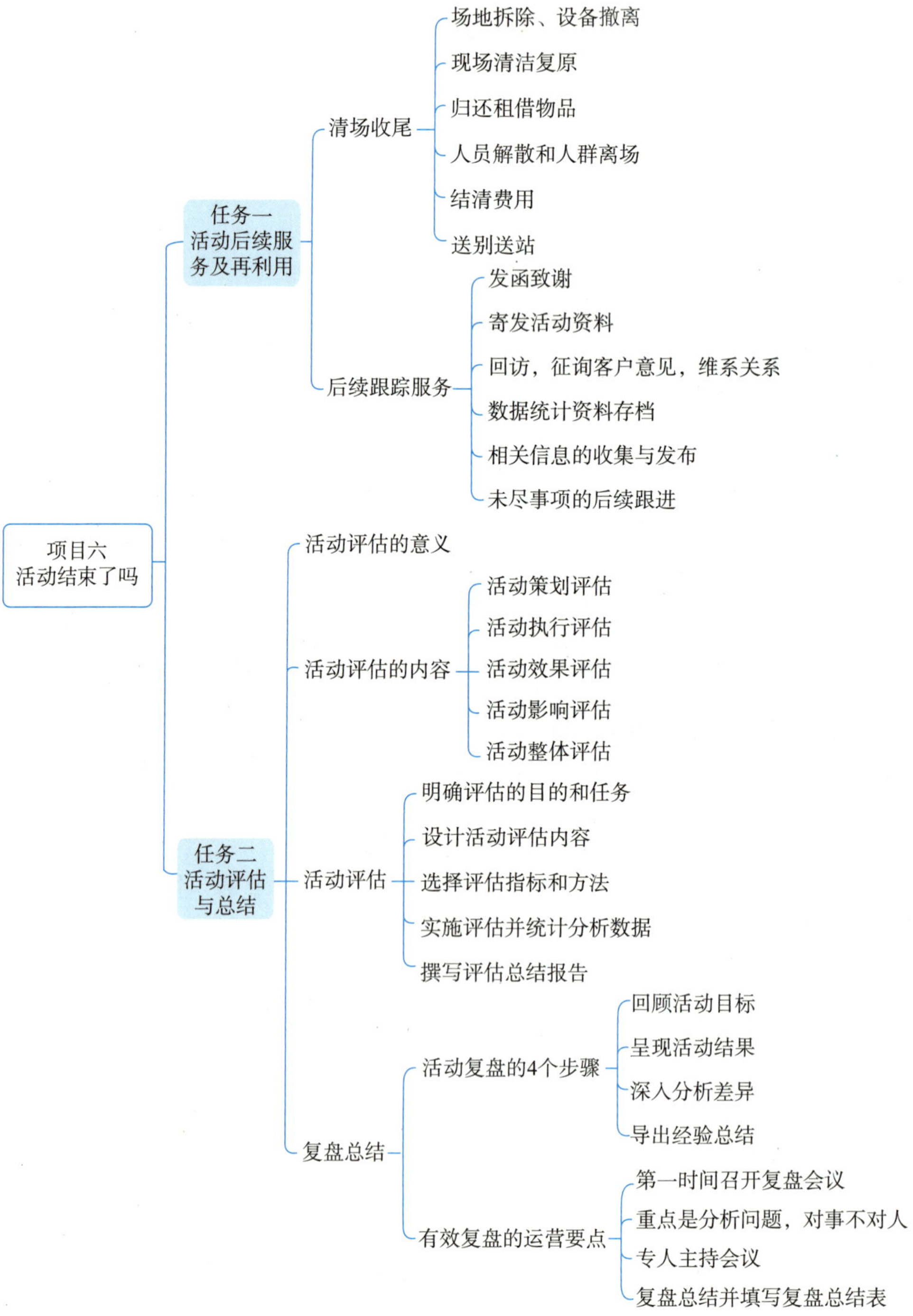

任务一 活动后续服务及再利用

学习目标	
知识目标	认识活动后续工作的重要性； 明确活动结束的工作内容； 了解客户跟踪服务的要求； 了解客户信息数据库的建立。
能力目标	能够安排活动后的清场收尾工作； 学会安排送站车辆； 掌握活动后致函感谢的方式； 学会维护客户关系。
素养目标	养成做事有始有终、认真细致的工作作风； 培养对待客户热情、一视同仁、细心周到的意识和习惯。
任务描述	
活动闭幕后，很多工作并不意味着就此结束。活动参加者离开和撤场的过程也需要相应的人员进行协助和管理，主办方需要和场地方、场馆方办理各种手续。对于整个活动的后续工作和活动成果，活动策划者和举办方还希望活动产生持续效应并连续举办下去。	
实施提示	
与客户的持续黏性很大程度上影响着后续活动的举办；做好活动的后续服务是活动品质的完美收官。	
业务内容	
活动后续服务两大内容：清场收尾；后续跟踪服务	

任务实施

一、清场收尾

清场工作是指疏散和清退在活动现场的所有工作人员和活动参与者；收尾工作，就是做完活动最后部分的工作。

（一）场地拆除、设备撤离

活动结束后，要清理活动现场，拆除临时搭建、悬挂、插放的物品，如舞台、桁架、柱子、栈道、会标、道旗、花卉等。

活动现场所有灯光、音响、投影、电脑等临时设备应及时撤离，如发现有遗失的物品，要妥善保管，并与失主联系。

（二）现场清洁复原

活动结束后，现场会产生大量垃圾、废弃纸张，等等，要与场地管理者协作，尽快将现场清理复原。有用的物品和资料纸张要及时收回保存，保密文件类要及时销毁。清理垃圾时要注意把握时间，因为活动场地的使用都是有时间限制的。同时还应该与场地租赁方做好交接工作，核对无误后收回押金。

（三）归还租借物品

无论是从公司单位内部还是从场馆方租借的相关物品都要及时归还，归还前要检查是否完好，如果毁坏要按照约定赔偿；不需赔偿的，归还时要特别说明或修好后再归还。

（四）人员解散和人群离场

活动结束后，对临时参与服务的第三方人员应及时清点、解散及支付费用。按照规定做好善后工作，如工作证和出入证的回收等，对参与活动的工作人员进行奖励并安排后续工作。

同时，活动结束后，工作人员要维护好“人群”（主要指活动的参与受众）的退场秩序等。活动方应提升他们参与活动的体验感，为后续宣传和树立口碑奠定基础。在离场疏散人群时，还要安排好参与受众退场的路线，做好引导和指示工作。

（五）结清费用

活动结束后主办方应及时结清各项活动费用，包括餐费、住宿费、交通费、场地费等，同时向缴费者提供相关发票，以供报销时用。活动费用核对结算的主要工作有 4 点，见图 6－1。

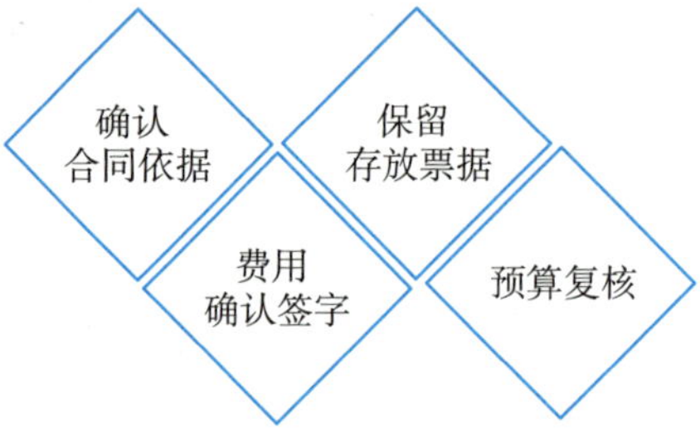

图 6－1　活动费用核对结算工作

此外，主办方工作人员还应该对活动的所有财务项目统计出数据并进行收尾处理，例如各类应收应付账款、各种财务报告，以及财产或资产的移交处理等，同时应配合审计人员出具财务审计报告。

（六）送别送站

活动结束后，一定要重视送别服务，对重要的嘉宾和受众安排有关领导或专门人员送行，并根据参加活动人员离场时间、离场方向、车辆的承载量等安排合适的交通工具，让他们能轻松、有序地安全离场。特别是在促销活动中，对于那些大订单受众和有实力的潜在目标受众，应该在建立好联系的基础上，做好送客工作，以便让受众回购。对于重要嘉宾，应尽量一车一人，以示尊重。例如某活动送机情况如表 6－1 所示。

表 6－1　某活动送机情况一览表

序号	姓名	手机	航班信息			车辆到达酒店时间	送机车型	联系司机
			航班时间	航班号	起始站			
3 月 1 日								
1	张平	××…	15:00	CA8845	上海—北京	12:00	别克 1	王师傅（手机×××）
2	李宇	××…	16:30	CA5538	上海—深圳	14:00	奥迪 1	李师傅（手机×××）
3	周伟	××…	17:40	CA6846	上海—广州	15:00	大众 1	赵师傅（手机×××）

二、后续跟踪服务

（一）发函致谢

（1）活动结束后，要感谢所有活动参与者、政府部门、协办单位、赞助单位、嘉宾、发言人、主持人等，这样有利于后续的合作；

（2）通过打电话、发短信、微信、E-mail，邮寄信件或礼品、纪念品等方式进行感谢；

（3）感谢信一般在活动结束一周之后发送，如果了解到嘉宾在活动后的一段时间较为繁忙，可以适当延后发送感谢信的时间。

（二）寄发活动资料

（1）活动中要及时收集所有的文字材料及照片、音像等资料；

（2）一场活动的结束往往意味着下一场活动的开始。活动结束后选择适当内容进行编辑，做成电子相册或剪辑成视频发送给参加人员以留作纪念，这也是活动后续宣传的重要工作。

（三）回访，征询客户意见，维系关系

（1）活动后也要与客户多沟通，通过电话调查、问卷调查、现场访谈等方式收集了解嘉宾、活动参与者对活动的现场环境、主题、效果、交通、服务等有何意见和建议；

（2）对于一些重要客户，合作单位可以在活动后安排登门拜访，进行进一步交流；

（3）在重要客户方举办重要活动时，对其进行个性化服务。如周年庆、新产品研发成功等主动致函致电表示祝贺，必要时还可举办一些联谊和相关活动，邀请合作单位、政府部门、重要客户、嘉宾等共同参加，这也是表达真诚、建立良好关系的一种方式。

（四）数据统计资料存档

（1）活动结束后，要抓紧时间补充完善目标活动商数据库，并重新建立潜在客户数据库，增加相关信息；

（2）补充完善嘉宾、观众数据库，如观众数量、观众购买意向与成交记录等，对所有收集的资料和活动后统计的相关数据要分门别类进行整理、立卷、装封存档。

（五）相关信息的收集与发布

（1）及时更新完善会展专业网站，保证信息通报的连续性；

（2）发布活动期间相关数据的汇总情况、客商需求和收集的市场信息等，也包括客商名录、媒体宣传报道及征询意见等，活动方可将其汇编成册，将相关信息及时向客户发布；

（3）信息发布可以是电话、网络、当面沟通等，针对不同的客户可以采用不同的方式，比如，国外的客户可以采用网络沟通，对本地重要客户可以登门拜访当面沟通。

（六）未尽事项的后续跟进

活动期间未了事宜要及时跟进。活动期间，时间有限，业务繁忙，可能会遗留一些事情，如有些客户款项还没有完全付清，有些客户物品没有完全清理，有些客户还需要活动的商务考察，这些都要继续跟进处理。此外，活动总结和评估工作会既是总结本次活动的经验，同时也是对团队成员的实战培训，活动方应重视这项工作。

任务工单 1

任务名称	送站安排表
地　　点	
日　　期	
任务目的	通过本任务，学生学会根据实际情况设计送站安排表，了解送站工作的内容和程序。
任务内容	某活动周日下午 4 点结束，请根据 5 位嘉宾航班或车次情况完成送站安排表。
建议学时	1 学时
操作提示	自拟活动名称和活动规模等相关要素，网络查找拟定航班或车次。
任务实操	(1) 课堂讨论，分组； (2) 复习所学相关知识，完成实际操作任务； (3) 利用 Excel 表格制作送站表，注意实际情况； (4) 全班分享，每组讲解设计思路，师生总结。

任务工单 2

任务名称	活动后发送致谢函（附寄发资料）
地　　点	
日　　期	
任务目的	通过本任务，学生学会给活动嘉宾、合作单位等客户发送有效的致谢函，深入理解跟踪服务工作及后续寄发资料工作的频率对成交有着相当大的作用。
任务内容	以下任务二选一完成。 任务 1：某体验活动结束后，参与的人员现场反馈良好，为了继续与客户建立良好关系，活动组织方做了后续跟踪服务，其中感谢必不可少。请你以商务信件形式，设计给不同部门（如长期合作单位、政府部门、重要嘉宾或潜在客户）的致谢函。 任务 2：当校园自办展或某一文化节举办完成后，请你撰写 3 份致谢函，一份给学校的保卫部门；一份给全体参展商；一份给参加观展的同学们。
建议学时	1 学时
操作提示	调查显示，由专业观众参观导致的实际成交有 20%是在活动结束之后 11～24 个月内达成的，那么如何让邮寄给客户的信函及时得到客户的阅读和处理呢？信函的设计要有创意，抓住收信人的注意力。每封信的内容要根据不同客户的具体情况而有所不同。强调活动、产品和服务的特性。
任务实操	(1) 自由分组，1～2 人一组。 (2) 自拟一场体验性较强的活动内容及名称，撰写一封致谢函。 (3) 致谢函通常由标题、称呼、正文（感谢的事由、活动背景、对方的参与事迹、揭示意义、新一届活动预告）、结语和落款 5 部分构成。 (4) 利用 PS 等软件设计体现活动主题或特色的信函封面。 (5) 发送方式：邮件或微信群发，注意邮件标题栏如何撰写内容、附件发送哪些资料内容；微信群发编辑的文字内容要体现一定的活动营销意味，并引导客户关注相关内容。 (6) 全班汇报展示，评选出优秀的作品。

任务工单 3

任务名称	客户满意度调查
地　　点	
日　　期	
任务目的	学会收集客户意见和建议。
任务内容	**情境资料：** 活动中的客户都希望得到良好的服务和体验，服务的内容十分广泛，活动的主办方也会因为容易忽略的小细节而流失掉重要客户。例如活动的开放时间或某一节目的表演时间同飞机航班不协调，就可能使重要的参观者感到不便，影响他们的兴致；又如饮料供应地点休息座椅放置，也会影响参观者在现场的逗留时间和消费，以及他们对活动的评价。活动方应当尽可能地满足客户的各种不同需要，这就必须听取他们的意见，需要收集客户意见和建议。 现在请你以一位参观者的身份，或者说你就是一位客户，思考一下，试着提出 5 个改善参观体验服务的内容，说给在座的同伴。
建议学时	1 学时
操作提示	此任务为案例分析，结合自己亲身参加某活动的体验而谈，反向思维。
任务实操	(1) 课堂讨论，各抒己见； (2) 安排专人 2～3 人记录并汇总，形成总的活动体验服务提升建议汇总表； (3) 在汇总表的基础上，尝试选择客户满意度调查中“按身份的不同”一项进行比较，归纳出客户重视的现场服务有哪些。

引申资源

美食节结束后油污满地

上午 9 时许，记者来到螺蛳粉美食节现场，虽然活动已经结束两天了，不过长达几百米的活动现场仍然是满地油污和垃圾，散发着阵阵臭味，让不少散步的市民掩鼻而过。美食节摊位展棚已被工作人员拆解了一大半，钢架则堆放在路面，几名工人正对剩余的展棚进行拆解，几名环卫工人则在现场清扫。

满地的油污和散发出的恶臭，让附近不少居民和商户直皱眉头。卢女士是沿江路商户，她说，举办美食节本是一件好事，能让游客和市民在国庆期间享受到美食，扩展当地的知名度。不过 10 月 7 日美食节结束后，却没有人到此做清理工作，搞得这里油污满地，臭气熏天，让附近商户连窗户都不敢开，苦不堪言，太不应该了！

据拆解展棚的工人介绍，10 月 7 日美食节结束后，次日他们就着手对现场的展棚进行拆解，由于展棚数量较多，所以拆解工作还得持续几天，但是“展棚 9 日晚上肯定能拆完，拆完后即进行路面油污清理工作”。傍晚 6 时许，记者再次来到现场发现展棚已经拆除完毕。环卫工人已对部分路段进行洒水处理。据在现场的工人们介绍，由于油污较多，为了保证路面干净整洁，除了用洒水车进行冲洗外，还将用洗衣粉、洗洁精、清洁剂等进行清洗和冲刷。

任务二 活动评估与总结

学习目标	
知识目标	掌握活动评估与总结的基本工作流程； 明确活动评估的方法和指标； 了解活动评估的主要内容及总结报告的结构、内容； 熟悉活动复盘的工作步骤。
能力目标	能够选定恰当的评估方法和指标； 能够按照活动评估计划完成活动评估； 能够根据活动评估结果撰写活动评估总结报告； 掌握复盘总结步骤，团队合作分析并形成报告。
素养目标	养成科学严谨、实事求是的工作作风，遵循科学发展观； 能够系统、客观地进行评估与总结； 树立大局意识，强化全局观念； 养成安全意识和就业创业意识。

任务描述

活动评估与总结是活动整体运作管理中的一个重要环节，总结分为两项工作：一是分析数据，评估活动效果；二是复盘过程，提炼活动经验。总结经验教训是为了不断提高活动管理和运营质量。那么活动评估的方法和指标有哪些？如何制订活动评估计划？怎样进行复盘总结呢？本任务将一一解答。

实施提示

活动评估与总结是一项系统而深入的工作，主办方可以通过总结经验教训，不断完善活动的运营管理。很多时候，运营团队将活动评估和复盘当作一个整体工作一起进行，内容之间交叉总结。

业务流程

明确评价的目的和任务 → 设计活动评估内容 → 选择评估的方法和指标 → 实施评估并统计分析数据 → 撰写评估/复盘总结报告

知识补给站

活动都是临时性的，必然会有一个终点。当活动的现场工作完成，意味着活动接近尾声，但活动主办方仍需要完成后续的评估与总结工作，它是很重要的一个环节。

一、活动评估的意义

活动评估，就是对不同活动方案的预期成本和效果的比较，也可以是对活动既有成本和效果的比较。其意义就在于客观评价活动执行的效果，同时帮助活动参与机构了解活动的执行情况，因而活动评估具有双重价值。

二、活动评估的内容

活动评估主要从以下 5 个方面进行。

（一）活动策划评估

活动策划评估是对策划方案中预定的目的和目标的主要指标的实现程度做出评判，确定实际变化并分析原因，为下次活动目标的修订提供经验和依据。包括：对活动的目的、对象、主题、形式、创意等进行预期效果和实际效果的对比；做出策划评估小结。

（二）活动执行评估

活动执行评估是回顾活动实操阶段各个环节的执行状况，做出实际效果评价，评价各子活动的基本流程、具体内容及关键环节。评价内容涉及筹备工作、服务代理工作、宣传推广工作、现场管理工作、时间管理工作、财务实施等。最后给出修正建议。

（三）活动效果评估

效果评估最重要，是根据具体数据（如观众数量、观众满意度、产品销量、广告媒体效果等）对活动的实效性做出对比性评估，包括财务评估和经济评估，主要分析内部的收益率、净现值和贷款偿还期等以评估其盈利能力和偿还能力，如成本效益评估、成本利润评估等。

（四）活动影响评估

活动影响评估包括经济影响、环境影响和社会影响等方面。经济影响评估是评价活动对所在地区、所属行业和国家所产生的经济影响，包括分配、就业、换汇成本、技术进步等，一般只能作定性分析，或并入社会影响评价范围；环境影响评估一般包括对活动地区的环境质量、自然资源的利用和保护、区域生态平衡和环境管理等方面的评估；社会影响评估是对活动在社会经济发展方面的有形或无形的效益和结果进行分析，重点评价对举办地的政治、文化、经济、生活的影响。活动的持续性评估也是活动影响评估的一个组成部分。

会议工作评估表（参考模板）

（五）活动整体评估

从整体上对活动的内容进行总结性评估：进行活动财务总决算，并说明成本偏差的原因；评估活动管理的得失，重要成就的总结；对未来活动的建议；团队表现，对杰出成员的表彰和奖励；对活动剩余资产的管理与处置；活动结束的后期工作安排（媒体、客服等）；档案的整理、存档工作。

会议评估报告范文

任务实施

一、活动评估

活动评估必须遵照一定的工作程序，可操作的有以下 5 个步骤。

（一）明确评估的目的和任务

活动评估的目的主要是确认活动实施的结果是否达到预期要求，通过评估进一步分析活动可能带来的实际收益，总结经验教训，为下一次活动的顺利开展做好准备。

（二）设计活动评估内容

评估人员应根据活动项目目标及具体内容设计评估内容，可以从“活动策划评估”“活动执行评估”“活动效果评估”“活动影响评估”“活动整体评估”5 项内容着手。

（三）选择评估指标和方法

1. 确定评估指标

活动评估的指标，主要围绕活动预期的目标来制订，是评估工作的基础和前提，策划初期应列明一系列具体评估指标来衡量活动计划中目标的实现情况。

（1）首先必须明确评估主体、评估目的、评估对象等因素。因为不同的活动利益相关方作为评估主体，将决定着一系列不同的评价指标，且每一个指标根据重要性的不同有不同的权重。

（2）对评估指标的要求是权威、客观，明确指标和方法，具体、易量化、可操作。

2. 收集活动信息，选择评估方法

活动评估的方法应采取宏观分析和微观分析相结合、定量分析和定性分析相结合的方法，综合分析、总结和建议。评估方法通常有调查法、对比分析法、总结述职会 3 种。

例如，调查法，是通过调查、访问、谈话、问卷等方法搜集有关资料，现场观察记录等，了解利益相关者的心理和行为，这是最常用的有效方法。

参展商及观众满意度调查问卷

任务工单 1

任务名称	开展参展商满意度调查
地　　点	
日　　期	
任务目的	通过本任务，学会有针对性地设计并分析调查数据，了解参展满意度评估的工作内容和程序，提高分析问题和解决问题的能力。
任务内容	选择当地知名度较高的展览会，设计展会参展商满意度调研问卷，开展调查，分析调研数据。
建议学时	2～4 学时
操作提示	（1）进行现场调查，需事先和活动组织方联系、协调，收集信息； （2）利用电脑、打印机、纸张、小礼品、美工器材等； （3）问卷设计可以纸质印刷，也可以借助问卷星等软件； （4）调查问题内容不要太长，应尽量简短，且问卷需要根据活动内容来制订问题。
任务实操	（1）小组合作形式，3～5 人一组，选出组长，运用网络查找、头脑风暴、对比分析等方法进行讨论，根据影响参展商参展满意度的评估指标，设计展会参展商满意度调研问卷； （2）组长统筹，合理分工，组员实地调查，对收集的问卷进行数据汇总、分析； （3）借助相关分析软件或小程序绘制图表，形成 Word 版文字报告，同时完成汇报 PPT，调研活动结束后回教室，每组选 2 名代表在全班进行汇报； （4）总结汇报不一定当天完成，可以再安排一次课实施，最后进行师生总评。

（四）实施评估并统计分析数据

一般来说，实施评估涉及“活动前”“活动中”“活动后”3个环节，主要围绕4个方面进行评估，如图6－2所示。

活动前准备工作评估 → 针对活动参与人员、活动宣传等事项进行评估

活动整体过程的评估 → 针对活动人员安排、活动流程等事项进行评估

活动整体花费的评估 → 以节约为原则，针对各方面的支出费用进行评估

活动整体效果的评估 → 针对活动影响效果、影响面进行评估

图6－2　开展评估分析的4个方面

统计分析是将所收集到的数据资料统计整理成系统化的、条理清晰的材料，根据所选定的评估指标进行评分，分析问题及原因。通过统计分析，容易得到如潜在顾客数、签订合同金额等指标，但是要得到市场状况、趋势、竞争对手情况，还需要结合其他手段来分析。在统计时，要合理运用各种统计工具，也可以委托专业的市场调查公司来处理。

（五）撰写评估总结报告

撰写评估总结报告是最后一个工作环节，是最终的成果输出。

端午节宣传促销活动项目后评估报告

1. 报告类型

（1）全面性总结报告。一般由主办方撰写，全面评估与回顾活动的各项工作，还需要对重点工作或一些深刻的经验教训进行特别说明，力求内容全面、广泛，重点突出。

（2）专题性总结报告。一般围绕某项具体的工作或特定的对象进行深度分析总结，内容的针对性强。

2. 评估总结报告内容要素

一份正式的书面评估总结报告通常包括6项内容，如图6－3所示。

1. 活动概述
概况介绍活动的基本情况，包括活动背景、时间、地点、规模、举办机构、往届情况等。

2. 活动评估的背景和目的
由于评估目的决定评估内容，因此，需要说明活动的评估主体是谁，以及评估的主要目的和预期目标。

3. 活动评估的主要方法
说明评估采用的主要方法和实施过程，尤其是数据采集方法。科学、合理采集评估数据是得出真实评估结果的前提和基础。

4. 活动评估采集的数据汇总
通常采用统计图表来展示数据资料，一是统计图表比较直观；二是图表可以展示数据之间的趋势、关系和规律。这些是评估结果的最有力支撑。

5. 活动评估结果
通过前期的数据采集汇总，分析活动的实际成效和实施结果，判断预期目标是否实现，这是活动评估总结报告的核心部分。

6. 结论及建议
简单明了地评价活动的最终成果，如成绩、意义，出现了哪些问题等，有针对性地提出问题的解决方案，为今后的活动决策提供参考和借鉴。

图6－3　书面评估总结报告的内容

3. 评估总结报告的撰写要求

一是遵循客观、公正、实事求是的原则；

二是形成符合评估主体要求的评估总结报告后，应上报主管单位，抄送合作单位，经

审查无误后还可以作为活动跟踪服务的一项内容发给目标客户，以供借鉴、参考。

任务工单 2

任务名称	撰写活动评估总结报告
地　　点	
日　　期	
任务目的	学会全面、系统分析调查数据，总结活动中的经验教训，提出解决方案，提高分析问题和解决问题的能力。
任务内容	选择一个校园活动，可以是展览、会议、展会或节事活动，从活动主办方的角度对此活动进行模拟评估，形成评估总结报告。
建议学时	2～4 学时
操作提示	（1）活动的类型、规模不限，展览、会议、展会、节事活动均可； （2）熟悉活动评估总结报告的撰写要求； （3）会做图表，并插入 PPT，操作熟练。
任务实操	（1）小组合作形式，3～5 人一组，选出组长，确定各组的活动选题； （2）组长统筹，合理分工，组员运用网络查找、头脑风暴、对比分析等方法讨论，合作完成分析调查数据，总结经验教训，提出解决方案； （3）借助相关分析软件或小程序绘制图表，形成 Word 版活动评估总结报告，同时完成汇报 PPT，每组选 2 名代表在全班进行汇报。

二、复盘总结

做完活动效果评估后，就要进一步做复盘总结，线上线下活动都有必要进行复盘。从活动策划到执行会产生大量问题，市场表现、客户反馈等内容和数据尤其值得组织方深入分析。复盘可以让运营人员找到劣势与不足、目标客户需求及竞争对手采用的应对策略等。

（一）活动复盘的 4 个步骤（见图 6－4）

1. 回顾活动目标

该步骤要求运营人员对活动目标进行回顾。活动目标十分多元化，树立正确的活动目标，能够让活动运营取得增倍效果，否则可能会浪费大量资源。

2. 呈现活动结果

将活动结果进行数字化呈现，确保每一个团队成员都能了解活动结果。结合时间段、流程、投放渠道、投放策略等指标对这些活动结果进行精细化处理。

3. 深入分析差异

分析活动预期目标和实际效果之间的差异，更好地找到差异的问题所在。

4. 导出经验总结

在对经验进行总结时，不能简单地被表面现象所迷惑，要深入分析其背后的本质，避免重复错误。

图 6－4　活动复盘的 4 个步骤

第二十六届中国国际家具展览会展后报告

公司活动复盘总结经验 PPT 通用模板

（二）有效复盘的运营要点

（1）活动结束时尽可能第一时间召开复盘会议；

（2）复盘会议对事不对人，重点是分析问题；

（3）安排专人负责会议主持及会议记录；

（4）做复盘总结，可参考 KISS（Keep，Improve，Start，Stop）复盘法，并填写复盘总结表（见表 6－2）。

表 6－2　复盘总结表

活动效果评估				
销售维度				
宣传维度				
活动效果				
活动体验				
优化改善计划				
类别	明细	计划	责任人	完成时间
需要改进的	签到效率低	制定智能签到方案		
可以保持的	照片直播	与供应商签订套餐服务		
需要开始的	尝试××广告投放	建立渠道合作关系，制订投放计划		
需要停止的				

任务工单 3

任务名称	活动复盘
地　　点	会议实训室
日　　期	
任务目的	通过训练，学生掌握活动复盘的内容和方法。
任务内容	以亲自策划组织实践过的一次校内活动项目为例，最好是活动刚结束或结束不久，线上线下活动均可，模拟情境以复盘会议的形式对本次活动进行总结复盘，也可以对活动的某一方面组织工作进行专项复盘。
建议学时	2 学时
操作提示	如果是展览、比赛、节事活动，请按照活动的性质和策划运营要点进行回顾分析。如果是会议，复盘的内容可以围绕会议筹备期间的组织、营销宣传、论文征集、预先注册、资金筹措、资金管理等各项工作；也包括会议现场注册、现场接待、现场协调、会议专业活动、会议附设展览活动、会议社会活动、会议餐饮活动等工作；还包括会议结束后的收尾工作、会议评估工作、财务结算工作等方面展开。
任务实操	（1）自由分组，每个项目组不超 8 人； （2）组长代表为主持人，模拟组织复盘会议，组员角色分工； （3）每组讨论，列出讨论主题和提纲，对问题进行逐个分析，分析其存在的不足和优势，提出合理化建议，总结归纳后续活动经验； （4）复盘结束后形成会议报告。

考核评价

评价说明：在完成项目中的每个任务后，由任课教师主导采用多维评价指标，构建立体多元的评价模式，包括自我评价、组内评价、组间互评及教师评价 4 种方式，按照比例权重计算出学生个人本任务的考核评价分。

<table>
<tr><th colspan="6">任务完成考核评价表</th></tr>
<tr><td>任务名称</td><td colspan="2"></td><td>学生姓名</td><td colspan="2"></td></tr>
<tr><td>评价方式</td><td colspan="2">评价内容</td><td>分值权重</td><td>单项成绩</td><td>总成绩</td></tr>
<tr><td>自我评价</td><td colspan="2">任务工单××的完成情况；
对知识技能的掌握程度；
我胜任了小组内的工作。</td><td>10</td><td></td><td rowspan="7"></td></tr>
<tr><td rowspan="3">组内评价</td><td>组员评组长</td><td>本任务完成的质量；
组织分工；
工作态度；
团队合作。</td><td>20</td><td></td></tr>
<tr><td>组长评组员</td><td>个人本任务完成的质量；
个人参与小组活动的态度；
个人的合作精神和沟通能力；
小组成员参与度、贡献度。</td><td>20</td><td></td></tr>
<tr><td>个人评小组</td><td>本小组本任务完成量；
小组作品的质量。</td><td>10</td><td></td></tr>
<tr><td>组间互评</td><td colspan="2">本任务其他小组完成的质量；
小组间沟通合作。</td><td>10</td><td></td></tr>
<tr><td>教师评价</td><td colspan="2">任务完成的质量；
工作态度；
参与贡献度；
合作沟通能力。</td><td>30</td><td></td></tr>
<tr><td colspan="6">总评＝自我评价 10%＋组内评价 50%（组长组员互评 40%＋个人评小组 10%）＋组间互评 10%＋教师评价 30%。</td></tr>
</table>

项目七

实战：线上活动策划与执行

案例指引

爱菲尔西餐厅裂变获客方法可复制

在某地的一个小县城，有一家经营不错的豪华西餐厅——爱菲尔西餐厅。然而伴随着“新冠”疫情和限电，平常热闹的餐厅烟火气也变得越来越少。为此，这个餐厅做了一次彻彻底底的“诊断”，策划了一场裂变获客的活动，最终在4天的时间里，成功“俘获”2 500名县域范围内的目标消费者，获客成本更是低至1.02元/人，单日客流已经接近疫情前的8成，7日到店消费率达到45%，到店成本低至22元/人。

这家餐厅就是利用线上渠道，成功实现了精准获客与引流。

一、餐厅问题分析

首先爱菲尔餐厅的获客方式非常传统，客源长期依赖线下商圈流量和老顾客介绍，因此，老板想要通过一场营销活动，让餐厅破圈，吸引更多的城镇居民消费者。

目前爱菲尔餐厅在获客方式、营销渠道、营销玩法上需要做升级！

二、制订优化策略

基于实际情况和诉求，餐厅设计多重裂变福利，将线下来店顾客、线上已在私域的顾客，汇总沉淀到公众号（营销渠道升级）；并依托公众号，设置0元领裂变活动（营销玩法升级）；顾客通过扫码加公众号，完成线上线下渠道顾客的初次沉淀与裂变（获客方式升级）。

该西餐厅裂变途径：①发布海报；②用户扫码参与；③好友助力；④完成任务；⑤查看完成情况；⑥填写信息领取。

三、活动经验总结：5个大招

（一）人群一定要精准

饭店行业客源的辐射能力和范围比较特殊，对于小城市的小店铺来说，不可忽视以下3个方面：①成本；②产品；③消费习惯。因此，最重要的就是人群一定要精准！

（1）在海报、话术上做了“限制”，“爱菲尔老板请客！”“××县人民有福啦”，以此来限定参与人群。

（2）在传播的渠道上，西餐厅以当地渠道为主，线上通过老板、服务员的朋友圈、一对一私信、以公众号做传播；在线下餐厅有庞大的顾客消费触点可以利用，根据顾客入店到离店的全部流程，从他们入店、等待、点餐、就餐、结账等环节，引导他们完成关注及传播动作。另外，服务员是营销触点。除此之外，还有店外推广渠道：店员外发传单；40+个当地群；当地夹报广告；当地连锁超市宣传。

（3）在消费的场景上，要求完成任务的用户，必须到店才能领取奖品，提升了门店的客流量。

（二）活动主题一定要抓住人的心理

好的活动主题如果与图片相辅相成的话，能够进一步刺激用户参与活动。本次活动主题的设计：

“爱菲尔老板请客！××人免费吃霸王餐！”为主标题；

“送红酒、送 10 元红包（券）、送霸王餐！”为副标题。

（三）视觉物料一定要吸引眼球

海报是呈现在种子用户面前最直接的媒介，在海报的设计上，作为最大的利益钩子——“霸王餐”放到最显眼的地方作为标题并放大。

（四）奖品设置一定要搭配合理

选择什么样的利益钩子是一场活动的关键。用“霸王餐”作为最大的福利吸引顾客和宣传餐厅。

（五）用户路径一定要简单直接

营销活动最根本的目的是让用户参与。做活动前一定想清楚：是为了做公众号涨粉还是企业微信涨粉？

四、活动复盘和思考

（1）可落地、强执行是一场营销活动成功的重要因素。在活动开始前，要制订严密的执行排期表，包含任务项、执行时间、截止时间、对应负责人，整个团队的每个人都清晰且明白。

案例：
小米五周年庆祝活动造势有力，亿元福利引发活动大狂欢

（2）选择什么样的获客方式。一场好的营销活动一定是以用户诉求为第一要义，所有的出发点都是为了吸引目标人群，所有的规则设计都是为了让用户参与。以让利换用户，以精细化运营做沉淀，以爆点促销做转化，这是私域营销的主要逻辑与玩法。而这一切的前提都是经营者需要有用户进场，赢得信任。

（3）挑战不断、机会不断。经营者们如何制订持续长久的年度营销计划？如何通过线上线下联动提升门店销售额？如何设置有效的活动机制，让到店率提升翻倍？

大的直营连锁门店如何玩转私域？如何设置奖惩机制，发挥店员的能动性？总部—加盟模式如何平衡二者利益实现共赢？

在私域营销的战场，从来不是一帆风顺的，但这些不断涌现的问题，正是私域从业者们需要共同去解决的问题。

案例：
网易云阅读借助世界读书日打造一场狂欢

一、线上活动与线下活动的区别

（一）区别

线上活动是依托于网络，在网络上发起、发布活动信息，募集活动人员，并全部或绝大部分在网络上进行的活动。

线下活动是当面的、真实开展的人与人之间的活动。如常见的社交活动、线下实体店销售等。

（二）线上活动策划要素

无论是对于企业还是对于个人，在做品牌营销活动时，出于成本、安全、可控性、效果等方面的考虑，都会优先考虑线上，那么品牌自己想要策划一场线上活动，该如何做呢？我们可以参照图 7－1“线上活动策划 8 要素模板”来理清思路。

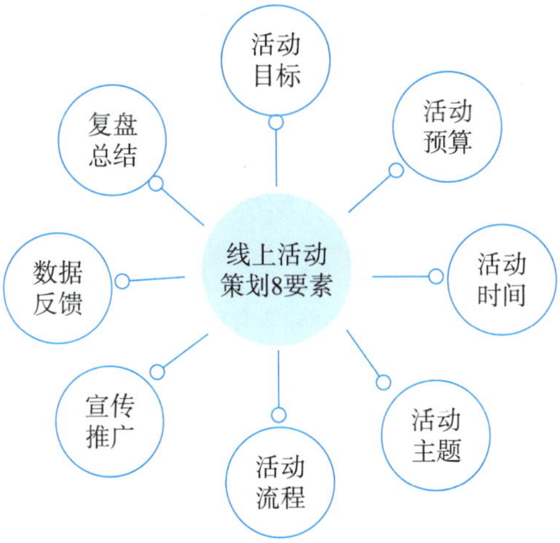

图 7－1　线上活动策划 8 要素模板

二、线上活动策划实战流程设计

无论是线上活动还是线下活动，无论是从用户获取维护的角度出发还是从产品宣传推广的角度出发，每个活动策划运营都要做好。通常，线上活动策划运营的基本流程如图 7－2 所示，线上活动策划的步骤细节如图 7－3 所示，线上活动运营的基本框架如图 7－4 所示。

线上活动策划
全流程详解

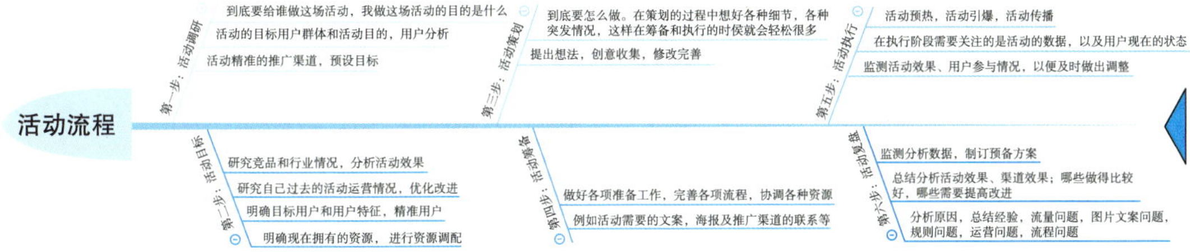

图 7－2　线上活动策划运营的基本流程

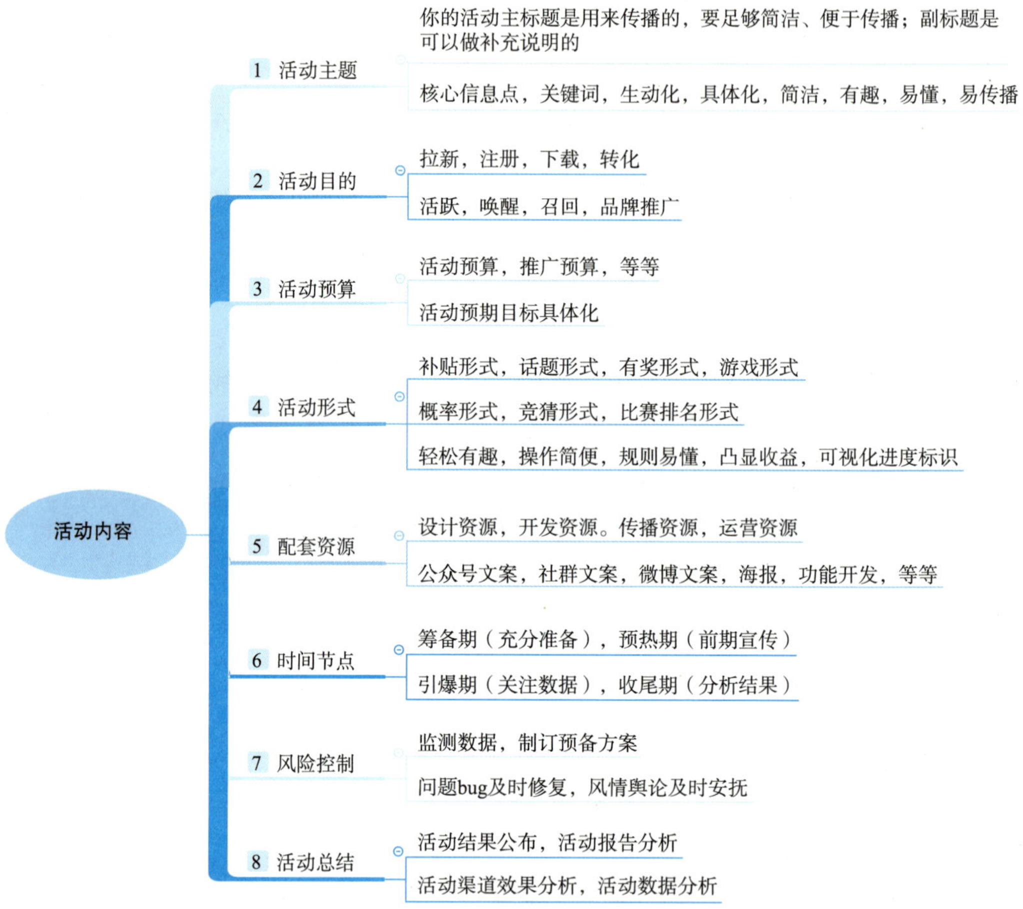

图 7－3　线上活动策划的步骤细节

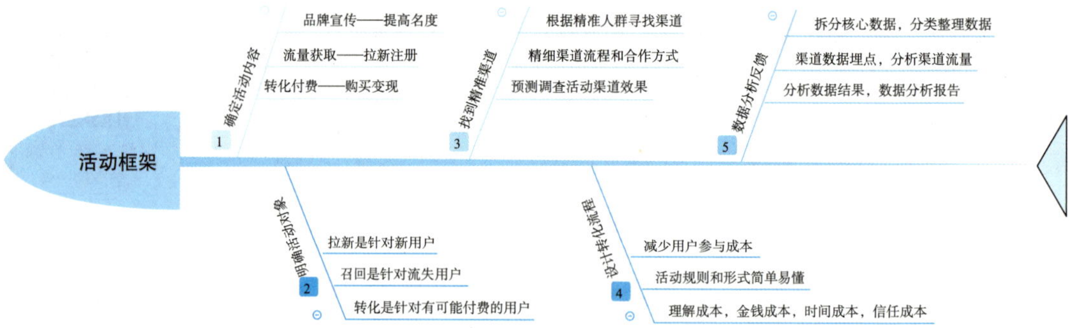

图 7－4　线上活动运营的基本框架

三、常见线上活动策划指引

（一）微信平台活动策划与执行（见图 7-5）

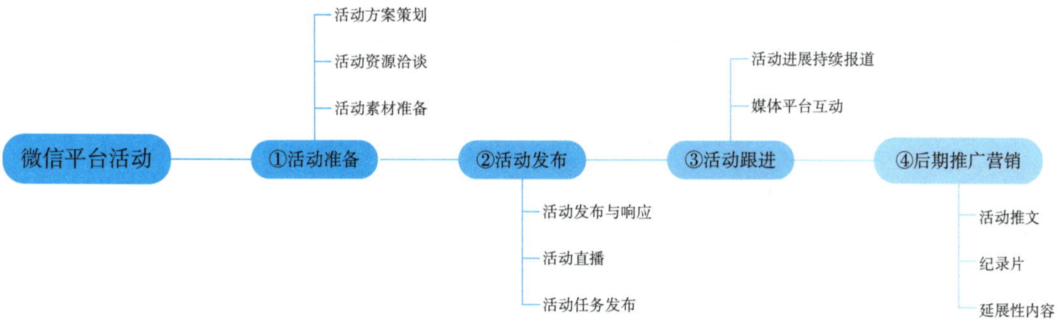

图 7-5 微信平台活动策划与执行

任务工单 1

任务名称	策划“520”微信平台活动
地　　点	
日　　期	
任务目的	有效利用微信平台，完成有主题的微信平台活动策划。
任务内容	**情境资料：** 网络情人节是信息时代的爱情节日，定于每年的 5 月 20 日和 5 月 21 日。“520”被喻成“我爱你”，后来，“521”也逐渐被情侣们赋予“我愿意、我爱你”的意思。“网络情人节”又被称为“结婚吉日”“表白日”“撒娇日”“求爱节”等。 请围绕网络情人节，自拟活动主题，策划一场“520”微信平台活动，并提交策划方案。
建议学时	6 学时
操作提示	（1）设计具有网络传播力的活动主题和活动口号； （2）充分利用微信公众号做好活动预热与推广工作； （3）设计通俗易懂且完善的活动规则； （4）考虑微信与微博等推广平台的配合和联动。
任务实操	（1）用户分析：细分活动参与者，做好用户定位，深入挖掘用户关键需求； （2）主题拟定：活动主题有吸引力，符合网络时代的传播特点； （3）规则设计：活动规则描述简洁明了、易于理解，且逻辑清晰、便于执行，建议绘制图表直观呈现； （4）活动策划：包含活动预热、活动发布、活动跟进、活动推广 4 个阶段，要做好各阶段的时间与进度安排； （5）活动素材：图文、视频等资料准备充分，可视化呈现。

（二）直播活动策划与执行（见图 7－6）

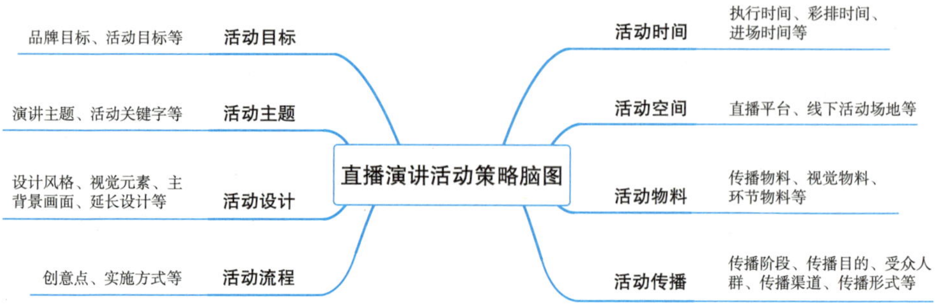

图 7－6　直播活动策划与执行

任务工单 2

任务名称	策划并完成一场演讲活动的线上直播
地　　点	网络平台
日　　期	
任务目的	(1) 完成线上演讲活动策划与运营，顺利执行现场直播； (2) 通过有效传播，在网络上传递青年群体的正能量。
任务内容	(1) 自选演讲活动主题，要求积极正面，传递正确的青年成长价值观； (2) 自选适合直播的网络平台，进行演讲活动全过程的线上直播； (3) 策划可行性强的直播活动方案，参与活动的演讲嘉宾不少于 3 人； (4) 选择适合的新媒体平台开展营销活动，吸引观众参与； (5) 可设计活动现场的互动环节，提升观众参与度与活动效果。
建议学时	10 学时
操作提示	(1) 演讲嘉宾每人限时 10 分钟，并制作 10 张 PPT 用于屏幕演示，在规定的时间内配合 PPT 展示自己的观点，团队成员可作为演讲人，也可寻找其他有演讲热情的人员； (2) 选择一个符合演讲活动与直播条件的场地进行活动流程，观众通过线上方式观看活动全程，不强制要求必须有线下观众，可根据实际情况安排； (3) 活动流程自行设定，但必须包含“开场—演讲—结尾”3 个必备环节，可根据团队能力或赞助的情况，增加其他创意环节，提升现场效果； (4) 活动营销可充分考虑微信、微博、短视频等多平台联动，应用新媒体营销技能； (5) 活动进行全过程记录，筹备阶段注意采集包括团队会议、工作开展等能反映团队成员工作状态及效果的照片和视频，直播活动现场全程录屏。
任务实操	(1) 策划阶段：请围绕活动主题撰写策划方案； (2) 筹备阶段：完成活动整体的筹备（对内容、流程、人员、技术、物料、场地等进行规划）以及现场运营（分项试试推进及彩排），合理使用具有创造力的传播方法，推广本次活动，提升直播参与度； (3) 现场交付阶段：在选定平台进行全程直播并录屏； (4) 总结阶段：提交结案报告与录屏视频，以及活动现场照片、筹备阶段花絮视频等。

（三）电商活动策划与执行（见图 7-7）

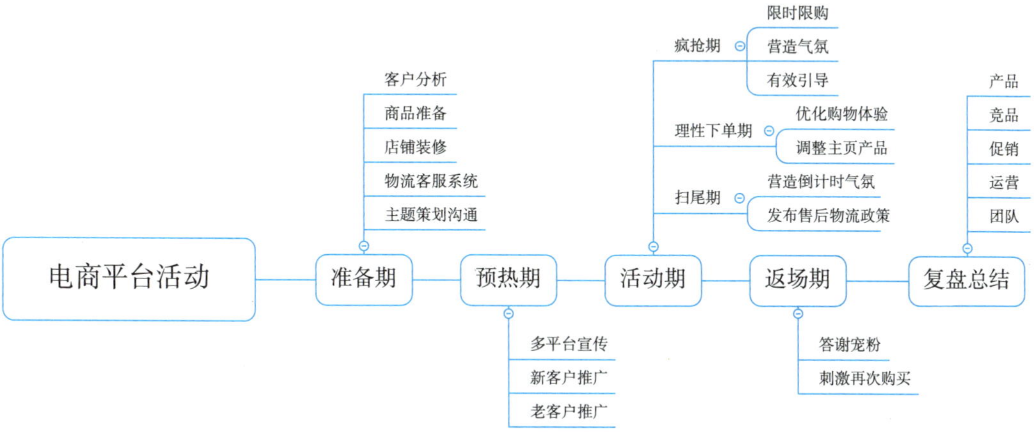

图 7-7 电商活动策划与执行

任务工单 3

任务名称	策划一个电商平台的促销活动并实施
地　　点	电商平台
日　　期	
任务目的	（1）完成电商促销活动的策划； （2）在淘宝平台实施促销活动。
任务内容	结合节日和产品特色，自选促销活动主题，策划可行性强的促销活动方案。 要求：产品和主题健康积极；选择适合的方式开展推广活动；活动当天完成促销，并记录相关数据。
建议学时	10 学时
操作提示	（1）需提前注册淘宝店铺； （2）提前制定策划方案，必要时和商家商议提前囤货； （3）运营、推广、美工、客服、物流等工作分工明晰，专人负责； （4）活动推广线上可在微信、微博、短视频等平台，也可线下发传单吸引校园内的同学参与； （5）对活动进行全过程记录，最后要有相关数据的整理和复盘。
任务实操	（1）4～5 位同学组成团队，分工明确； （2）注册淘宝店铺； （3）立项策划阶段：请围绕活动主题，撰写活动策划方案； （4）筹备阶段：完成活动整体的筹备（产品备货、客服话术、宣传物料等的规划），合理使用有效的宣传方法，推广本次活动，提升活动的参与度； （5）活动当天：全体成员按分工完成当天活动所规定的任务； （6）总结阶段：复盘总结，提交结案报告。

（四）线上展会策划与执行（见图7-8）

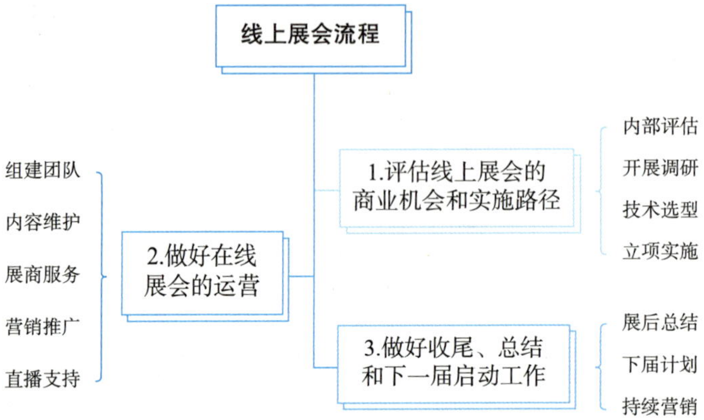

图7-8 线上展会策划与执行

（五）线上会议策划与执行（见图7-9）

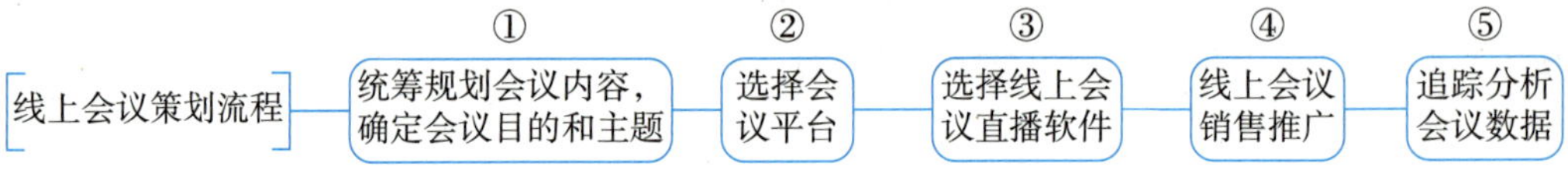

图7-9 线上会议策划与执行

实战：线下活动策划与执行

案例指引

××新品新闻发布会策划书

一、活动地点

一般来说，活动地点最好选择在室内，可以规避突发天气状况，且环境较为安静。室内活动地点的大小规模一定要挑选好，如××举办新品新闻发布会活动的地点就选择在一家五星级酒店内。宴会晚会类活动的地点可选择的范围通常有：酒店、礼堂、大型体育馆、休闲度假区、各类俱乐部等，根据实际情况进行有效的选择。

二、活动时间

新闻发布会在时间选择方面决不能随意进行，需要尽量避免以下事项的发生：

避免与重大政治事件在同一时间举行；

避免与竞争对手在同一时间举行；

避免选在一天中的上午较早的时间或者晚上举行；

避免会议举办时间超过1小时。

例如，××新品新闻发布会就选择在202×年3月2日下午15:00—16:00，其设计要点在于：一般来说，新闻媒体人员都会在获取信息的第二天再进行新闻报道。由此，每个星期的星期一、星期二、星期三的下午是比较适合举行新闻发布会的。

三、活动主题

一般来说，对于企业而言，新闻发布会实质上是一个新品发布会。若品牌比较受欢迎，就算直接以××产品新品发布为主题，也会有媒体关注。但对于知名度不高的品牌，若也以产品新品发布为主题，则很难吸引媒体的注意力。因此，活动策划者在主题方面最好多下功夫，撰写出一个与新产品有关联且足够吸引人的主题，如××新品新闻发布会的活动主题是“永恒之爱，温暖我心”。

四、活动目的

新闻发布会的核心目的表述清楚，如××新品新闻发布会的活动目的包括3个，即让新产品正式面世、通过新闻媒体使人们更了解新产品和吸引经销商的加盟。

五、活动背景

新闻发布会的背景分析一般与产品、品牌、企业有关，简单介绍一下即可，活动策划者可从历史、存在的意义等方面入手。钻石一般都会用来代表爱情，同样也是高贵的象征，所以此次活动发布以钻石意义为理念设计的新款“永恒之爱”钻戒，就是希望广大受众可以感受到爱情的美好。

六、宣传方式

新闻发布会的宣传手段种类繁多，活动策划者需要根据产品的特性来选择合适的宣传方式，当然宣传方式需要多种类同时进行。还是以××新品新闻发布会为例，其宣传方式可以是：

①在互联网上投放软文广告；②联系报社记者进行不同方面的报道；③在某电视频道上投放广告；④发送宣传单、宣传手册等；⑤在各门店放置新产品新闻发布会的海报；⑥在贴吧上发布新闻发布会的信息。

七、活动受众

新闻发布会的受众来自多方面，既有企业内部人员也有外来人员，既有宣传团队也有产品的目标消费者。例如，××新品新闻发布会的活动对象包括4类，即特邀嘉宾、相关媒体、企业内部相关人员和有入场券的企业粉丝。

八、活动准备

一般来说，新闻发布会的准备工作围绕着3个部分进行撰写，即现场布置细节、物备细节和工作人员的配备。如表8-1所示。

表8-1　新品新闻发布会的准备工作

布置场地	布置要求	物料准备细节	负责部门	完成日期
五星级酒店内	①酒店大门外放置一个拱门； ②在酒店里每隔10米设置一个指示牌； ③活动视野最好的位置放置一个投影桌子； ④桌子上放一个话筒、笔记本； ⑤各座位贴有公司Logo的编号。	①活动中需要使用的：邀请函、签名笔、本子、宣传页、发言稿、摄像机、照相机、话筒、音响、笔记本、Logo编号、投影仪； ②活动外需要使用的：拱门、指示牌。	采购部 楼面部 宣传部	××年6月28日15:00—18:00

工作人员的配备方面应做到：礼仪接待工作；保安维护现场秩序；在场人员提前做好本分工作；主持人把关活动流程并活跃气氛；服务人员热情做好服务事宜等。

九、活动流程

新品新闻发布会的活动流程，一定要将活动中各部分的环节精确到具体时间段。如：

××年6月2日14:00—14:35　礼仪人员接待来宾签到，并引导就座；

××年6月2日14:35—14:55　服务人员给来宾发放各种资料；

××年6月2日15:00—15:35　主持人宣布新闻发布会开始，并一一介绍来宾，感谢他们的到来，总裁介绍新产品的特性；

××年6月2日15:40—15:50　记者问答环节；

××年6月2日15:50—16:00　发放与新产品相关的纪念品以及活动结束。

十、活动预算

活动预算需要涉及所有需要花费的地方，尽量做到准确。

十一、活动评估

具体而言，应该包括以下3个方面：

了解媒体发布情况，收集各种资料；

从会上来宾的发言、提问、讨论等方面来评测新品新闻发布会的效果；

会后收集来宾对新品新闻发布会的反馈信息，从而总结经验。

一、公关活动策划与运营流程

（一）公关活动的含义与类型

1. 含义

公关，是社会组织为了生存和发展，通过传播沟通、平衡利益、协调关系、优化社会心理环境等方式而影响公众的一门科学和艺术。

公关活动，对企业来说并不是促销活动，而是展示企业品牌形象，提高知名度、美誉度的一种渠道。一些知名企业和品牌，会经常借助一些活动来塑造、提升自身形象，让公众对企业产生新的、正面的看法。各类晚宴、酒会、发布会、巡展、路演等，具备部分公关、传播、品牌呈现和宣传的功能和效果，一般都可以看作公关、品牌活动。

2. 类型

根据公关活动的对象，公关活动可以分为消费者公关活动、媒体公关活动、政府型公关活动；根据公关的性质和目的，公关活动可以覆盖以下类型：

晚宴酒会：以庆祝或答谢为目的的新闻发布会、推介会、颁奖典礼等，往往是以某一热点事件或新闻事实、某一产品为依托，进行品牌推广、事实澄清、互动效应的活动。

巡展路演：一般用作企业宣传或者产品推介，形式可以是静态展示，也可以是动态互动，多以销售和品牌营销为最终目的。

其他：典礼、联谊会、集资、赞助、企业年会、招商大会、经销商大会、文化沙龙等公关类活动。

（二）公关活动实战流程（见图 8-1）

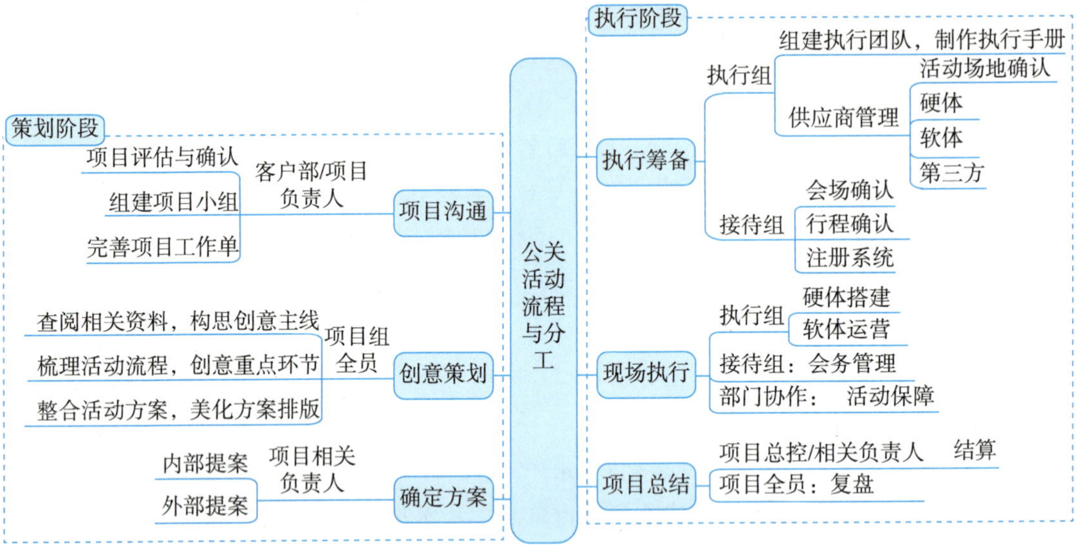

图 8-1 公关活动实战流程

（1）需求沟通阶段：通过反复沟通了解客户或者主办方的需求，包括此次活动的目的、参与人群、背景情况、现有资源情况等。如图 8-2 所示。

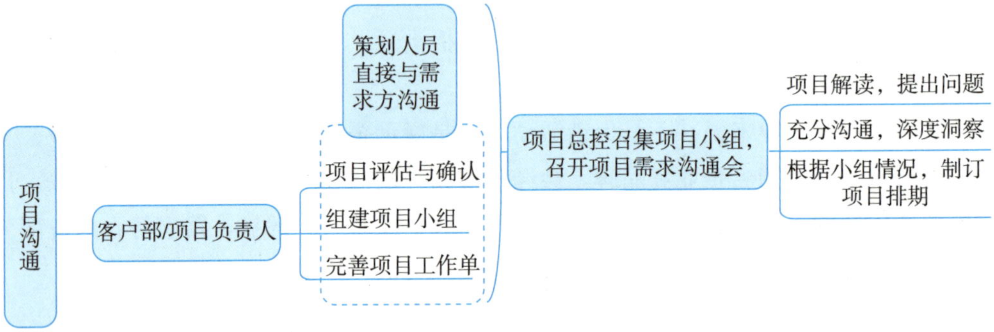

图 8-2 项目沟通工作程序

（2）创意策划阶段：具体内容和环节要点可以参考本书的项目三任务三的相关内容。在这个阶段，是活动内容和展现形式构成方案的重要环节，也是创意点集中爆发体现的时候。需要所有策划创意成员全力以赴、合作完成。这个阶段的成果决定了这场活动的成败。

（3）确定方案：经项目小组共同商讨成型的方案，需要提交客户端或者主办方、负责领导审议通过后方可执行。

（4）执行筹备：这个阶段要完成需求的再次梳理和明确，确定活动执行期的时间进度规划，编制执行手册，确定资源方并选择硬体、软体和其他第三方供应商。图 8-3 和图 8-4 分别是针对需求梳理和根据项目时间梳理的具体运营流程。执行手册的模板可以参照项目五任务一中对应活动组的相关内容。

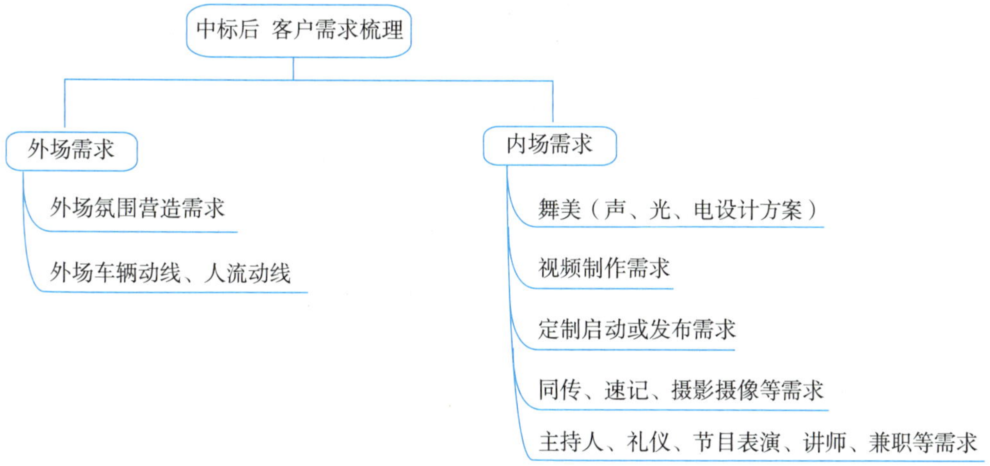

图 8-3 根据项目客户需求梳理的运营流程

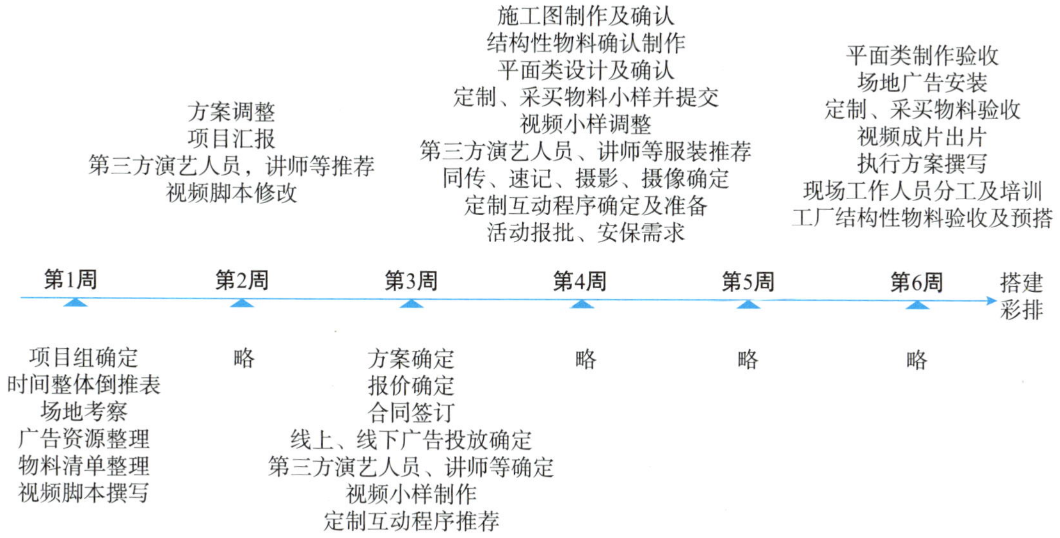

图 8-4 根据项目时间梳理的运营流程

（5）多次彩排：公关活动不是拍电影，每一次都是现场直播，因此在正式进入现场前要非常重视彩排。彩排流程通常分为三项内容：技术彩排、客户运营人员彩排和整体彩排，如图 8-5 所示。

（6）执行现场：活动最终呈现的部分，需要提前准备好所有相关表单，部分模板请见项目五任务一中的内容。

（7）结案复盘：任何活动结束都要有收尾、总结、复盘的过程，这是为了下次活动可以取得更好的效果、规避风险。工作范围涉及撤场、撰写结案报告等。

（三）公关活动策划要点

1. 公关活动策划方案的内容要点

一个成功的公关活动，必有突出的策划方案作为支撑，请重点把握以下内容：

- 技术彩排
  - 灯光调试：舞台区的照明调试，确保光线光束运转正常。
    调试追光灯的光圈和定点位置。调试电脑灯图案并根据节目制订灯光编程。
    找出现场内部照明灯的开关，专人操控。
  - 音响调试：音响试音、麦克风试音、音源试音、乐曲播放测试，检查音乐是否齐全。
  - 显示调试：LED显示背景墙的清晰度测试、摄像机切换测试、视频文件测试（检查文件是否损坏）、测试播放是否正常，彩幕素材、背景素材是否适合指定节目。
- 运营彩排
  - 客户碰面：以碰头会的形式与客户方需上台的人员互相认识，交代上台注意事项。
  - 仪式彩排：颁奖的走位、致辞的站位、礼仪小姐的配合、启动仪式等的演练。
  - 内部彩排：客户内部节目的彩排，内部主持人的彩排。
  - 沟通建议：根据客户方彩排内容的情况，不合理之处要及时提出建议并进行沟通对接。
- 整体彩排
  - 流程配合：从主持人上场到退场之间发生的领导登场、致辞、颁奖、仪式等环节，灯光、音乐、显示系统都要给予配合。
  - 节目配合：对于比较重要的节目或仪式环节，需单独配合技术合作进行彩排。
  - 联合彩排：导演总控，联合台上人员和台下技术人员、后勤等人员进行统一彩排。
    灯光、音响、视频、舞台特效等配合舞台上的每一个环节，保障彩排顺利完成。
    催场人员熟记备场时间、上场时间、上场路线、退场路线等。所有演出内容全部过一遍。
  - 再联合彩排：若时间允许，尽可能多安排彩排次数，增加熟悉度。

图 8－5　公关活动彩排流程

（1）公关活动的方式众多，如公益活动、新品发布会等，选择其中一种进行策划。

（2）确定一个活动主题，而非多个。

（3）全面把握企业和品牌的发展现状，并找出造成企业现状的原因。

（4）对基于现状而开展的公关活动，应提出具体的、量化的目标。

（5）分析企业产品的目标受众，然后有针对性地策划和开展有效的公关活动。

（6）抓住开展公关活动的时机。

（7）亮点策划可以从主题创意、场地设计和流程环节 3 部分下手。三者的策划设计均需要根据活动的类型和需求、调性去进行策划。

2. 促进公关活动成功的因素

企业怎样向外传播信息并树立企业形象？如何通过一场公关活动实现其目的？策划人员应该知晓以下促成公关活动成功的因素，见图 8－6。

促进公关活动成功的因素

- 1.明确活动的目标
- 2.优化活动可调用的资源，不断优化合作方
- 3.确定具体实施计划，每个步骤的具体期限、所需人员、地点和预算等
- 4.从立意上创新，突出亮点
- 5.活动相关内容的沟通推进相关事宜的进度
- 6.监督活动现场，注意细节影响整场活动的效果
- 7.活动现场的互动，给客户留下深刻的印象

图 8－6　促进公关活动成功的因素

二、常见公关活动的策划

（一）发布会策划

发布会在形式上可采取新闻发布会、记者招待会、情况通报会、记者通气会、政策说明会、技术推介会、产品推介会以及成果发布会等类型，这些类型在内容和形式上常常互相交叉，各有特点。

新闻发布会的策划要点包括：

（1）明确目的；

（2）确定口径和发布方式；

（3）选择时机；

（4）确定对象；

（5）发出邀请和接受报名；

（6）确定主持人和发言人；

（7）准备有关材料；

（8）布置会场；

（9）安排翻译；

（10）收集媒体的报道。

发布会的现场实施流程，根据时间顺序可以按照会场布置、嘉宾签到、暖场短片、主持人开场、主题演讲、产品发布、发布仪式、媒体采访、答谢晚宴等环节进行。

新闻发布会策划的注意事项如图 8－7 所示。

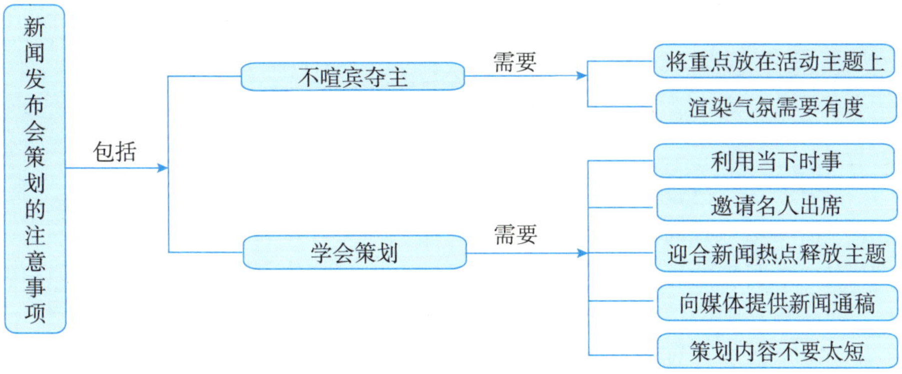

图 8－7　新闻发布会策划的注意事项

（二）企业年终答谢会策划

如果是策划高端答谢会，从现场布局到整个流程的细节设计，都要为客户提供更高质量和卓越的尊贵体验。还应注意以下要素。

公司年会晚宴现场执行流程表

1．启动仪式

高端答谢会策划的最大亮点是启动仪式的创新，仪式可大可小，既不缺乏创意，又符合赞助商的文化和答谢会的主题。仪式的周到和每个环节的合理安排至关重要。

2. 活动选址

首先，选择交通便利的场地，场地的大小也决定了要邀请客人的数量，尽可能为所有与会者安排座位。其次，要根据主题进行场馆的整体布局，要与高端答谢会的风格和调性相一致，灯光、音响、LED 大屏幕等设备运用得好都有助于答谢会的成功。

3. 人员邀请

邀请函除了精美的设计和文字外，还应详细介绍答谢会的内容和特点。对客户来说，涉及下一年是否继续合作，也有必要以电话或短信形式通知，确认其是否参加答谢活动。

4. 会后礼物

高端答谢会策划方案必须有客户答谢礼才能更完美。

（三）品牌推广活动策划

在企业经济发展的过程中，品牌的推广十分重要，很多企业也很看重以品牌推广为目的的运营行为和活动策划。

1. 策划前的宣传推广方法

提升推广效率的宣传方法如图 8-8 所示。

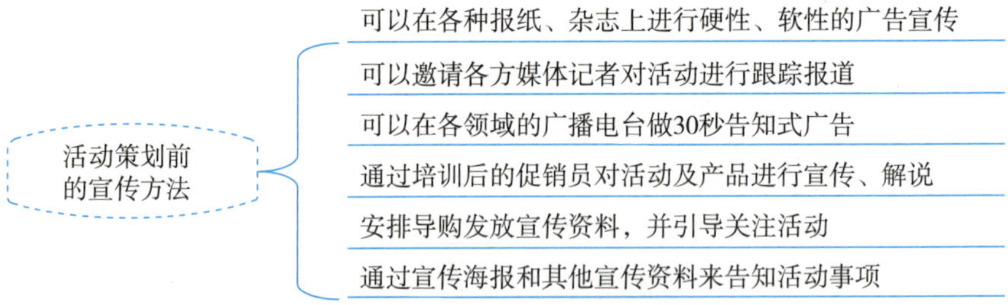

图 8-8　品牌推广前期宣传方法

2. 品牌推广活动策划要点

品牌推广活动是一种商业活动，为了使商业效果更好，有下面几个策划点：

（1）确定一个明确的思想主题。主题的设定可以是宣传品牌理念，或者是宣传品牌的独特技术，抑或是品牌的主打产品，帮助受众了解产品。

（2）利用娱乐形式推动品牌推广。策划时注重在活动流程中加入创意的娱乐环节设计，营造娱乐气氛，才能吸引受众积极参与。

（3）加入富有活动的情节性、节奏性。从活动的品位、促销宣传、趣味性、活动高潮、感染力等形式要素进行调节。

（4）简化公众的活动门槛。例如很多线上活动的参与程序不是在一个页面上完成的，需要用户跳转不同的页面，不少人因此而放弃继续参与活动，所以应尽可能地简化程序，越简单越好，让用户更好地、无间断地体验活动参与过程。

3. 分享实战案例

××品牌推广全年策划方案

一、活动背景

品牌诊断：目前需解决的问题是知名度低、美誉度低；品牌营销计划营销途径：业务员登门拜访、杂志/报纸宣传网络、电子平台、论坛推广电话、短信推广送礼活动、展销会。

二、活动目的

通过品牌推广活动，提高企业知名度和影响力。

三、品牌定位

××技术创新型企业，让您产品10年不落后。

四、提高知名度的具体实施方案

1. 团队：市场部（因工作任务量大，要求扩大团队、增加人员，需5月份到位）。

2. 搜集全国各地各纸厂信息（5月份开始进行）。

信息内容：公司地址、关键人物联系方式、邮箱、QQ等；

途径：网络、造纸协会等；

名额：预计2 000个名额，关键人物朋友群体5 000个名额。

3. 针对以上信息进行电话沟通、短信拜访（6月份开始进行）。

建议：可以与中国电信合作，将公司内部座机、手机铃声设置为公司宣传铃声。

4. 网络邮件、自媒体、社群（免费，长期进行）同时网上各个纸业论坛发布公司信息。

5. 送礼时间：端午节、七夕情人节、中秋节。

送礼对象：2 000关键人物；

礼品：成本低、适用性强、具有××特色的礼品（根据实际情况选择性地赠送，争取做到每人收到我公司赠送的礼物一份），附加公司宣传资料一份；微信红包等。

6. 产品在线发布、推广方案（长期进行）：

产品线上营销顾问、客服服务；产品推广网站设计；公司企业网站推广；电子商务平台推广；产品推广活动在线播放；造纸网、造纸论坛信息发布；搜索引擎、关键字搜索。

预算：40 000元。

7. 公司Logo设计（6月份），预算：2 000元。

样本制作（6—7月份），数量：2 000份，预算：30 000元；

杂志制作（7月份），数量：2 000份，预算：2 000×2=4 000元。

合计：34 000元。

8. 展销会（10月份），展位、展台、展板，规范产品说明牌，宣传资料文件预算费用40 000元。

附录品牌发帖推广是一种网络推广的全新方式，整合网站上的各种资源，进行总结性的、带有广告性质的发帖，品牌发帖推广经常采用的是软文方式。

9. 晚宴（10月份）

人群：造纸行业中较强企业代表；人数：预计安排40人参加。

预算：1 000元×40人=40 000元。

五、活动总结评估（略）

任务工单 1

任务名称	策划××公司年终答谢晚宴
地　　点	
日　　期	
任务目的	结合所学内容，参照活动策划和执行的整体流程，完成答谢晚宴的创意、策划和执行等的筹备过程
任务内容	**情境资料：** 1. 活动类型：××公司 2023 年年底答谢晚宴。 2. 人数：500 人。公司内部人员 400 人，邀请外部客户、合作伙伴约 100 人。 3. 日期：1 月 18 日晚上（春节前 3 天）。 4. 地点：请推荐合适的室内场地。 5. 活动主体需求： （1）2022 年是公司最为艰难的一年，需要在本次晚宴中体现共克时艰、迎难而上、逆风前行的斗志和决心，同时表示对内部团队和外部合作方的感谢； （2）整体环节包括开场视频、晚餐聚会、节目表演、颁奖抽奖、领导讲话、2023 再出发的仪式感、集体照等； （3）时间控制在 3～4 个小时以内； （4）要有外场互动环节、拍照环节； （5）可以考虑现场转播环节； （6）全场舞台搭建、氛围布置、物资规划、礼品设计等视觉呈现部分要有一致性，体现晚宴主题。 请根据以上背景信息，完成策划方案、简单设计和执行筹备表单。分组进行，每组 10 人以内。
建议学时	6～8 学时
操作提示	（1）可以先自行指定组长，组内讨论、分工完成； （2）考虑选择自然条件好的场地，可以降低创意和执行的难度； （3）考虑现场有部分线上互动环节。
任务实操	（1）分组，推选组长； （2）确定地点； （3）针对需求描述，用头脑风暴法确定活动主题； （4）拟定时间表和分工，做好规划； （5）根据主题进行元素设计、流程规划和物料筹备； （6）根据创意方案进行执行阶段规划并确定相关表单； （7）组内按照现场执行流程模拟演练，检验是否缺失环节或存在潜在风险。

三、常见其他线下活动策划指引

（一）演艺活动策划与执行（见图 8－9）

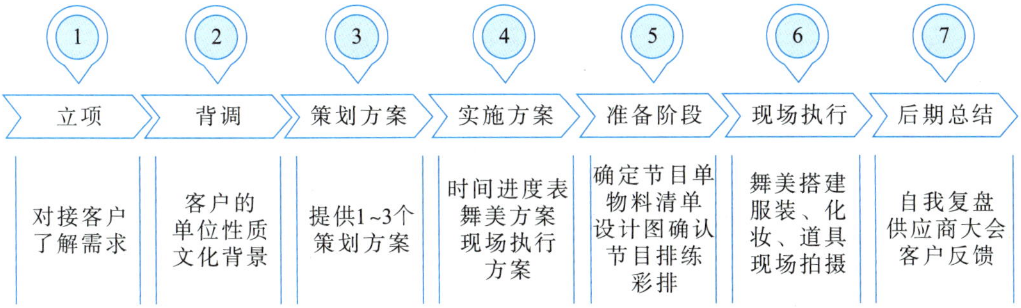

图 8－9　演艺活动策划与执行

任务工单 2

任务名称	演艺活动分析
地　　点	
日　　期	
任务目的	学会通过一个别开生面的活动或一个比较成功的演艺活动，找出亮点，分析活动背景，给出合理建议，并进一步学习演艺活动的选择和策划。
任务内容	某著名歌手的经纪人联系演艺 A 公司，准备选择一个当地有名的体育馆，策划和举办一场歌手演唱会，假如你是策划部的成员，请与团队成员商讨，指出该演唱会前期需要完成的工作有哪些。根据自己的爱好和能力及人脉，策划一场别开生面的演唱活动。
建议学时	4～5 学时
操作提示	（1）演艺、赛事、活动，这些活动项目如何选择、策划和执行？如何寻找赞助商？如何宣传？如何筹备开幕式、闭幕式……策划的内容更广泛，也更充满挑战。 （2）团队成员集思广益，挖掘创意亮点。
任务实操	可以按照以下结构要素进行思考： （1）确定场地，确定演出的具体时间； （2）向当地的负责部门提出申请； （3）撰写活动策划书； （4）撰写活动宣传方案，确定赞助商和品牌； （5）确定完整节目单； （6）确定演职人员以及进行前期的彩排； （7）确定维护现场秩序的安保人员、现场维护人员； （8）制订紧急预案和确定医疗队； （9）其他。

（二）庆典活动策划与执行（见图 8－10）

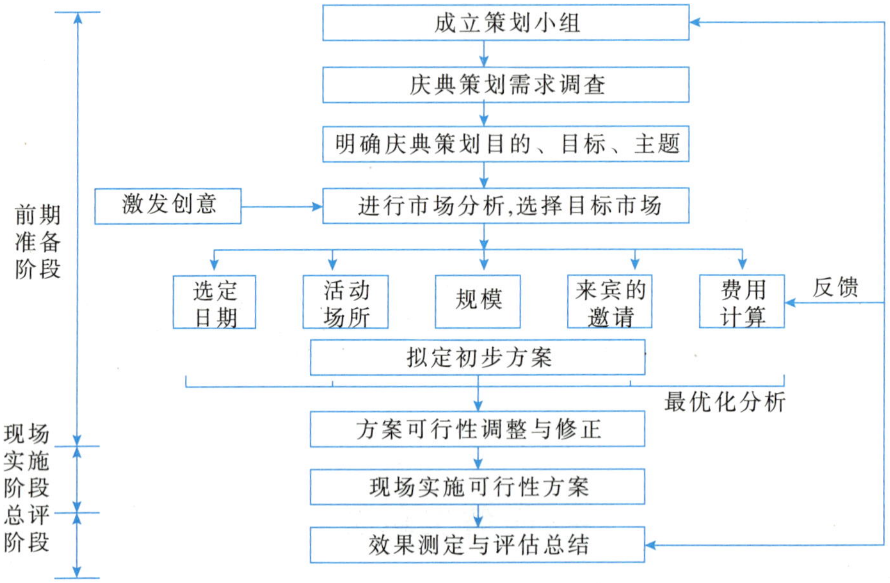

图 8－10　庆典活动策划与执行

任务工单 3

任务名称	模拟策划与组织一场庆典活动
地　　点	
日　　期	
任务目的	通过模拟组织一次庆典活动，学生情境角色代入，体会一次活动的全流程及仪式感。
任务内容	以下任务三选一完成。 任务 1：组织某公司、商场、超市、品牌店开业庆典及促销活动； 任务 2：组织某公司两周年庆典暨颁奖仪式； 任务 3：某综合会展中心落成典礼。
建议学时	4～6 学时
操作提示	（1）各组提前各自彩排。现场演示要摄影摄像，要求着装整齐。 （2）评分方法： ①小组分数（以现场效果及团队合作为主，由老师评分）； ②个人分数（组员评分表 30%、组长评分表 40%，每组上交一份作业：庆典活动策划方案，每部分要署名，老师评 30%）。 （3）每组上交文件夹，包括各种资料，如策划方案、图片资料、PPT，分工完成的任务要署名。
任务实操	（1）分组开会讨论以确定项目具体内容，确定分工。写出活动筹备方案，制作会前准备分工进度表及模拟演示角色分工表。 （2）确定拟邀请嘉宾及参加人员名单（预定现场）。 （3）准备各种文件资料： ①庆典流程、任务分工表、分工进度表、签到表、预算表等； ②拟写通知、邀请函、请柬、宣传推广计划、现场管理计划、VI 设计等； ③其他文件资料（分工准备）。 （4）按照角色分工准备发言稿，制作展示 PPT（分工准备）。 （5）制作相关证件、名签、会场指示牌等。 （6）活动现场的物品准备、布置（托盘、茶水、红花、气球等）。 （7）会前检查。 （8）现场做新闻通稿、简报等。 （9）活动后总结评价。

（三）展览活动策划与执行（见图 8－11）

调研策划	计划管理	组织筹备	现场管理	展后工作
经济 文化 产业 财务预算 利益相关者 策划 立项	时间计划 财务计划 组织机构 人力资源 活动计划 战略计划	供应商 市场营销 广告传播 销售 赞助 物流 成本控制	场地 服务 沟通 设备 法律 技术 风险	项目审计 评估总结 数据处理 新闻 投诉管理 质量改进

图 8－11　展览活动策划与执行

任务工单 4

任务名称	展览会策划与组织
地　　点	
日　　期	
任务目的	（1）熟悉展览会策划与实施流程； （2）能够策划和实施展览会。
任务内容	大学生活丰富多彩，学习和生活用品很多，有些物品长期闲置不用，可以转给需要的同学。以班级为单位，策划与组织一次校园闲置物品的展览和销售活动。完成以下任务： （1）进行展会需求调研； （2）策划“校园闲置物品展”，进行可行性分析； （3）实施展览并开展配套活动。
建议学时	10 学时
操作提示	（1）注意团队合作，进行合理分工； （2）注意分析工作内容。
任务实操	按照展览会策划与实施流程操作： （1）进行市场调研，调研办展需求； （2）策划展会方案； （3）进行招商招展； （4）进行展前筹备； （5）展中实施管理； （6）展后工作管理。

（四）会议活动策划与执行（见图 8－12）

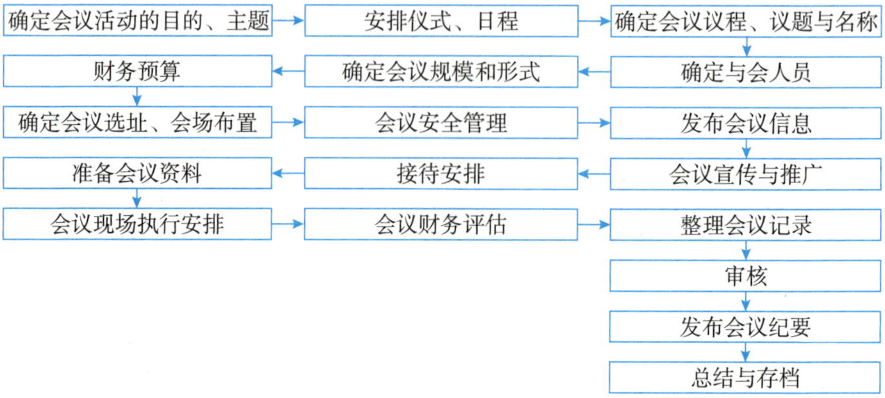

图 8－12　会议活动策划与执行

任务工单 5

任务名称	模拟策划与组织一场会议
地　　点	
日　　期	
任务目的	通过模拟组织会议活动项目，学生情境角色代入，熟悉会议的全流程及运营。
任务内容	**情境资料：** 上海××医用器械有限公司在全国设有 300 多个代理商，为了让代理商更多地了解公司的发展，同时展示其即将推向市场的新产品的优势及性能，研究如何扩大产品销售等问题，公司决定 202×年 10 月 12—14 日在上海市召开第四次全国代理商会议。由公司陈总经理介绍企业基本概况及发展愿景；研发部张经理介绍、演示新产品的性能，核心技术及测试结果；生产部总监介绍目前企业的生产能力及生产情况；销售部总监介绍公司产品的销售情况；公司主管李副总经理就下一步的销售策略、销售政策及开展销售竞赛评比等事项作专题发言。同时，从东北、华北、华南的销售代表中各选择 1 位介绍各自的经验，最后表彰 50 家优秀代理商。会议期间，还要组织与会代表参观企业，利用一个晚上的时间举办一场联欢晚会，安排代表游览上海市内的几个景点。 要求： （1）为上海××医用器械有限公司代理商会议拟定一份会议方案； （2）根据会议的规模、层次和主题，会议筹备处应具体划分哪几个小组展开准备工作； （3）以筹备处的名义提交一份本次会议经费预算方案并报总经理审批； （4）请根据会议的内容制作一份会议日程表（要有日期、时间、内容安排、地点、参加人、负责人、备注等项）； （5）请根据会议内容制发电子邀请函和电子签到簿； （6）模拟角色，再现会议情景。
建议学时	4～6 学时
操作提示	（1）各组提前各自彩排； （2）现场演示要摄影摄像，要求着装整齐； （3）协调好会议各环节。
任务实操	（1）成立会议项目团队，总经理办作为总负责，分组开会讨论，对会议准备工作进行部署和分工。 （2）确定项目的具体内容，确定分工。具体工作包括准备会议所需文件、材料，制发会议通知，接待，安排食宿，布置会场，联系上海国际会议中心及旅游景点，预订返程车票、船票、机票，邀请新闻媒体，组织联欢晚会，购置礼品等。要在保证会议隆重、热烈、节俭的前提下，尽量让代表们吃好、住好、玩好。 （3）准备资料、物料和文案并分享展示，最后进行现场模拟。 （4）会后总结复盘，师生共评。

参考文献

[1] 高珉，刘炜. 活动策划与执行大全［M］. 北京：清华大学出版社，2020.

[2] 徐军. 活动策划与文案写作实用手册［M］. 北京：中国纺织出版社，2020.

[3] 张少娜. 线上活动策划全攻略［M］. 广州：广东人民出版社，2020.

[4] 叶龙. 活动策划与执行大全［M］. 北京：清华大学出版社，2018.

[5] 韩中华. 实用文案与活动策划［M］. 北京：电子工业出版社，2017.

[6] 体育赛事管理编写组. 体育赛事管理［M］. 北京：北京体育大学出版社，2017.

[7] 赵伯艳. 大型活动策划与管理［M］. 重庆：重庆大学出版社，2016.

[8] 罗伊玲. 节事活动策划与管理［M］. 武汉：华中科技大学出版社，2016.

[9] 李敏. 会展会议活动项目管理手册［M］. 北京：中国电力出版社，2015.

[10] 李玺，叶升. 企业活动策划［M］. 北京：清华大学出版社，2014.

[11] 朱迪·艾伦. 活动策划完全制胜攻略［M］. 卢涤非，译. 北京：旅游教育出版社，2013.

[12] 郑建瑜. 大型活动策划与管理［M］. 重庆：重庆大学出版社，2013.

[13] 王春雷. 活动管理原理、方法与案例［M］. 北京：清华大学出版社，2013.

[14] 卢晓. 节事活动策划管理［M］. 2 版. 上海：上海人民出版社，2009.

[15] 潘春胜. 会展项目管理实务［M］. 北京：高等教育出版社，2020.

[16] 庞华. 会展服务［M］. 北京：高等教育出版社，2019.

[17] 陈颖. 会展实训综合教程［M］. 重庆：重庆大学出版社，2015.

[18] 江金波. 会展项目管理理论、方法与实践［M］. 北京：清华大学出版社，2014.

[19] 张凡. 会展策划［M］. 武汉：武汉大学出版社，2014.

[20] 许传宏. 会展服务与现场管理［M］. 4 版. 北京：中国人民大学出版社，2021.

「附录 1　活动各阶段推进图、表索引」

办好一场活动，会用到很多工作表单，下面这 24 张图、表可以帮你管理好活动的推进节奏和重要环节。

一、活动策划期

1. 活动策划执行流程示意图（2－2）
2. 策划会工作程序（3－3）
3. 现金流预测表（3－5）
4. 场地考察清单（4－2）
5. 工作推进表（4－3）
6. 活动整体宣传推广计划进度表（4－4）
7. 传播节奏表（4－4）
8. 物料制作需求统计表（4－7）
9. 物料设计及制作推进表（4－7）

二、活动执行期

10. 活动执行分工表（5－1）
11. 现场人员规划表和通讯录（5－1）
12. AV 设备清单（5－1）
13. 物资清单（5－1）
14. 搭建计划表和彩排计划表（5－1）
15. 台本（5－1）
16. 第三方培训清单（5－1）
17. 场地布置验收表（5－4）
18. 嘉宾邀请管理表（5－5）
19. 重要嘉宾接待表（5－5）
20. 媒体管理表（5－5）
21. 摄像培训/标准表（5－5）
22. 活动流程表（如议程、日程安排）（8－0）

三、活动收尾期

23. 媒体传播效果统计表（4－4）
24. 复盘总结表（6－2）

注：各工作表单索引位置在本书相应任务内容中，如“2－2”代表项目 2 任务 2 中有这张表。

附录 2　活动全流程重点文案索引

1. 调研报告（3-1）
2. 立项策划案（3-2）
3. 活动创意方案（3-3）
4. 预算计划表（3-4）
5. 项目进度计划（4-3）
6. 宣传推广计划（4-4）
7. 赞助/招商方案/手册（4-5）
8. 采购计划（4-6）
9. 招投标方案（4-6）
10. 现场执行计划（5-1）
11. 现场管理方案（5-1）
12. 彩排计划（5-2）
13. 志愿者管理计划（5-3）
14. 现场布置方案（5-4）
15. 活动接待方案（5-5）
16. 项目沟通计划（5-6）
17. 活动保障方案/活动后勤管理方案（5-7）
18. 风险应急管理方案/预案（5-8）
19. 活动评估（6-2）
20. 活动复盘总结（6-2）

注：各文案索引位置请参考本书相应任务内容，如“3-1”代表项目 3 任务 1 中有相应内容。